《中国国家创新生态系统研究》丛书编委会

主　编　汤书昆

副主编　褚建勋　徐雁龙

编　委　汤书昆　褚建勋　徐雁龙　李　士
　　　　　王　明　方媛媛　李　昂　李林子
　　　　　林爱兵　周　全　孙文彬　谢起慧
　　　　　洪　进　贺小桐　常　鹤　朱安达

"十三五"国家重点出版物出版规划项目

中国国家创新生态系统研究

中国国家创新文化系统构成研究

方媛媛 汤书昆 著

Forming Research on National Innovation Cultural System in China

中国科学技术大学出版社

内 容 简 介

文化是人类文明中的设计智慧,文化是人群价值聚合的中枢,文化以无形浸润与约束的力量,影响着国家的创新氛围及各主体的创新意愿与创新行为。本书在文化多层级、多架构对比的视域下,对创新能力的文化基因传递机制与内涵进行了刻画与研判,期望通过梳理、探询创新差异的文化之源,检视民族层面、区域层面、组织层面和个体层面驱动创新的文化要素系统及其作用机理。希望能为提升中国国家创新能力和构建优质创新生态提供文化视角的话语逻辑系统,进而刻画创新生态系统中文化参与构造的子系统,探索文化基因传递与创新视域下的中国特色发展道路。

图书在版编目(CIP)数据

中国国家创新文化系统构成研究/方媛媛,汤书昆著.—合肥:中国科学技术大学出版社,2018.8
(中国国家创新生态系统研究)
国家出版基金项目
"十三五"国家重点出版物出版规划项目
ISBN 978-7-312-04393-2

Ⅰ.中… Ⅱ.①方… ②汤… Ⅲ.文化事业—国家创新系统—研究—中国 Ⅳ.G12

中国版本图书馆 CIP 数据核字(2018)第 324287 号

出版	中国科学技术大学出版社 安徽省合肥市金寨路 96 号,230026 http://press.ustc.edu.cn https://zgkxjsdxcbs.tmall.com
印刷	安徽联众印刷有限公司
发行	中国科学技术大学出版社
经销	全国新华书店
开本	710 mm×1000 mm 1/16
印张	19.5
字数	295 千
版次	2018 年 8 月第 1 版
印次	2018 年 8 月第 1 次印刷
印数	1—1000 册
定价	118.00 元

总 序

PREFACE

21世纪初,随着移动网络技术的发展和创新要素的大范围自由流动,在知识创新、技术突破与社会形态跃迁深度融合的情境下,创新生态系统作为一种新理论应运而生,并引起广泛关注。

创新生态系统理论从自然生态系统的视角来认识和解析创新,把创新看作一个由创新主体、创新政策、创新机制与创新文化等要素构成的动态开放系统。这一理论认为创新主体的多样性、开放性是系统保持旺盛生命力的重要基础,是创新持续迸发的基本前提。多样性的创新主体之间的竞争与合作,为创新系统的发展提供了演化的动力,使系统接近或达到最优目标;开放性的创新文化环境,通过与外界进行信息和物质的交换,实现系统的均衡持续发展。这一理论由重点关注创新要素构成的传统创新理论,向关注创新要素之间、系统与环境之间的演进转变,体现了对创新活动规律认识的进一步深化,有助于研究和解析不同国家和地区的创新战略和政策。

从创新生态系统要素来看,我国既有明显的优势,也存在一定的短板。一方面,我国研发经费已经位列世界第二位,科研人员数量已经位列世界第一位,科研基础设施和科研条件持续优化改善,特别是以习近平同志为核心的党中央把创新作为引领发展的第一动力,摆在国家发展全局的核心位置,并对深入实施创新驱动发展战略、深化创新体制机制改革等作出一系列重大部署,提升了创新体系的效能,有效激发了创新活力。另一方面,我国高端顶尖创新人才仍然匮乏,鼓励创新、宽容失败的创新文化氛围尚不浓厚,科技创新支撑高质量发展的有效供给仍显不足。

近年来,中国科学院深入实施"率先行动"计划,不断加强创新文化建设,在科研管理中坚持"规划森林,让树木自由生长",着力为人才成长发展提供"肥沃的土壤"和"充足的阳光"。创新体制机制更加完善,创新队伍结构不断优化,创新人才活力不断迸发,重大创新成果不断涌现,初步形成了充满活力、包容兼蓄、和谐有序、开放互动的创新生态系统。

2012年,国家纳米科学中心与中国科学技术大学的研究团队联合开展了国家创新生态系统研究,于2015年出版了《国家创新生态系统研究报告》。在此基础上,中国科学技术大学又组织编写了《中国国家创新生态系统研究》丛书,建立了一套创新生态系统理论框架、指标体系。丛书共分5册,分别从不同维度刻画了创新生态系统的领域演化与实践路径,归纳了不同国家和地区创新生态实践的多元模型,特别是当代中国创新路径选择的价值与内涵。

希望本丛书的出版,能引发社会各界对我国科技创新事业改革发展的深入思考和研究,推动我国构建适应创新型国家建设和实现科技强国目标需要的创新生态系统。

前 言

FOREWORD

在低碳、绿色成为世界发展的关键词时,创新被公认是实现经济发展模式提升、优化的必由之路。文化是创新发展过程中的无形之手,渗透到创新过程的多重层面,影响一个国家的创新生态系统及其导出的各级创新主体的创新思维与创新行为。我们先来看看近几年中国国家创新语境下的决策层表述:

2015年10月,中国共产党第十八届五中全会提出:"坚持创新发展,必须把创新摆在国家发展全局的核心位置,不断推进理论创新、制度创新、科技创新、文化创新等各方面创新,让创新贯穿党和国家一切工作,让创新在全社会蔚然成风。"

2016年3月5日,第十二届全国人民代表大会第四次会议《政府工作报告》提出:"要大力弘扬创新文化,厚植创新沃土,营造敢为人先、宽容失败的良好氛围,充分激发企业家精神,调动全社会创业创新积极性,汇聚成推动发展的磅礴力量。"

2017年3月5日,第十二届全国人民代表大会第五次会议《政府工作报告》指出:"我国支持北京、上海建设具有全球影响力的科技创新中心,新设6个国家自主创新示范区。……国内有效发明专利拥有量突破100万件,技术交易额超过1万亿元。科技进步贡献率上升到56.2%,创新对发展的支撑作用明显增强。"而2017年工作任务为"以创新引领实体经济转型升级……深入实施创新驱动发展战略""加快培育壮大新兴产业……本着鼓励创新、包容审慎原则,制定新兴产业监管规则""持续推进大众创业、万众创新"。

由上述报告内容可知,毫无疑问,国家的创新文化环境与氛围将在创新发展过程中起到重要的培育作用。然而,尽管创新型国家的建设目标已经被提高到国家战略层面,国家也开始重视创新文化的培育,但文化视角要素层面的创新动力系统则素来缺乏深入的研究。

本书采用跨学科视角,借助文化人类学,管理学相关领域如创新理论、知识管理理论、组织理论,地理学相关领域如历史地理学、文化地理学,以及心理学相关领域如社会心理学、进化心理学等不同学科的理论和研究方法,基于案例研究、文献分析、理论探讨和实证研究,试图解析驱动创新的关键文化要素和作用机制。其目的很明确:为提升创新能力提供文化视角的理论依据,刻画创新的文化支持系统,探索当代文化视域下的中国特色创新发展之路。研究路径如下:

首先,提炼出驱动创新的涵盖民族、区域、组织、个体四个层面的国家创新文化系统,作为以下分论层面的系统架构平台。系统的各个构成层面之间相互影响、彼此关联,但非简单的线性层级关系;其作用层面既有重叠,又各有侧重,形成了一个交互的共生体系,具有恒定性、传承性及因应创新目标和要求的演进空间。本书聚焦各个层面驱动创新的文化要素及其作用机制,而非探讨属文化学研究范畴的不同文化层面间的交互关系。

在民族层面,鉴于民族文化的多样性和复杂性,本书对文化差异的提取主要基于文化维度划分理论,如克拉克洪(Kluckhohn)的六大价值取向理论、霍夫斯泰德(Hofstede)的文化维度理论、强皮纳尔斯(Trompenaars)的文化架构理论等,设计国家创新能力测评指标体系,计算经济合作发展组织诸国及金砖国家的国家创新能力指数,并应用此指数与霍夫斯泰德的文化维度指数进行文化与创新的典型相关及多元逐步回归分析,结合定性分析提取出驱动创新的民族文化要素,如个体主义、权力距离小、低度不确定性规避等,并绘制其作用机制示意图。本层面研究还进行基于中西文化比较的中国传统文化创新要素研究案例分析,采用历史视角,聚焦群体研究,从文化渊源视角探索文化的主要形成要素和精神内涵对国家科学发展、创新倾向的潜在影响。

在区域层面,综合历史与现状视角,聚焦空间要素,首先探讨区域文化差异渊源及中国文化区划分布。其次,基于中国文化区划而非行政区划,对中国区域创新表现差异及其差异动因进行文化视角的解析,刻画出区域文化驱动创新的作用原理与作用层面。最后,基于文化区划的创新表现考量,提炼出吴越文化、岭南文化和徽州文化并进行案例分析,解析其驱动创新的文化特征。

在组织层面,选择企业作为研究对象,构建涵括驱动创新的企业文化及亚文化特征、文化作用下的企业组织结构以及企业亚文化协调模式三个主要模块的驱动创新的企业文化要素协调模型,解析此模型驱动创新的作用机制。基于高低语境沟通理论对企业知识创新进行文化视角的案例分析,并提供生动的企业文化创新建设案例。

在个体层面,提出个人创新文化素养概念,认为个人创新文化素养是影响个人创新表现的核心要素。首先,阐释其内涵和表征,对其形成机制进行进化心理和社会濡化层面的分析,提炼出激发个人创新素养的关键社会文化要素。其次,以其核心内涵的科学素养为例进行文化视角的解析,并提出相关建议。

本书对创新能力的文化基因需求进行多层面扫描与诊断,梳理创新差异的文化之源,检视文化驱动创新的关键要素系统并探索其作用机制。将静态研究拓展到动态研究,单层面研究拓展到多层面网络研究。力求准确、全面地反映文化各层级要素与外部创新环境之间的复杂非线性关系,构建一个完整动态的国家创新生态系统结构图。

本书的研究印证了文化在代际基因传递的同时具有选择性和演变特征,文化发展是不断进行本体自组织扬弃的过程,并通过生物基因以及社会濡化过程进行传递。这证明了文化研究的意义所在。驱动创新的文化体系是一个开放的自组织系统,通过选择有利于创新的机制来促进内部创新型亚文化的新生和筛选。随着全球化的进程,文化体系作为开放生态系统,通过与外界多层面文化要素交叉融合、取长补短、互通有无,相互作用并不断涌现创新文化元素,打破文化系统原先的惰性平衡,引导驱动创新的文化要素系统的更新与有序化发展。

当代中国的创新发展之路需要充分考虑中国文化特色。一方面,如中国文化的早熟和排外性,使得我们在创新道路上遇到一些阻碍,然而这些文化特征又可被利用来发展中国特色创新之路。如集体主义、风险规避、高权力距离文化特征驱动形成的团队合作精神、管理者权威、终身雇佣等特点,使得中国可以选择一条先模仿后独创、先低科技后高科技的渐进、增量型创新之路。另一方面,文化所培育出的价值观和信仰体系是稳定的,但文化直接作用于创新行为和思维模式的社会控制要素是可以做出正向调整的,可以通过经济激励要素、制度支持体系、教育体系、法律框架等,进行有利于创新环境构建、创新能力提升、创新意愿增强的完善。

目 录
CONTENTS

总序 ·· (i)

前言 ·· (iii)

第 1 章
文化自觉与文化自信：当代中国文化的创新发展 ···················· (1)

1.1 研究问题与研究意义的提炼 ·· (3)

1.2 研究框架与技术路线 ·· (8)

第 2 章
创新文化研究理论的历史与当前 ·· (10)

2.1 文化的定义与内涵 ··· (10)

    2.1.1 西方（欧美轴心）视域下的"文化"定义及内涵研究 ·········· (10)

    2.1.2 东方（中国轴心）视域下的"文化"定义与内涵研究 ·········· (14)

2.2 管理域的文化研究 ··· (16)

2.3 文化与创新 ··· (21)
    2.3.1 创新研究代表性理论与观点综述 ····························· (21)
    2.3.2 文化视域下的创新研究 ·· (29)

2.4 文化与国家创新生态系统 ··· (34)

第 3 章
国家创新文化系统的民族文化层面解析 ························· (37)

3.1 民族文化区分理论 ·· (37)
    3.1.1 克拉克洪和施特罗贝克的六大价值取向理论 ············· (38)
    3.1.2 霍夫斯泰德的文化维度理论 ····································· (39)
    3.1.3 蔡安迪斯的个体主义与集体主义理论 ······················· (42)
    3.1.4 强皮纳尔斯的文化架构理论 ····································· (45)
    3.1.5 爱德华·霍尔的高语境文化和低语境文化理论 ·········· (47)
    3.1.6 托马斯的区域地理视角文化维度划分 ······················· (48)

3.2 民族文化创新驱动力验证及要素提取 ····························· (49)
    3.2.1 霍夫斯泰德维度指数 ·· (50)
    3.2.2 国家创新能力指数 ·· (52)
    3.2.3 典型相关分析结果 ·· (56)
    3.2.4 多元逐步回归分析结果 ·· (58)

3.3 其他民族文化维度的创新驱动分析 ································ (64)
    3.3.1 基于文化架构理论的创新驱动要素 ·························· (64)
    3.3.2 基于六大价值取向理论的创新驱动要素 ··················· (66)

  3.3.3 基于个体主义与集体主义理论的创新驱动要素 …………………… (67)
  3.3.4 基于高低语境理论的创新驱动要素 …………………………………… (68)
3.4 驱动创新的民族文化要素提取 ……………………………………………… (68)
3.5 驱动创新的民族文化要素作用机制 ………………………………………… (69)

第 4 章
中国传统文化的创新要素解析 …………………………………………… (72)

4.1 文化渊源探究 ………………………………………………………………… (72)
  4.1.1 环境决定论 …………………………………………………………… (72)
  4.1.2 或然论 ………………………………………………………………… (76)
  4.1.3 适应论 ………………………………………………………………… (76)
  4.1.4 生态论 ………………………………………………………………… (77)
  4.1.5 环境感知论 …………………………………………………………… (77)
  4.1.6 文化决定论 …………………………………………………………… (77)
  4.1.7 和谐论 ………………………………………………………………… (78)
4.2 西方原典文化的渊源及其对创新的影响 …………………………………… (79)
  4.2.1 西方原典文化的渊源 ………………………………………………… (79)
  4.2.2 西方原典文化的主要精神内涵及其创新映射 ……………………… (86)
4.3 中国传统文化的渊源及其对创新的影响 …………………………………… (88)
  4.3.1 中国传统文化的渊源 ………………………………………………… (88)
  4.3.2 中国传统文化阻滞创新的精神与理念 ……………………………… (91)
  4.3.3 古代中国看世界的独特视角及其对创新的影响 …………………… (96)
  4.3.4 中国传统文化中的创新驱动要素 …………………………………… (99)

4.3.5 中国传统文化影响下的中国特色创新发展路径 ………… (105)

第 5 章
中国国家创新文化系统的区域文化层面解析 ………… (113)

5.1 区域文化的分异与渊源 ………………………………………… (113)

5.2 中国文化的区域分异与特征 …………………………………… (118)
　　5.2.1 中国文化的地理区域划分 ………………………………… (118)
　　5.2.2 中国主要区域文化的特征及创新特质 …………………… (120)

5.3 区域文化驱动创新的作用机制 ………………………………… (126)
　　5.3.1 社会资本视角的区域文化作用原理 ……………………… (126)
　　5.3.2 区域文化驱动创新的作用层面 …………………………… (129)

5.4 创新文化的空间传播 …………………………………………… (131)
　　5.4.1 传播学相关理论及其创新文化传播应用 ………………… (131)
　　5.4.2 创新文化传播 ……………………………………………… (138)

第 6 章
中国区域文化创新要素解析 ……………………………………… (152)

6.1 基于文化区划的中国创新表现突出区域刻画 ………………… (152)

6.2 吴越文化区驱动创新文化要素的案例分析 …………………… (155)
　　6.2.1 吴越文化区的渊源与发展 ………………………………… (155)
　　6.2.2 吴越文化区创新文化的特点 ……………………………… (156)

6.3 岭南文化区驱动创新文化要素的案例分析 …………………… (160)
　　6.3.1 岭南文化区的渊源与发展 ………………………………… (161)

6.3.2 岭南文化区创新文化的特点 ·· (162)

6.4 徽州文化区驱动创新文化要素的案例分析 ·································· (165)

　　　6.4.1 徽州文化区的渊源与发展 ··· (166)

　　　6.4.2 徽州文化区创新文化的特点 ·· (168)

第 7 章
国家创新文化系统的组织层面解析 ·· (171)

7.1 组织文化与企业文化 ··· (171)

7.2 企业文化研究路径与轨迹综述 ·· (176)

　　　7.2.1 企业文化研究缘起与演变 ··· (176)

　　　7.2.2 企业文化内涵研究 ·· (180)

7.3 企业创新能力及其评测方法的发育 ··· (183)

7.4 驱动创新的企业文化要素提炼 ·· (186)

　　　7.4.1 驱动创新的企业文化特征 ··· (187)

　　　7.4.2 文化作用下的企业组织结构 ·· (193)

　　　7.4.3 企业亚文化的协作模式 ·· (195)

　　　7.4.4 基于高低语境理论的知识创新模式差异分析 ·························· (199)

7.5 企业文化驱动创新的作用机制 ·· (202)

7.6 知识管理视角的创新文化管理研究 ··· (204)

　　　7.6.1 创新文化是否为知识 ·· (204)

　　　7.6.2 知识管理视域下的创新文化管理 ··· (206)

7.7 企业创新文化建设案例研究 ··· (210)

　　　7.7.1 高速企业"微笑服务"创新文化建设背景 ······························ (211)

7.7.2 "微笑服务"文化内涵的创新解析 ……………………………… (215)
7.7.3 "微笑服务"文化建设的创新模型 ……………………………… (216)
7.7.4 "微笑服务"文化模型的表达 …………………………………… (225)

第8章
国家创新文化系统的个体层面解析 …………………………… (231)

8.1 个人创新文化素养的内涵与表征 ………………………………… (231)
8.2 个人创新文化素养的形成机制 …………………………………… (236)
  8.2.1 进化心理基础 ……………………………………………… (237)
  8.2.2 社会化与濡化 ……………………………………………… (245)
8.3 个人创新文化素养外部激发关键要素 …………………………… (249)
8.4 个人创新文化素养核心要素的科学素质文化视角探究 ………… (254)
  8.4.1 文化渊源视域下的科学发展分异 ………………………… (255)
  8.4.2 科学素质差异的文化观照：日本与欧盟比较案例 ……… (256)
  8.4.3 文化对科学素质的作用机制及提升策略 ………………… (260)

余论
国家创新文化系统优化策略总结与思考 …………………………… (263)

参考文献 ………………………………………………………………… (271)

后记 ……………………………………………………………………… (294)

第1章
文化自觉与文化自信:当代中国文化的创新发展

作为哲学的基础概念,"自觉"通常指人类内省式的自我发现。在中国现代的话语体系里,文化自觉一般认为由社会学家费孝通提出:对本体所处文化的理解、觉醒和反思,在多元文化的世界里有对自己文化的"自知之明",而不是盲目地学习、依赖和借鉴他人创造的文明方案和制度设计。

作为日常用语的"自信",约略相当于心理学里的"自我效能"概念。后一概念由斯坦福大学心理学家艾伯特·班杜拉(Bandura)提出:对自己能力和效率的乐观信念(Bandura et al., 1999)。班杜拉通过长期研究发现,提高自我效能感可以使个体具有更高的韧性,心理更健康,心态更平和,也更容易取得成就。按照当前的中国文化语境做描述,其应用语义接近流行的"正能量"的说法。

在国际的共识性认知里,通常认为文化是民族的血脉,是国民的精神家园。因此,对当代中国来说,文化自信的导向是对中华民族文化的积极认同及肯定性判断,接受中华文化具有自成一格的理念、智慧、气度、神韵的观念,从而发自内心萌生对中华先民体系化创造的自足和自豪感。

这种自信不仅仅来自他人的认同与推崇,更来自中华民族发展长河中无数经典的成功实践。中国文化自信理念的构建源远流长,例如,古代先贤特别高标赞颂的君子人格。《孔子家语·五仪解》即记载:"公曰:'何谓君子?'孔子曰:'所谓君子者,言必忠信而心不怨,仁义在身而色无伐,思虑通明而辞不专;笃行信道,自强不息,油然若将可越而终不可及者。此则君子也。'"这非常鲜明地描绘了充满文化自觉与自信精神的民族发展引领人群——君子们诚信仁义、思想通达、自强不息的优秀品格。

2017年1月,中共中央办公厅、中华人民共和国国务院办公厅印发了《关于实施中华优秀传统文化传承发展工程的意见》,在传统文化精神低迷数百年之后的现代中国,第一次明确提出:"在5000多年文明发展中孕育的中华优秀传统文化,积淀着中华民族最深沉的精神追求,代表着中华民族独特的精神标识,是中华民族生生不息、发展壮大的丰厚滋养,是中国特色社会主义植根的文化沃土,是当代中国发展的突出优势,对延续和发展中华文明、促进人类文明进步,发挥着重要作用。""随着我国经济社会深刻变革、对外开放日益扩大、互联网技术和新媒体快速发展,各种思想文化交流交融交锋更加频繁,迫切需要深化对中华优秀传统文化重要性的认识,进一步增强文化自觉和文化自信;迫切需要深入挖掘中华优秀传统文化价值内涵,进一步激发中华优秀传统文化的生机与活力;迫切需要加强政策支持,着力构建中华优秀传统文化传承发展体系。"这是在国际发展大势西风东渐数百年,传统中国文化优势话语权困顿难彰后,通过几代中华儿女前赴后继、不屈不挠的奋斗,初步实现中国崛起的新中华文明体,从文化自觉和文化自信构建的国家层面做出的重大战略部署。

在国际经济-科技一体化浪潮席卷世界的发展环境中,国际社会另一大共识是:创新是实现经济-社会发展模式转型升级的必由之路,创新是一个民族的灵魂。在国际社会全面主张创新引领并推出一系列模式和路径的背景下,中国创新发展到底该选择何种路径?是应该模仿或借鉴当前世界已存的某种创新模式,还是坚持探索一条中国特色的创新路径?这些是当代中国创新发展过程中不可规避的重大选择命题。我们认为:学习与汲取他国优秀模式的精华毫无疑问不应排斥,但作为人类文明最重要的母文化的发源地之一,成功培育出中国特色的当代创新模式无疑是问题的最优解。

如何深度扎根于中华先贤智慧的文化精髓,站在人类文明已经创造出的文化高度之上,创新发展当代中国的特色道路与思想体系,需要系统考虑中国面临的创新发展环境和该环境生态中所有相关的挑战元素,以及渗透在创新生态系统所有元素深层的多元文化选择。中国文化自觉和自信精神的觉醒,是当代中国面向文明挑战与危机,从大文化设计方案构建视域,打造一条符合中国文化觉醒背景、能规避"水土不服"、具有面向未来社会示范意义的中国特色创新路径的核心特征,也是本书研究聚焦的中心问题。

1.1　研究问题与研究意义的提炼

人类行为真的具有高度的理性和自由的意志吗?现代多数经济学家、管理学家用数学模型和资产分析工具推演,认为个人的情感和感受相比"科学化的数据"是不重要的,人是排斥情感主宰的理性机器,以精细化的计算追求效率,追求自我利益最大化。这一源自欧美国家的主流观念体系与文明设计方案,非常鲜明地塑造了现代社会的主流文化倾向和价值观。

但人类历史上丰富的演化史揭示出不同模式选择的多元可能性:从人类进化来说,为什么会有人用利他行为牺牲了自己的基因扩张?为什么社会物质极大满足的现代人类并不比此前物质供给贫乏的年代觉得幸福感更高?为何在不同经济社会制度下,人类实现公平和协作的特征指标会多样化刻画?

毫无疑问,人类的一切行为都会受到意识的左右或影响,意识的研究是公认的人类哲学难题,而对数十亿人类个体意识主导下文化社会的运行规律研究,自然又难上加难。人类的意识呈现矛盾的对立统一、随时演化的活态,意识的导向会出现既自私又无私、既合作又竞争、既和平又好战、既有群居性又有反社会聚合的特征，哲学上的"性本善"抑或"性本恶"之争不仅从未停息过，而且始终处在诠释与印证矛盾的困境里。

对于来自人性深处的这种不确定性和无法预知性，人类的另一重矛盾是难以容忍身处其中的不安全感，因而寄希望于政府（组织）的管理控制力量和科学研究的数据化力量，希冀通过公式和定理这些"硬"科学规律来提供明晰性保障和有序化控制。但是，在希冀有序性与数据理性之上，人类本性中存在的为共同体和理想信念奉献的要素也经常光芒闪烁、温暖人间，如发自内心地关注他人（特别是弱者）的命运，这是公平与慈善的人性之源；又如以他人或后人幸福为己任却可以不涉及个人利益，这是构建人类群体愿景与奉献精神的源泉。

人类本性的深度矛盾直接影响着行为判断与路径选择。例如，从理性逻辑路径来推演，我们认同1950年普林斯顿大学数学家阿尔伯特·塔克（Albert Tucker）提出的非零和博弈经典案例"囚徒困境"的合理分析：当两个嫌疑犯分开审讯时，如两人都抵赖，各判1年；如其中一人坦白一人抵赖，坦白者释放，抵赖者判刑10年；如两人都坦白，各判刑8年。我们都确信博弈论基于个人理性的计算，该博弈的纳什均衡是（坦白，坦白），所以占优策略是两人都坦白，各判刑8年，即使此前两人建立了死不坦白的攻守同盟（张维迎，2007）。

但另一方面，在人类发展史上，无数仁人志士用鲜血告诉我们誓言和承诺的力量，如先秦儒家的代表人物孔子与孟子，全力弘扬君子独立不移的浩然正气，不仅孔孟二贤自己终生坚守理想信念不变，门下弟子如子路、颜回等一大批志士仁人也均在中华文明史上持续闪烁着信念人格的光辉；谪处南楚的屈原，凭着对祖国和理想的坚守，"虽九死而犹未悔"的忠贞与执着，为中华民族创造了重要的精神财富；唐朝的颜杲卿、张巡，宋朝的文天祥、郑思肖，明朝的方孝孺、于谦，也无不体现了伟大的人格；明末清初，大量明末遗民先烈面对残酷杀戮而坚贞不屈；近现代以来，为了中华人民共和国的诞生，在中国共产党领导下无数奋斗者抛头颅、洒热血。在这些案例中,"囚徒困境"中纳什均衡的理性规律全然失效。

某种"看不见"的力量在影响着人类,使我们具有与其他生物物种不一样的行为和思维模式,也使得人类不同族群之间具有明显的发展路径选择差异。善和恶不只是人群本性或个体性格特质,同时也取决于生态环境中更多复杂的影响因素,多元性的文化生态就是这样一种看似无形的强大影响力量。

文化往往以感性认同牵引理性规划的方式影响人类个体与群体的行为。对文化生态系统较早的研究始于20世纪四五十年代。当时,一批敏感的专家将目光聚焦于社会发展中的文化要素系统,文化要素系统的特色被用来尝试解释不同国家、社会、区域的经济和政治状况差异。

1985年,哈佛国际事务研究中心出版了前美国国际开发署官员劳伦斯·哈里森(Lawrence Harrison)撰写的报告《不发达是一种心态——拉丁美洲事例》,以多个案例说明拉丁美洲多数国家发展的障碍来源于文化。这一论断掀起了一场经济学专家、拉美问题专家就文化影响力作用的大争论。1988年,文化人类学家怀特提出:行为是文化的参数,并以公式 $O*C \rightarrow B$(其中 O 代表生物因素,C 代表文化因素,B 代表行为)表述人类行为的控制参数,认同文化在人类行为中的决定性作用。随着时间的发展,越来越多不同领域的学者开始认同文化在经济、政治等诸多社会相关领域决定性的影响力(怀特,1988)。正如美国政治家、社会学家丹尼尔·帕崔克·莫尼汉(Daniel Patrick Moynihan)所言:是文化而非政治决定了一个社会的成功与否。

21世纪初叶,在低碳、绿色等生态圈和谐目标成为世界创新发展的关键词时,文化认同被公认是实现文明发展由创新能力模式向创新生态系统模式提升优化的必由之路。文化仿佛是创新发展过程中无形的手,潜移默化地渗透到创新过程的多重层面,影响一个国家的创新氛围及其导出的各级创新主体的创新思维与创新行为。

本书拟从探究文化构建的渊源开始,立足文化动力系统视角,对创新领域的文化研究进行探讨和拓展,尝试构建驱动创新的文化理论体系的新路径。具体的着力方式为:基于案例研究、文献分析、理论探讨和实证研究,解析创新生态系统大体系中不同层面文化动力过程对主体创新表现的关键影响和作用机理,为提升系统的创新能力提供文化动力学视角的理论依据,刻画创新的文化支持系统,在创新生态系统层面探索文化动力视域下的中国特色发展道路。

就文化研究的学科范式而言,目前管理学领域的文化研究多囿于维度对立的研究视角,流行采用霍夫斯泰德的文化维度理论,对文化内涵进行直接性分解,形成了学科的研究思维定式。本书的研究构想与逻辑和通行范式有区别,拟从探究文化过程构建的渊源开始,对管理和治理域的文化观进行更新和拓展,重心在对文化基因的作用过程进行多方位、多层次的扫描透视,并尝试对构建新的中国文化动力体系做前瞻性的研究。

我国当前时期对文化研究重视程度日益上升,但研究视域和方法仍然存在着明显的缺陷,最突出的表征是:对创新过程能力的文化视角研究多停留在创新文化、企业文化视角的机构与组织本体层面孤立、静态的解析,偏重对组织内部文化构建过程的考察;改善型的研究会关注组织本体系统外部要素对系统内部的影响,而从包裹文化运行本体的创新环境这一影响源的创新生态学视域的研究则普遍缺失。

文化对创新的驱动作用机理就像文化形成本身一样,是一个多层级融合嵌入的过程,缺乏活态聚合方式的文化驱动创新机理研究,其方法论与创新研究的能力(潜力)要素互动影响解析的阶段是匹配的,而与创新研究的生态系统互动演化的新阶段已不适应。

本书的理论基础重点是:运用人类文化学理论、认知心理学理论、进化心理学理论、创新生态系统理论、组织理论、企业知识理论、区域地理学理论等融合学科理论,聚焦探究文化作用于创新的过程与原理。在工作逻辑设计上基于案例研究、文献分析、理论探讨和实证研究,将创新能力与过程对文化基因的融入性、支撑性需求进行多层面扫描与诊断,梳理不同创新生态系统形成的文化之源,检视文化驱动创新的关键要素协同演化作用机理。希望能更为准确、全面地刻画文化各层级要素与外部创新生态环境之间的多元非线性互动关系结构,并根据专题选择的文化数据进行示例目标的实证研究。本书的研究包括:

对国家创新能力进行纳入国家创新生态系统框架的解析和测评;

以实证研究举证中华民族优秀母体文化对创新的驱动力;

打破立足于中国现行行政区划区域能力研究的惯例,基于中国文化地理区划对中国区域文化的创新特质进行解析和案例研究;

在组织层面以企业为抓手,提出驱动创新企业文化的三元素协调模式;

提出个人创新文化素养概念,阐释其内涵和表征,对其形成机制进行进化心理和社会濡化层面的分析,提炼激发个人创新素养的社会文化关键要素。

本书的核心观点是:认为文化具有类似生物基因持续创新演化传承的逻辑特性;论证在文化生态系统多种跃迁要素不断活跃的背景中,其传递过程中发生趋向创新的文化基因改变的可能性会大幅度增强;驱动创新文化生态系统演化的有相对稳定态元素和非稳定态元素两大类,通过前者的规制化示范辐射功能,后者会在系统开始活跃的混沌边缘地带积极跨界融合并不断尝试突破规制,从而驱动创新文化要素产生创新突变;这一循环往复的过程,可以有效地规避文化生态系统长久发展累积下的弊端,使优秀基因基于稳态和非稳态要素的交互激荡,通过传承创新实现文化的新生。

中华文化原典《诗经》云:"周虽旧邦,其命维新。"中国当代哲学家冯友兰顺此语境晚年撰一对联:"阐旧邦以辅新命,极高明而道中庸。"中华文化在人类文明大格局中五千年生生不息,始终呈现"旧邦新命"文化创新生态的原典文化,这也是本书的研究在基础理论上的原点。把握中华原典文化的发展生态与创新逻辑,指导当代中国肩负世界使命的创新文化培育,传承中华先贤的创新管理文化的智慧,这是本书研究的中心意义所在。

1.2 研究框架与技术路线

本书采用学科融合的视角,提炼驱动创新的涵盖民族、区域、组织、个体四个层面的文化动力系统。系统各个层面之间既是相互影响、彼此关联的,又非简单的线性层级关系;各层级文化作用层面有重叠,又各有侧重,形成了一个交互的共生体系。同时,各个层面的文化既具有其恒定性、传承性,又具有适应性,有因应创新目标和要求的演进空间。聚焦文化创新生态各个层面驱动创新的文化要素及其动力作用机制,而非辨析文化学研究范畴的不同文化层面间的交互关系。

本书共由8章组成,从民族、区域、组织和个人视角进行驱动创新的文化要素及其动力作用机制研究。在中国国家创新文化生态系统的民族层面,解析民族文化层面文化差异的主要区分维度,以实证研究论证民族文化不同维度的创新驱动力,并结合定性分析提取驱动创新的民族文化要素体系,尝试构建民族文化驱动创新的作用机制。此外,基于对比视角梳理世界代表性样本区域的文化渊源和主要精神内涵,聚焦描述其对不同国家、民族科学发展和创新表现的影响。在中国国家创新文化系统的区域层面,探讨区域文化差异渊源及其对创新过程的影响。基于亚文化区划而非行政区划对区域创新表现差异及其差异动因进行文化视角的解析,刻画区域文化驱动创新的主要作用层面。基于区域创新能力测评数据,提取创新表现突出的文化区域分布,并以吴越文化、岭南文化和徽州文化为样本进行案例分析,提取驱动创新的区域文化要素。在中国国家创新文化生态系统的企业层面,选取中国国家创新体系中的重要创新主体——企业样本作为研究对象,构建涵括驱动创新的企业文化及亚文化特征、文化作用下的企业组织结构以及亚文化协调模式三个主要模块的企业文化要素协调模型,解析模型驱动创新的作用机制。最后,在中国国家创新文化生态系统的个体层面,提出个人创新文化素养的概念,并提出个人创新文化素养是影响个人创新表现的核心要素的观点。对个人创新文化素养的形成机制从进化心理基础和社会层面进行解析,提取个人创新文化素养形成的关键要素,并对个人创新文化素养核心构成要素之一的科学素养进行文化视角的聚焦探讨。

本书研究的技术路线与流程如图1.1所示。

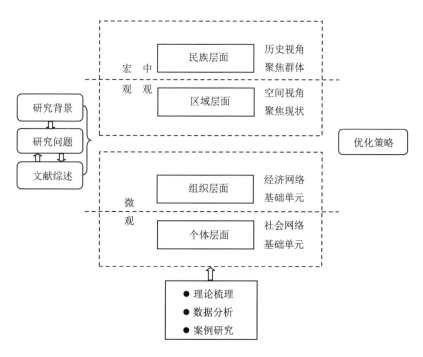

图1.1 技术路线与流程

第2章
创新文化研究理论的历史与当前

2.1 文化的定义与内涵

2.1.1 西方(欧美轴心)视域下的"文化"定义及内涵研究

1949年,美国文化人类学家怀特在其著作《文化的科学》中提出设立"文化科学"这一构想,并将之作为文化人类学的分支来表述,从而开拓了文化研究的独立学科地位,怀特也因在文化研究领域的这一贡献被称为"文化学之父"(怀特,1988)。

在文化学的学科概念体系成型之前,"文化"一词就早已存在。从词源看,西方语境的Culture(文化)一词最初可追溯至拉丁语Colere,意为培育、耕种(Harper,2001),此后该词形演变为Cultura,词义引申为崇拜、信仰。在词义发展过程中,其含义不断延伸拓展。在现代社会语境中,"文化"(Culture)的含义已经非常丰富,哲学家、人类学家、社会学家、心理学家、经济学家等不同学科的学者分别从不同视角赋予其诸多定义,仅克罗博(Kroeber)和克拉克洪在其著作《文化的概念与定义》(Culture: A Critical Review of Concepts and Definitions)中就列出了关于"文化"的164种定义,并将这些定义归类为9个不同学科视角:哲学、社会学、历史学、艺术、教育、心理学、人类学、生态学、生物学(Kroeber et al., 1952)。目前,"文化"定义中比较有影响力的主要有:

赫斯科维茨(Herskovits)认为:"一切除自然原生态之外的人造物都可谓文化。文化可区分为客观、硬件文化和主观、软件文化。前者如房屋、公路、器具,后者如价值观、信念、社会道德规范等。"(Herskovits, 1955)此定义强调了文化的外显形式。

爱德华·霍尔(Hall)指出:"文化即交流。它是无声的语言,涵盖了最广阔的关于进化发展的概念、实践和答案,它们并不存在于哲学家的高尚思维之中,而由普通民众共同体验分享。"(Hall, 1976)霍尔的文化研究是基于沟通视角的,所以此定义倾向于体现文化的传递功能。

泰勒(Tylor)指出:"文化由作为社会成员的人所获得,包括知识、信念、艺术、道德法则、法律、风俗以及其他能力和习惯的复杂整体。"这一"文化"定义采用了比较广博的文化观,涵括了文化的内隐和外显形式。

英国文化史学者威廉斯(Williams)认为:"文化含义的演化史为从自然成长的倾向及人的培养过程而演变成某种物质,先是心灵的某种状态或习惯,然后是一个社会整体中知识发展的一般状态,最后发展到各类艺术的总体及一种物质上、知识上和精神上的整体生活方式。"这一定义聚焦的是文化的演化史及表现形式。

克拉克洪提出文化为"公共信仰和价值观的载体"(Kluckhohn, 1951)。该定义凸显了文化的核心内涵。

克罗博和克拉克洪认为:"文化是由符号获取和传递的显性或隐性行为模式。核心是传统思想及其附着的价值观,外在表现如文化中群体的成就、器物表现。也即文化体系由显性的行为产物和隐性的文化群体的行为规范两方面构成。"(Kroeber et al., 1952)这一定义既探究了文化的内涵,又论述了文化对个体的影响力。

强皮纳尔斯和特纳(Turner)认为,文化是"人一生学习、形成的思考、感觉、行为的模式"(Trompenaars et al., 1998)。此定义强调了文化的影响界面,即对思维模式和行为方式的作用力。

霍夫斯泰德认为,文化是"区别于不同人群的本族人的思维方式的集合体"(Hofstede, 1980)。霍夫斯泰德的文化研究聚焦不同族群文化差异的维度,因此更多地采用了文化差异观。

从心理学视角,弗洛伊德认为文化是个人心理在社会屏幕上的投射,荣格则用"集体无意识"解释社会文化就是世代累积的经验。

另有学者尝试以直观图的方式解析文化的多层内涵,如韦弗(Weaver)的"文化冰山模型"(Cultural Iceberg Diagram)将文化划分为显性和隐性两部分(Weaver, 1986),如图2.1所示。

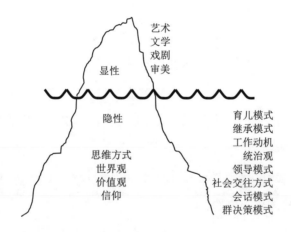

图2.1 韦弗的"文化冰山模型"

显性部分涵盖了文化的外在诸多表现形式,如艺术、文学、戏剧,隐性部分则体现在思维方式、世界观、价值观、信仰层面,具体外显于育儿模式、继承模式、工作动机、统治观、领导模式、社会交往方式、会话模式、群决策模式等不同的文化差异形式。

强皮纳尔斯则以"文化洋葱模型"(Cultural Onion Model)将冰山模型的隐性部分做了进一步的划分,把文化区分为表层、中层、核心层(Trompenaars et al., 1998),如图2.2所示。中层实际上是表层与核心层的过渡介质层。

图2.2 强皮纳尔斯的"文化洋葱模型"

综合"文化"的定义以及欧美学者的研究成果,我们认为文化由显性和隐性两部分构成,显性部分涵盖文化外在表现形式,如艺术、文学、戏剧、社会制度等,具体可以划分为认知类显性文化如语言、哲学、科学思想,规范类显性文化如道德、法律,艺术类显性文化如文学、建筑,器用类显性文化如生产工具、衣食住行,社会类显性文化如社会制度、风俗习惯;隐性部分核心为思维方式、世界观、价值观和信仰层面。隐性向显性的过渡层则包括育儿模式、继承模式、工作动机、统治观、领导模式、社会交往方式、会话模式、群决策模式等社会文化形式(见图2.3)。

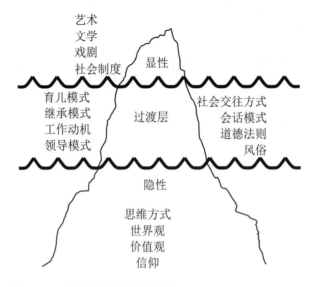

图2.3 文化内涵呈现形态结构图

2.1.2 东方(中国轴心)视域下的"文化"定义与内涵研究

东方以中国(远东)为突出代表。中国对文化的思索与探究源远流长。最早对文化起源的探索载于《易·系辞传》:"古者庖牺氏之王天下也,仰则观象于天,俯则观法于地,观鸟兽之文与地之宜,近取诸身,远取诸物,于是始作八卦,以通神明之德,以类万物之情,作结绳而为网罟。"意为在远古中国,伏羲氏治理天下,抬头观察天上日月星辰的现象,俯身观察大地山泽水土的情状,又观察飞禽走兽身上羽毛的纹理及其适宜生存于大地的生态环境,近则取象于人的自身,远则取象于宇宙万事万物,于是创作了八卦,用以融会贯通乾天坤地化育万物、神奇高明的德性,而比类归纳万事万物的情态。这里的"文"通"纹",纹理的意思(孔颖达,1957)。

古代汉语语境中的"文"指纹理、纹饰、花纹的意思,具有明确的内涵审美属性。如中华原典《尚书·舜典》表述为:"经纬天地曰文。"中华原典《论语·雍也》表述为:"质胜文则野,文胜质则史,文质彬彬,然后君子。"中华原典《礼记·乐记》表述为:"礼减两进,以进为文。"《尚书·大禹谟》表述为:"文命敷于四海,祗承于帝。"其中的"文"均指人的美德。

古代汉语语境中的"化"本义系指交易、造化、生成,逐渐衍生出教化之义。如中华原典《庄子·逍遥游》表述为:"化而为鸟,其名为鹏。"中华原典《周易·系辞》表述为:"男女构精,万物化生。"中华原典《礼记·中庸》表述为:"可以赞天地之化育。"(黄高才,2011)

"文化"一词并联使用的最早记录见于西汉时代。刘向《说苑指武》中记载:"凡武之为,为不服也,文化不改,然后加诛。"这是截至目前中国文献考证出的"文化"一词的最早出处(邵台新,1997)。

中国古代汉语中的"文化"含义与西方语境中的"文化"并不相同,古汉语的"文化"为动词,表示以文教化民众,以人伦的路径选择达到教化宗旨,是与武力征服相对立的过程概念,是体现儒家治理思想精髓的一个词。古代其他典籍如《周易》《吕氏春秋》《史记》和《文心雕龙》等,也都记载有对文化现象的观察和对文化含义的思索。一直到很晚的清朝,"文化"一词的所指才开始具有今天的含义,如《清史稿·北韩传》记载:"琉球自如清代以来,受中国文化颇深,故慕效华风如此。"又如《清史稿·文苑传三·林纾传附严复传》记载:"穷无所之,日人聘讲东方文化,留东数年,归。"(邵台新,1997)

现代汉语流行语境中的"文化"一词,实际上是在19世纪末出现的,学界一般认为源自日语的转借词(Borrowed Word),与西方的Culture基本拥有类似的内涵,如修养、教育、礼貌以及文化程度等多种含义(王会昌,1992)。但是也有中国学者试图在中国文化的主体语境背景下对"文化"进行细化定义,如梁漱溟在其《中国文化要义》一书中指出："文化，就是吾人生活所依靠之一切。俗常以文字、文学、思想、学术、教育、出版等为文化，乃是狭义的。文化之本义，应在经济、政治，乃至一切无所不包。"（梁漱溟，2003）梁漱溟的意思，即文化可以分为精神层面如哲学、宗教、艺术，社会层面如经济关系、政治制度，物质层面如餐饮、居室、行旅文化，见图2.4。

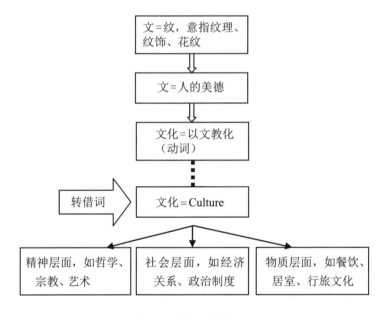

图2.4　中国"文化"一词由古到今的内涵演变

2.2　管理域的文化研究

在管理学领域对文化进行相对独立的研究始于20世纪80年代。其时，日本经济超常态的快速发展吸引了国际众多管理理论与实践研究者对日本文化进行"探秘式"研究,其中最具影响力的理论是美籍日裔学者威廉·大内提出的"Z理论"。"Z理论"认为:日式管理中的无形信任、集体价值观等民族文化要素是推动日本企业发展的独特动力,首次肯定了文化作为管理核心要素的重要地位。

文化视角的管理研究始于对文化人类学的研究,在跨学科的工业人类学、组织行为学研究范畴内也有所涉及。管理域文化研究一般将文化纳入隐性或者非正式制度领域进行研究。诺贝尔经济学奖获得者、新制度经济学创始人道格拉斯·C·诺斯将制度区分为正式制度和非正式制度,认为制度是资源与技术之外推动经济发展的一个重要因素,而非正式制度所包括的行为规范、伦理、风俗习惯等实际上是文化的外显形式,是使得经济体制可行的社会稳定文化要素,可内生、激发制度变迁和自主创新(道格拉斯·C·诺斯,1994)。美籍日裔学者福山也认为在制度趋同的今天,决定经济竞争力的主要因素是由文化所构建的社会信任和合作制度,文化差异是导致社会和经济差异的决定因素(福山,2001)。拉方特(Laffont)和玛蒂莫特(Martimort)则指出:"行为规范在社会文化环境中逐步发展演进,并对社会行为产生重要的影响。研究文化规范与个人激励的相互作用在制度设计过程中可能成为非常重要的步骤。"(Laffont et al., 2002)

将文化提升到具有决定性、根本性作用的学者是著名管理学家德鲁克(Drucker)。他经过研究指出:"占主导地位的资源以及具有决定意义的生产要素,既不是资本,也不是土地和劳动,而是文化。"他还认为:"管理是一种文化,具有其价值观、信念、工具和语言;管理既受制于文化,其本身也是一种文化。"(Drucker,1998)佩鲁克斯(Perroux)则指出,文化价值对经济增长起到决定性作用,决定提升或抑制经济增长的动机(Perroux,1950)。迈克尔·波特

(Michael Porter)认为,基于文化的优势是最根本的、最难替代和模仿的、最持久的和最核心的竞争优势,要加强国家的竞争力,艰巨的任务之一就是如何改变经济文化(塞缪尔·亨廷顿 等,2002)。

文化管理域影响力的实证研究目前主要集中在企业文化层面,考察不同类型企业文化对企业绩效的作用,包括理论分析以及以数据支撑文化主导作用的定量研究。定性分析如巴尼(Barney)针对企业竞争力源泉对组织文化要素进行研究;巴萨科(Besanko)等对文化创造企业价值的途径进行研究;科尔曼(Kilman)等对企业文化作用于企业绩效的维度进行研究(Barney,1986;Besanko et al.,1996;Kilman et al.,1985)。定量研究如戴尼森(Denison)发现员工参与程度高的企业文化与企业绩效呈正相关(Denison,1990);卡默隆(Cameron)和弗里曼(Freeman)以334家研究机构为样本,研究了文化一致性、文化力和文化类型与组织绩效之间的关系(Cameron et al.,1991);基于实证研究文化影响企业绩效的影响层面则揭示出其影响层面包括财务绩效、顾客满意度、员工满意度和创新(Fisher et al.,2000)。美国哈佛商学院考特(Kotter)和海斯科特(Heskett)通过14年对207家企业进行的考察发现:具有高绩效文化的公司总收入平均增长率为682%,企业员工人数增长282%,公司股票价格上涨为901%,公司净收入增长为756%;相对低绩效文化的公司总收入平均增长率为166%,企业员工人数增长36%,公司净收入增长仅为1%,公司股票价格上涨74%(王朝晖,2009),因此"企业文化尽管不易改变,但它们完全可以转化为有利于企业经营业绩增长的企业文化"(Kotter et al.,1997)。其他研究者如霍华德(Howard)、奎因(Quinn)及沙因(Schein)也以实证研究探索了文化提升绩效的途径与方法。如文化与财务绩效研究发现两者的交互点在于文化的创新性与柔性(Barney,1986)。另外,文化阻碍企业绩效的研究在实证研究中也有所涉及,如乌来斯(Vries)和米勒(Miller)等的研究(De Vries et al.,1986)。

对企业文化的实证研究一般采用定性和定量两种研究方法。定性研究包括访谈、现场观察等(Schein,1999),定量研究则主要使用量表和问卷(Quinn et al.,1991)。定量研究又包括类型测量和特征测量两类(马力 等,2005)。其中较常用的文化量表见表2.1,现在一般会采用以上方法的综合形式进行研究(雷巧玲 等,2006)。

表2.1 较常用的文化量表

量表名称	聚焦内涵	设计者	特点
组织文化量表(Organizational Culture Inventory)	组织文化	库克和拉菲提(Cooke & Lafferty)	强调行为标准
文化差异调查(Culture Gap Survey)	组织文化	科尔曼和萨克斯通(Kilman & Saxton)	强调行为标准
企业文化调查(Corporate Culture Survey)	企业文化	格莱塞(Glaser)	强调企业价值观
组织信仰问卷(Organizational Belief Questionnaire)	组织文化	萨诗金(Sashkin)	强调组织信仰
组织文化评价工具(Organizational Cultural Assessment Instrument)	组织文化	奎因和卡默隆(Quinn & Cameron)	建立竞争价值框架,考察主导特征、领导风格、员工管理、组织凝聚、战略重点、成功准则,区分宗族型、活力型、层级型和市场型组织文化,直观便捷
文化特质理论模型(Theoretical Model of Culture Traits)	组织文化	戴尼森(Denison)	可描述适应性、使命、一致性、投入度(缺点:基于案例研究,可能有遗漏且维度间相关度太高)
霍夫斯泰德量表	组织文化	霍夫斯泰德(Hofstede)	强调价值观和实践,如安全需要、工作关注和权力需求。立足于组织文化内容与结构

续表

量表名称	聚焦内涵	设计者	特点
波斯特量表	企业文化	波斯特（Post）	综合研究,包括冲突解决、员工参与、组织认同、关注权力、薪酬导向、任务结构、绩效导向等15个维度
组织文化量表（Values in Organizational Culture Scale）	组织文化	郑伯壎	基于沙因量表,9个维度为科学求真、甘苦与共、团队精神、顾客取向、卓越创新、正直诚信、表现绩效、社会责任和敦亲睦邻。基于中华文化的视角
OCP量表	组织价值观	查特曼（Chatman）	立足于个人,考察组织契合度与个体结果变量。其维度包括革新性、尊重、稳定性、结果导向、进取性和团队导向、注重细节。基于文献研究
企业文化量表	企业文化	中国企业家调查系统	维度包括顾客导向、创新与企业家精神、员工发展、团队合作、制度标准化
企业文化量表	企业文化	北京大学光华管理学院	维度包括人际和谐、社会责任、顾客导向、公平奖罚、勇于创新等
企业文化量表	企业文化	清华大学经济管理学院	维度包括创新导向、长期导向、客户导向、和谐导向、员工导向、结果导向等

研究中发现管理域文化探讨的一个突出问题是:中国的企业文化研究从理论上对中国本土文化、中西语义差异考虑欠缺,使用众多本土案例、数据统计,却完全依据西方的理论体系与评判标准,由此导致难以从主体特征上解析本土文化的作用机制。

2.3 文化与创新

2.3.1 创新研究代表性理论与观点综述

文化与创新自然包含丰富多彩的界面,这一部分延续上一部分管理域文化研究的路径,主要对管理域视角的创新理论和应用研究进行系统的梳理与观点提炼。

1. 创新的内涵研究

从词源学看,"创新"(Innovation)一词源于古拉丁语 Innovare,意为更新和改变。中国社会科学院语言研究所词典编辑室(2016)编纂的《现代汉语词典》则将"创新"定义为"抛开旧的,创造新的""创造性;新意"。"创新"一词现在被赋予了新的含义和重要性。奥地利经济学家熊彼特(Schumpeter)1911年在《经济发展理论》一书中阐释:"创新是一种新生产函数的建立,即生产要素的重新组合。经济发展就是新组合的不断实现。"熊彼特认为"创新"有五种类型,可总结为:产品创新、技术创新、市场创新、资源配置创新和组织创新。熊彼特创新研究的不足在于:首先,具有片面的创新参与者观,因为创新是覆盖全员的行为,而不应当仅凸显企业管理者的作用;其次,过分倚重技术创新,而对组织创新、创新文化研究相对忽视。

熊彼特之后,诸多学者在其创新理论的基础上进一步拓展,先后构建了多种创新模型和理论,具代表性的创新模型主要包括技术推动模型、需求拉动模型、相互作用模型、整合模型、系统整合网络模型等,创新理论则主要包括技术创新理论、创新双螺旋理论、机制创新理论等。

美国著名管理学家德鲁克在管理学领域进一步发展了创新理论,并赋予"创新"更广泛的含义:"创新"意指赋予资源新的创造财富能力的行为。德鲁克将"创新"分为两类,即技术创新和社会创新。技术创新指某种自然物的新应用,并赋予新的经济价值;社会创新则指为了在资源配置过程中获得新的社会价值和经济价值而采取的创新型管理手段、管理方法乃至管理机构。

随着知识经济的到来和知识在社会和经济上作用的凸显,知识创新逐渐占据主导地位。美国学者艾米顿(Amidon)提出知识创新的概念,将之定义为"新思想的创造、交流、发展和应用。使新思想进入满足市场需求的商品与服务,从而推动企业的成功、增加社会的利益、提升国家经济的活力。知识创新的核心要素是能力和知识,而不是技术或金融。"(Amidon,1998)

2. 创新能力与测评的理论及实践

创新能力结构研究可分为过程观和要素观(张军 等,2014)。过程观的视角落于新产品开发过程,如克罗散(Crossan)和阿佩丁(Apaydin)将创新过程解构为:创新发起、组合管理、开发与实施、项目管理、商业化。而要素观则探讨创新能力的构成要素,如人、技术系统、管理系统、企业价值观。

关于创新能力的评测实践在国内外均获得了较大关注,成果颇丰。其中影响范围较广的如欧盟(European Union,EU)的《全球创新排行》(Global Innovation Index,GII)、世界经济论坛(World Economic Forum,WEF)的《全球竞争力报告》(The Global Competitiveness Report)、瑞士洛桑国际管理学院(International Institute for Management Development,IMD)的《世界竞争力报告》(World Competitiveness Yearbook)和经济合作与发展组织(OECD)的《科

学、技术与产业记分卡》(Science, Technology and Industry Scoreboard, STI)（中国科协发展研究中心国家创新能力评价研究课题组，2009）。

2000年欧盟出台"里斯本战略"。"里斯本战略"旨在增强欧盟的凝聚力，以建设知识经济体为目标，提升欧盟区的世界竞争力。因应这一战略目标，欧盟开展了一系列面向创新绩效的测度。测度的基本框架是欧洲创新记分牌（European Innovation Scoreboard, EIS），对欧盟各成员国的创新能力进行评测、对比。这一测度始于2001年，每年一期。

EIS的指标体系历经两个变化阶段，分别是2001~2004年的测评框架以及2005年之后的侧重创新效率的测评框架。其指标体系见表2.2~表2.4。

表2.2　EIS 2001~2004年创新能力测评维度

人力资源	知识创造力	新知识的传播与应用	创新融资、产出和市场效应

表2.3　2005年之后EIS创新能力测评维度

创新投入			创新产出	
创新驱动力	知识创造力	企业创新力	知识应用	知识产权

表2.4　2006年全球创新排行指标体系（GIS）

类别	维度	指标
创新投入	创新驱动力	每百万人口中研究人员的比例
		25~64岁人口中完成三级教育的比例
		20~29岁年龄段中理工科毕业生占三级教育毕业生的比例
	知识创造力	每百万人口科学论文篇数
		政府R&D投入占GDP的比例
		企业R&D投入占GDP的比例
	传播	信息和通信技术的投入占GDP的比例

续表

类　别	维　度	指　标
创新产出	应用	高科技产品的出口占全部出口的比例 中高技术和高技术产品增加值占制造业增加值的比例
	知识产权	每百万人口三方专利申请数 每百万人口欧盟专利局专利申请数 每百万人口美国专利局专利申请数

该测度不定期进行专题测评，如2002年和2003年的区域创新排行（RIS）、2005年的部门创新排行（SIS）、2006年开始的全球创新排行。本书更关注的是欧盟的全球创新排行测评，因为其研究的是国际范围而非限制于欧盟区的国家创新能力测评与比较。受到数据采集的限制，GIS对EIS的指标体系进行了调整，数据来源主要是世界银行、经济合作与发展组织和联合国教科文组织的有关数据。

世界经济论坛则从1979年开始发布《全球竞争力报告》，对影响国家经济竞争力的要素，即全球竞争力指标进行测评。这一测评指标体系包含基本条件（Basic Requirements）、效率提升（Efficiency Enhancers）、创新与成熟度因素（Innovation and Sophistication Factors）三类指标，以及法律、行政架构、基础设施、宏观经济环境、卫生、基础教育、高等教育、培训、商品市场效率等指标。这一报告每年都发布，最新一期《2016~2017全球竞争力报告》中中国依旧位列金砖国家之首，列第28位，而表2.5所列指标依然保留了原有框架，未做重大调整。

表2.5 全球竞争力指标体系

支柱群	2006年	2008年
基本条件	制度	制度(18)
	基础设施	基础设施(8)
	宏观经济	宏观经济(5)
	健康与初等教育	健康与初等教育(11)
效率提升	高等教育与培训	高等教育与培训(8)
		商品市场效率(16)
	市场效率(商品市场、劳动力市场、金融市场)	劳动力市场效率(12)
		金融市场成熟度(9)
	技术准备(创新支柱的补充,经济体可使用的技术存量,不论其来源如何)	技术准备(8)
		市场规模(2)
创新与商业成熟性因素	商业成熟性	商业成熟性(10)
	创新(技术准备支柱的补充,强调创新潜力)	创新(8)

全球竞争力测评体系的第12个支柱就是技术创新维度,它被认为是持续性的经济增长动力之源。创新维度具体涵盖了8个测评指标,包括综合的创新能力、企业R&D投入、科研机构质量、产学研合作水平、实用专利数、政府收购的高技术产品、科学家和工程人员供应充裕度、知识产权保护程度。而其他维度的全球竞争力指标与创新维度也是高度相关的,例如制度维度对知识产权的保护、高等教育与培训对人才储备的提供,其他还有如基础设施、商品市场效率、劳动力市场效率和金融市场成熟度等。

对各国国际竞争力的量化和排名分析,除WEF的全球竞争力测评体系以外,另一个比较权威的测评体系是瑞士洛桑国际管理学院的世界竞争力指标体系,见表2.6。

表2.6 世界竞争力指标体系

主要素	经济表现(80)	政府效率(73)	企业效率(70)	基础设施(108)
分要素一	国内经济(28)：规模(12)、增长(6)、财富(6)、预测(4)	公共财政(12)	生产力和效率(11)	基本基础设施(24)
分要素二	国际贸易(21)	财政政策(14)	劳动力市场(22)：成本(4)、关系(5)、技能可获得(13)	技术基础设施(21)
分要素三	国际投资(19)：投资(17)、金融(2)	制度框架(15)：央行(6)、政务效率(9)	金融(20)：银行效率(10)、金融管理(2)、股票市场效率(8)	科学基础设施(22)
分要素四	就业(8)	商业法律(21)：开放度(7)、竞争与管制(11)、劳动力管理(3)	管理实践(10)	健康与环境(22)
分要素五	价格(4)	社会框架(11)	行为和价值观(7)	教育(19)

注：括号中所标注的数字为指标个数。

世界竞争力指标体系，以经济表现、政府效率、企业效率和基础设施4个一级指标取代了1992年确定的国内经济实力、国际化程度、政府管理、金融体系、基础设施、企业管理、科学技术和国民素养等8个一级指标，这一体系相对比较稳定，近年来一直沿用。IMD每年发布的《世界竞争力年鉴》旨在分析经济体创造以及维持企业竞争环境的能力。其中隐含的假设是瑞士洛桑国际管理学院认为财富创造主要由企业来完成，企业在国内、国际市场竞争的能力称为企业竞争力。企业运营必然要处于某一特定的宏观环境中，对企业竞争力起到促进或者阻碍的作用。经济体创造和维持企业竞争环境的能力即为国家竞争力。瑞士洛桑国际管理学院的世界竞争力指标体系将国家环境划分为4个主要素:经济表现、政府效率、企业效率和基础设施。每一个主要素又划分为5个子要素并各有侧重:经济表现要素用于考察国家宏观经济运行状态为保持与提升企业竞争力提供了什么样的支撑条件;政府效率要素用于测评政府为企业活动提供公平有序的市场经济制度的能力;企业效率要素用于测评激励企业创新、盈利和承担社会责任的环境;基础设施要素用于测评公共基础设施、科学、技术和人力资源满足企业需要的程度(肖红叶 等,2006;吴雪明,2007)。这一体系同样延续至今,在IMD公布的2016年全球竞争力排名中,根据"经济表现""政府效率""企业效率"与"基础建设"等四大项综合评比,中国香港获得桂冠,中国内地则排名第25位。

"科学、技术与产业记分牌"是由经济合作与发展组织科技与产业委员会构建的一套创新相关评价指标体系。其测评对象包括经济合作与发展组织的所有成员,也涵盖了部分其他非经济合作发展组织成员如中国。其发布周期是两年,测评的内容涵盖各成员科研人员情况、产业创新情况、企业创新战略、跨国企业情况、贸易竞争等。这一指标体系的发展同样经历了两个阶段,以1997年为分界线。1997年之前为前知识经济时代,关注的是成员的科技、产业结构与绩效;进入知识经济时代,其测评关注知识创造、知识扩散与知识应用,如R&D水平、人力资源水平、技术扩散、专利等,评估创新绩效以及相应的知识经济产出,描述各成员创新相关结构与水平。从2005年开始,测评对象增加了一些非成员如中国、南非、巴西、俄罗斯、印度等新兴经济体的代表性国家。以2007年指标体系为例,共涵盖了9个维度、88个一级指标,见表2.7。

表 2.7 2007 年版 STI 指标评价体系

维度	一级指标
研发与知识投资	共 9 个指标,包括知识投资、国内研发支出趋势、研发融资与执行、非 OECD 地区研发、商业研发、不同规模公司商业研发、行业的商业研发、健康相关研发、风险投资
科技人力资源	共 12 个指标,包括新大学毕业生、国外博士生、在美国获得科学工程类博士学位者或博士后出站者、大学毕业生的就业情况、科技人力资源、高技术人才的国际流动、研发人员、研究员、在美国的国外学者、非 OECD 国家的科技人力资源、科技人力资源的就业、不同教育水平的收入情况
创新政策	共 7 个指标,包括公私合作研发基金、政府研发预算、研发的税收政策、大学和政府的专利获得、公共研究组织和创新企业的合作、科学和技术的联系、企业的产生与消亡
创新绩效	共 8 个指标,包括三边专利族、专利密度、区域性专利、产业专利、科学论文、公司创新、创新和经济绩效、非技术创新
信息通信技术	共 16 个指标,包括信息通信技术软硬件投资、电信网络、因特网用户、宽带与安全性、家庭拥有信息通信技术情况、个人使用因特网情况、商业接入和使用因特网情况、非成员因特网接入情况、电子商务交易额、因特网商务行为、电信资费、信息经济的职业与技巧、信息通信技术产品的国际贸易、非成员的信息通信技术产品国际贸易、特定信息通信行业中的研发、信息通信技术相关专利
专项技术	共 10 个指标,包括生物技术公司、生物技术研发、公共部门生物技术研发、生物技术应用、生物科学、生物技术专利、纳米科学、纳米技术专利、环境科学、环境技术专利
科技的国际化	共 7 个指标,包括拥有国内发明的外国人、拥有国外发明的国人、研究中的国际合作、来自国外的研发基金、科学中的国际合作、研发国际化、创新中的国际协作
全球经济流	共 11 个指标,包括国际贸易和投资流动的发展趋势、国际贸易、公司内贸易、外商直接投资流动、制造业中的外国子公司的活性、服务业中外国子公司的活性、外国子公司的就业趋势、特定制造业和服务业中的外国控制的营业收入所占比例、出口中的进口比例、离岸中间品、技术收支平衡
生产力和贸易	共 8 个指标,包括收入和生产率水平、劳动生产率增长、国家经济增长账户、商业部门的劳动生产率增长、技术与知识密集型行业、国际贸易中的技术强度、高技术以及中高技术行业出口、制造业的贸易差额贡献

这一评测最新版为2015年版,主要关注OECD以及其他几个世界主要经济体在对抗财经危机和提高民生方面的效果,其主要指标依然包括如上所列的科学、技术、创新和产业的发展监控指标,也补充了一些面向政策红利的实验性指标。

2.3.2 文化视域下的创新研究

美国哈佛商学院著名的战略管理学家迈克尔·波特分析一个国家的国际竞争力时认为,决定一个国家的某种产业竞争力有四个重要因素:生产要素,企业的战略、结构和同业竞争,需求条件,相关及支持产业。四因素构成创新"钻石模型",见图2.5。

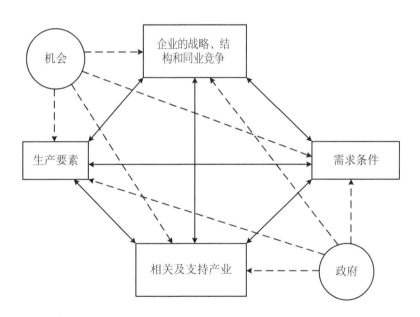

图2.5 迈克尔·波特的创新"钻石模型"

1992年荷兰学者博世(Bosch)和波依金(Prooijen)指出,这个模型没有考虑到文化在国家竞争力中的重要影响,后来迈克尔·波特对此观点表示认同(Van Den Bosch et al., 1992)。20世纪90年代以来,越来越多的学者在研究国家创新能力的驱动因素时发现了文化的重要影响力,如沙恩(Shane)、斯汀司马(Steensma)等、伊瓦丁金(Everdingen)和瓦茨(Waarts)、琳恩(Lynn)和杰尔博(Gelb)、H.Y.孙(Sun)。他们的研究均以霍夫斯泰德的文化维度为基础,创新能力维度则使用了不同的指标,如沙恩使用的是商标注册率;伊瓦丁金和瓦茨使用的是ERP指标(Adoption Rate of Enterprises Resources Planning,企业规划资源采用率);斯汀司马考察的是技术联盟情况;H.Y.孙则使用波特和斯特恩(Stern)的国家创新能力指标,并依据文化与国家创新能力间相关关系的研究,提出了创新文化指标(Innovative Culture Index, ICI)(Shane, 1993; Steensma et al., 2001; Van Everdingen et al., 2003; Lynn et al., 1996; Sun, 2009; Porter et al., 2001)。

　　从创新过程理论视角来看,创新是一个复杂环境中不确定的、动态非线性过程。综合塔诗曼(Tushman)、罗曼内里(Romanelli)、纽曼(Newman)和诺棱(Nollen)等的研究,创新过程可划分为突变性和渐进性创新两种(Tushman et al., 1985; Newman et al., 1998)。前者是根本性的创新变革过程,从核心价值观向战略、组织结构等各层面辐射,持续时间较短,一般源自难以维持的组织绩效、竞争环境的变动或高层管理者的变化(Romanelli et al., 1994)。后者则是一个时间跨度较长,在组织结构、制度等层面的渐进优化过程,一般不涉及核心价值观的转变。无论是何种过程,其基本步骤均涵盖领导团队、创新愿景的确立与接受、创新的需求、员工参与、短期创新的成效与巩固(Kotter, 2002)。其中最为关键的创新因素就是文化因素,因为文化不变革,其他受到文化影响的要素如战略、结构、流程必然会受到限制,从而导致失败或挫折。然而,虽然组织文化创新在创新中占有重要地位,却又是最难、最慢的步骤,目前尚缺乏文化视角的创新机理与模式的基础研究进展。

创新作为系统工程,它的发展模式与其所根植土壤的地理、社会、经济、政治、历史、宗教等诸多因素息息相关,同时又是互相渗透、互相影响的关系。例如,霍夫曼(Hoffman)和赫加提(Hegarty)研究发现,社会文化会影响创新主体的创新意愿和行为,并会直接影响企业管理人员的决策模式偏好(Hoffman et al., 1993);赫比格(Herbig)和顿非(Dunphy)研究指出,企业管理人员的社会文化价值观会影响企业是否、什么时候以及以什么方式采纳技术创新(Herbig et al., 1998)。那卡塔(Nakata)和斯瓦库曼(Sivakumar)则分析了社会文化对新产品开发不同阶段的影响(Nakata et al., 1996)。

对文化创新理论研究梳理则发现,其理论一般可划分为三个流派:第一个流派为实用主义流派,将文化视作创新的变量,可以进行管理与控制,从而服从创新战略(Denison, 1984);第二个流派则认同文化的相对稳定属性,认为文化在实践中是不可能进行计划和管理的,因为价值观难以掌控和改变;第三个流派是折中派,一方面承认文化的可调性,但是又强调其创新变革的难度,认为会受到组织条件的制约(Ogbonna et al., 2002)。文化的创新变革涉及其要素的动态变革过程,哈奇(Hatch)设计了一个动态模型来说明这一过程(Hatch, 1993),见图2.6。

桑尼贝瑞(Thornberry)研究发现,创新文化的内涵包括对组织内创新行为的奖励以及对创新冒险尝试的激励,表现形式包括创新价值观、创新信念和创新意愿等(Thornberry et al., 2003);哈托里(Hattori)将创新文化类比为生物学DNA,将其视作组织内部最为关键的精神密码。

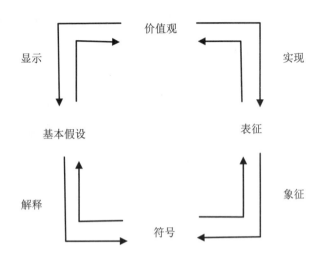

图2.6　哈奇的文化创新动态模型

21世纪开局以来,创新文化的重要性及其建设在我国的地位也在日益凸显。从国家政策层面上看,2006年《国家中长期科学和技术发展规划纲要》颁布,其中创新文化的建设被列为重要任务之一。时任中共中央总书记胡锦涛在全国科技大会上强调了创新文化的重要性,认为应该以"创新文化孕育创新事业,创新事业激励创新文化"。他提出:创新型国家的建设需将创新作为重大战略任务,增强自主创新能力,建设创新文化,因为创新文化是实现国家自主创新之路的驱动力和软实力之源。2016年3月5日,李克强总理在第十二届全国人民代表大会第四次会议《政府工作报告》中提出:要大力弘扬创新文化,厚植创新沃土,营造敢为人先、宽容失败的良好氛围,充分激发企业家精神,调动全社会创业创新积极性,汇聚成推动发展的磅礴力量。

在理论研究层面,对创新文化内涵的研究、建设和国内外比较探讨等一直是当前我国学术研究的热点议题。

中国科学院原院长路甬祥对创新文化做过这样的描述:"创新文化实际上

就是科学精神与人文精神的综合。我们在建设创新文化的过程中,除了要提倡科学精神文明,还要同时强调人文精神,要把科学精神与人文精神很好地结合起来。"(路甬祥,1999)金吾伦提出:创新文化与自主创新息息相关,同文化一样,创新文化也有层次划分,包括内在文化即观念文化,以及外在文化即制度文化(金吾伦,2001)。孟建伟将创新文化定义为:"能够最大限度地激励或激发人们去创新的文化。对于科技领域来说,就是能够最大限度地激励或激发人们进行科技创新,特别是重大的原始性创新的文化。"(孟建伟,2005)陈依元认为:创新文化是利于创新实践的文化形态,其核心是创新价值观,可以区分为主体、制度和环境三个层面的具体的内在或外在形式。创新型文化的核心及创新价值观包括鼓励探索、包容个性、宽容失败等特质(陈依元,2007)。

实际上,创新文化的内涵探索可以区分为静态和动态两种,从静态观点看,创新文化并不是一种文化或亚文化种类,而是具有创新特征、具有驱动创新作用或表现创新结果的创新文化要素集合;而从动态观点看,创新文化是一个利用驱动创新文化要素、规避桎梏创新文化要素的文化改革过程。

通过梳理现有研究发现,由于文化的影响及其作用机制难以量化,研究者普遍有意无意忽略数据背后的内在驱动力,即现行研究往往聚焦行为方式与结果,却回避探究导出该行为方式的思维模式及该思维模式形成的深层动因,如价值观、世界观。因此,本书所提的创新能力在所指上并不局限于量化的创新能力,而是一个相对宽泛的概念,力求探究更丰富的可能导出或激励创新行为的文化要素体系。

2.4 文化与国家创新生态系统

学术上的自然生态系统是一定空间内,生物群落与无机环境构成的有机整体。自然生态系统强调的是生物与环境之间的协同共生和持续演化,其"动态、多样、平衡、有序"的内涵,使其被借入社会现象和问题的分析框架中。国家创新生态系统(Innovation Ecosystem)最早的公开研究表述出现在2004年美国竞争力委员会《创新美国》研究报告中,认为"企业、政府、教育家和工人之间需要建立一种新的关系,形成一个21世纪的创新生态系统"。目前,传统的国家创新体系评价标准已不太适应与当今强调"社会、经济、科技、生态、文化"多维并重的社会全面进步发展战略相匹配的要求。创新需要一个完整的生态系统支撑。关于创新评价的最新理解是:将国家创新能力的评价融入对保证其持续发展的创新生态环境的综合考量中,构建符合"可持续、包容性、智慧型增长"发展目标的动态国家创新生态系统,不再过于强调创新知识、创新技术和经济增长,将国家创新看作一个具有生命力的、可演化的生态系统。这一认知,对转型背景下我国创新型国家建设具有重要的战略意义,属于国家层面创新系统发展的最新阶段。

国家创新生态理论突破了国家创新研究聚焦创新经济效果的传统线性认知框架,在创新进程中,创新主体内部构成要素之间、多个创新主体之间,以及创新子系统与外部环境之间存在着连续、多重的互动,构成具有自组织特征的复杂适应系统(见图2.7)。如果将其视为区域、企业、科学共同体等创新集群的集合体,那么创新生态系统便是一定时空范围内,集群内外部创新资源和创新要素协同发展和动态演化的总和。以形象的类比来描述,系统中的创新人才为种子,创新资源为阳光和空气,创新市场为肥料,创新环境为水分,创新机构为土壤,通过能量交换和物质流动,形成相互作用、彼此影响的整体。打一个生动的比喻:创新生态系统对创新的支撑作用,体现在系统中起到基础、关键和推动作用的"阳光""水分"和"土壤",而不是"庄稼"的长势。

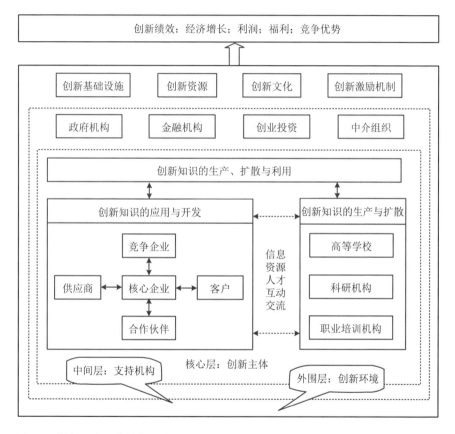

图2.7　创新生态系统结构示意图

从图2.7来看,创新文化属于创新生态系统的外围层,即创新环境的组成要素(国家创新生态系统研究课题组,2015)。创新生态系统组成要素包括优秀的人才,如基础理论发现者、发明家、创业者、工程师、熟练技工等,世界顶尖的研究型大学,工业企业和研发中心,为企业和创业者服务的风险投资行业,稳定的经济、政治、社会环境,政府对高潜力领域的基础设施投入等。在广义的文化关照下,文化是其栖息的宏观环境,无疑是整体全息作用于所有关键要素的。这个新的创新生态系统特别关注创新的宏观层面,即国家和全球的经济、政治和文化环境,创新环境的无形(软件)层面,公众的认知态度、公众对创新活动的认识和接受程度,对创新精神的理解内化,以及能否真实享受到创新红利。这些无疑都属于文化作用的范畴。

第3章
国家创新文化系统的民族文化层面解析

文化人类学家本尼迪克特(Benedict)在其《文化模式》一书中指出:"一定的文化模式是一个民族在历史长河中逐步沉淀而成的。人类由生活环境造成的行为偏好,到人类逐渐自然整合而形成某种标准,再到上述标准被群体所逐渐认同,最后便形成特定的文化。"(露丝·本尼迪克特,1988)文化形成受到全球不同自然环境和社会环境的影响,因此世界上形成了不同的民族文化。而不同的文化形成后,又反过来影响人类改造、影响环境。本章将探索性地梳理并构建民族文化差异的维度分类,在此基础上,尝试验证不同维度民族文化的创新驱动力,尝试提取民族文化层面的创新驱动文化要素,解析其作用于创新过程的机理。

3.1 民族文化区分理论

对世界主要国家、民族文化的研究和分类吸引了来自人类学、社会学、语言学、历史学、文化学、管理学等诸多领域专家学者的关注,他们采用了不同视角,经由定性、定量分析对世界上主要的民族、国家文化进行了分类研究。从时间视角,文化可以粗略分为上古文化、中古文化、近代文化、现代文化、当代文化;从人类产业变迁视角,文化可以分为畜牧文化、农业文化、工商文化、工业文化、后工业文化(由于目前形态仍处于高度演化中,形成高共识度的名称仍需时日);从地域空间视角,可以分为中国文化与外国文化、东方文化与西方文化等;从文化内涵差异体系分类,世界主要文化体系包括中国文化、印度文化、中东文化和欧洲文化(陈佛松,2002)。目前学界接受度较高的文化分类及标准主要包括:六大价值取向理论、文化维度理论、个体主义-集体主义理论、文化架构理论、高低语境文化理论和世界区域文化分类理论。

3.1.1 克拉克洪和施特罗贝克的六大价值取向理论

美国人类学家克拉克洪和施特罗贝克研究发现人类不同文化群体可依据六大价值取向相互区分。这六大价值取向为:人性观、自身与外部环境关系、自身与他人关系、活动导向、空间观念、时间观念。不同国家在这六个价值维度上会有不同的取向,从而可以以此为依据描绘不同国家的文化轮廓,区分不同文化(Kluckhohn et al., 1961)。这一研究是以美国文化为基点,与他国文化进行比较研究的,比较结果如表3.1所示。

表3.1 克拉克洪和施特罗贝克的六大价值取向

六大价值取向	美国文化	他国文化
人性观	性本善和性本恶观并存,后天可教化	善恶对立,难以改变
自身与外部环境关系	人定胜天,人是自然的主人	和谐并受制于自然
自身与他人关系	个体主义	集体主义、等级观
活动导向	重视行动,实干型	重视存在,存在型
空间观念	重视隐私	公共空间大
时间观念	未来/现在;一个时间做一件事	过去/现在;同时做多件事

通过探究六大价值取向理论对民族创新能力的潜在影响发现,人性观取

向主要体现在管理风格的差异,从而对创新产生影响,表现为领导者的领导风格,是认定人性邪恶从而采取强控制的管理方式,采用高度细化的制度条约预防邪恶行为的发生、制约人的行为,还是强调信任,采用相对民主宽松的交流协作管理方式。自身与外部环境关系的差异,首先体现在思维模式上是否认同人类可通过创新行为了解自然、改造自然,从而影响行为模式,如体现在组织实践活动的差异,以及对目标管理的严格执行程度和惩罚制度。自身与他人关系的差异主要表现为社会组织结构是否扁平化和利于沟通;是否回避冲突与变革、区分内外群体、尊重个性、强调个人能力与实现。如在创新尝试中,关系是否影响甚至决定决策,是看重个人能力和成就还是看重关系;群体内等级划分是否明晰,以及在决策模式、沟通类型、奖励系统方面体现出的民主水平、等级差异如何等。活动导向体现为是否倡导工作勤奋,并借成就获得晋升、加薪的认可,还是持存在型社会的立场强调"无为而治""以不变应万变""以静制动"。空间观念在管理差异上表现为:组织的社会公开性,对隐私的重视、信息的共享意愿等。时间观念差异则表现为时间价值观的差异,重视长远利益还是短期利益。如美国重视短期绩效评估;日本则强调长远价值,愿意施行终身聘用制度;美国人、德国人计划制定时间跨度相对较短,时间观念强;意大利人、中东人则强调时间的无限性和多向性,迟到可以被容忍,计划也不必按部就班完成。在决策速度上,不同时间观念社会也有差异。如在美国,管理人员决策速度快;而在日本则一般决策时间长,会花更多时间考虑和讨论,以保证决策的正确性,太快的决策过程会被认为是不成熟、不负责任的表现。

3.1.2 霍夫斯泰德的文化维度理论

荷兰管理学者霍夫斯泰德基于实证调研结果,于1980年提出区分民族文化的四大维度,即个体主义与集体主义、权力距离、不确定性规避,以及刚性与柔性(Hofstede,1980)。1991年他开展新的实证研究,涵盖了60多个国家和地区,并增加了一个新的维度:长远导向与短期导向(Hofstede,1991),见表3.2。所有被研究国家的文化在这些维度上都被量化。

表3.2 霍夫斯泰德的文化维度

个体主义与集体主义	关注自己;个人目标程度高	关心群体成员;群体目标程度高
权力距离	接受群体内权力差距	倡导平等
不确定性规避	难以容忍非传统行为	对冒险容忍度较高
刚性与柔性	强调竞争和物质主义,自信	强调人际关系和生活质量,工作环境平和
长远导向与短期导向	面向未来,强调社会责任和传统	面向现在和过去,追求短期利益最大化

个体主义与集体主义比较人们关心群体成员、群体目标的程度与关注自己和个人目标的程度。以前者为特征的社会是个体主义社会,以后者为特征的社会则被标记为集体主义社会(见表3.2)。个体主义社会结构一般趋于松散,等级观念不强,强调个人成就与平等。与之相对的集体主义社会则以结构紧密清晰为特征,强调群体内部的绝对忠诚和集体归属感。根据霍夫斯泰德的研究发现,中华文化背景的地区和国家如中国台湾、中国香港、新加坡等为集体主义社会,而美国的个体主义得分则最高。需要注意的是,即使同一个国家和地区在不同维度也会表现出不同程度,比如美国的夏威夷人和南部居民要比南部山区居民如俄勒冈和蒙大拿州居民更加倾向于集体主义。

权力距离区分社会人群层级划分及人们对权力分配不平等的接受程度。权力距离大的国家可以接受群体内的权力差距,地位、头衔等极为重要;权力距离小的国家则倡导平等。本维度影响不同民族社会的组织结构是呈金字塔形还是扁平形,影响该文化背景下机构的决策方式是自上而下式还是自下而上式。

不确定性规避考察人们对模糊和不确定性的容忍程度,即对承担风险和打破传统的容忍尺度。在高不确定性规避社会人们精神紧张,需要以详尽的制度规定和规范来消除不确定性和模糊性的威胁,对于非传统行为难以容忍。这种高度的紧迫感和进取心可能成为努力工作的动力。与之相反,在低不确定性规避群体中会产生一种安全感,同时会对冒险容忍度较高。

在管理领域,本维度影响到其文化背景下组织对风险的态度,并表现在是否提供较大的职业安全,是否趋向建立更多的工作条例、流程或规范以应付不确定性。在管理方式上,管理者决策是否为程序化的,是指导偏向还是指令偏向。不确定性规避程度较高的组织规则详尽而确定,不容忍偏离传统的观点和行为,上级倾向于对下属进行严格的控制和清晰的指示,以绝对知识和专家评定等手段来避免不确定性;不确定性规避程度较低的组织则以指导为偏向,一般不会采取严格控制的管理行为,对工作流程和条例的规范和标准化程度均较低。例如,日本是不确定性规避程度较高的典型社会,其管理典型特色有"全面质量管理""终身雇佣制"等;不确定性规避程度低的典型国家是美国,其管理特点包括管理授权相对宽泛、员工自主管理和独立工作能力强等。

刚性与柔性维度可以用事业成功与生活质量、男性主义与女性主义两个子维度来阐释。在事业成功导向社会人群中强调自信、竞争的特质,看重物质主义;而在生活质量导向社会则强调人际关系,重视他人利益。在管理方式上,后者强调生活质量。而前者的管理方式则以任务为导向,而非人际关系;激励以物质为基础,而非生活质量;领导的作用表现由利润的获得衡量,而非员工福利和社会责任。男性主义社会文化以自信为显著特征,女性主义社会文化则以敏感和对他人关心为特征。在管理方式上,男性主义社会企业竞争意识强,管理方式具有独断性;女性主义社会企业则拥有相对平和的工作环境,不强调较大强度的组织竞争。

长远导向与短期导向考察文化对传统的重视程度,表明一个民族持有的长期与近期利益的价值观。在长远导向社会人们习惯于思考面向未来,更多考虑社会和责任,尊重传统,重视履行社会义务与责任,注重节约和储备,做任何事均留有余地;在短期导向社会则面向现在,追求短期利益最大化,着重眼前的利益,在管理上最重要的是此时的利润,上级对下级的考核周期较短,要求立见功效,不容拖延。

3.1.3 蔡安迪斯的个体主义与集体主义理论

蔡安迪斯(Triandis)出生于希腊,后移民美国,从事跨文化心理学研究,主要聚焦文化的个体主义和集体主义维度,但是与霍夫斯泰德的个体主义和集体主义维度划分不同,蔡安迪斯的这一概念更多聚焦某文化下个人文化导向的描述。此外,他将个体主义、集体主义看作一个文化综合体(Triandis,1995),见表3.3。其内容包括:

(1) 自我定义。从个体来看,个体主义者与集体主义者的自我定义差异较大。个体主义者强调个人作为独立个体的存在,别人的看法仅用于验证自我认知,并不能影响到自我概念。集体主义者则强调个人作为群体的一员,群体成员间紧密相连,个人认知受到群体他人的影响,别人的意见影响个人的自我概念。这一差异在行为方式上表现如下:具有独立自我定义的个体强调自己对自己的行为结果负责,不归咎于外在因素;强调个人奋斗,独立自主;强调个性,与众不同。而具有群体依赖自我定义特征的个体在归因方式上则常常寻求外在因素为自己的行为解脱,强调互助和与外界他人的关系;希望被团体接受、被群体认同;自我价值在与他人比较中产生。在环境态度上,个体主义文化中个人要让环境适应自我,能积极改造环境;而集体主义文化中则强调个人要主动适应和融入环境。

表3.3 蔡安迪斯的个体主义与集体主义

	个体主义	集体主义
自我定义	独立个体,强调个性	个体为群体中的一员,强调互助与群体认同
个人目标与群体目标	个人利益最大化	群体利益最大化
个人态度与社会规范	个人态度决定行为	社会规范制约行事
完成任务和人际关系	任务完成程度是个人能力评价标准	他人评价是个人能力评价标准
内群体和外群体	一视同仁	从众,内则亲,外则疏

(2) 个人目标与群体目标。这一区分视角考察在社会个体心中个人目标实现和满足群体目标孰轻孰重的问题。个体主义者认为个人目标大于群体目标,在法律允许范围内个人利益优先于群体利益。如亚当·斯密在其《看不见的手》中指出:追求个人利益最大化即能实现群体利益最大化。市场是无形的巨手,能够调节好个人利益和群体利益的关系。因而个体主义者往往优先保全个人利益,然后才考虑集体利益。集体主义者则相反,把过多考虑个人利益看作自私的表现,推崇"毫不利己、专门利人",牺牲个人利益保全集体利益被认为是光荣的行为。

(3) 个人态度与社会规范。指个人态度与社会规范在作为个体行为动因时的重要性比较。个体主义者依据个人态度、兴趣和价值观行事,个人态度决定个人行为,而非隐性的社会规范如社会习俗等。集体主义者则较多考虑社会规范对个人的要求而行事,社会意识形态的变化常常会造成社会行为趋势的变化,个人行为也具有外归因倾向。

(4) 完成任务和人际关系。指对完成任务和人际关系重要性所持的态度。个体主义者将任务视作个人能力的评价指标,完成任务是行动的最终目标,而非他人的评价。而集体主义者则将他人评价视作个人能力的评价指标,能与他人保持良好关系是个人存在和行动的目的。比如在分配制度上,个体主义者倾向使用"公平原则",而集体主义者则倾向使用"平等原则"。在谈判中,个体主义者直奔主题,就事论事;集体主义者往往会先尝试建立个人关系。

(5) 内群体和外群体。即对内群体、外群体划分清晰界限,区别对待。内群体指与个体关系密切者,如家人、工作团队、朋友,甚至包括老乡、校友、同胞等。外群体则指无密切关系者,如陌生人、外国人、外组织员工,甚至是同一组织的外部门员工等。个体主义者对内群体和外群体一般没有特别明显的区别对待,一视同仁;集体主义者则常常内外有别,内则亲,外则疏,内群体内则内聚力高,从众趋势突出。在处理问题和冲突方式上,区分内外群体的社会一般更倾向于回避冲突,而会采用间接沟通协调方式,如中国,而美国等则较少区分内外群体的国家则更愿意采用直接面对冲突的方式。另一差异还表现在从众行为上,严格区分内外群体的社会由于内群体的内聚力高,从众倾向非常强,容易发生极端行为。

蔡安迪斯为了解释在现实研究中基于以上维度的个体主义-集体主义理论解释不了个体主义或集体主义文化的内部差异这一问题,例如同为个体主义国家,为何美国人比澳大利亚人更强调竞争,对此理论进行了拓展研究。他提出"水平-垂直个体主义"和"水平-垂直集体主义"概念。水平个体主义文化指该文化中个体追求个人利益最大化的同时并不强调自己必须高于别人,垂直个体主义文化则在追求个人利益最大化的同时要求自己强过别人;水平集体主义文化指该文化内个体追求内群体利益最大化的同时不要求自己群体好过其他群体,垂直集体主义文化则在追求内群体利益的同时也会要求内群体好过外群体。

3.1.4 强皮纳尔斯的文化架构理论

强皮纳尔斯历经七年,对28个国家15000名经理进行研究,提出了文化七维度理论来阐释国家和民族文化差异,包括历时和共时、普遍主义和特殊主义、个体主义和集体主义、人和自然、中性和情绪化、关系特定和关系散漫、注重个人成就和注重社会等级(Trompenaars,1998),见表3.4。

表3.4 强皮纳尔斯的文化架构理论

历时和共时	守时,严守计划安排	时间要求不精准
普遍主义和特殊主义	强调规章制度,法治	具体问题具体分析,人治
个体主义和集体主义	关注自己,个人目标程度高	关心群体,成员/群体目标程度高
人和自然	人定胜天,人是自然的主人	和谐并受制于自然
中性和情绪化	含蓄,情绪不外露	情绪外显
关系特定和关系散漫	社会角色定位依据不同情境变化	社会角色定位稳定,强调关系
注重个人成就和注重社会等级	社会地位评价标准为个人成就与技能	社会地位评价标准为资历及外部因素,服从权威

其中个体主义和集体主义维度、人和自然(自身与外部环境关系维度)与前面分类中介绍的维度内容没有太大差异,因此不再赘述。

历时与共时维度指不同文化中人群在时间观念上的差异。历时指该文化中人们习惯一个时间点只专注做一件事情,守时,严守计划安排。共时文化则指人们倾向于同时做多件事情,对时间要求并不精准,计划日程安排可根据具体情况自主更改。如根据强皮纳尔斯的判断,美国属历时文化,墨西哥和法国则属共时文化。

普遍主义强调法律规章制约行为,"法律面前人人平等";特殊主义则认为"具体问题具体分析",不使用统一标准规范所有人。在管理领域,普遍主义主导的管理制度强调制度和系统的建立,强调"法治",处理问题不赞同随机应变,认为事实和真相只有一个,如法律合同一经签订就不得修改;特殊主义主导的社会则以"人治"和"关系"为特点,处理问题灵活度较高,法律合同可以根据具体情况修改,认为事实会因人而异、因情境而异。根据强皮纳尔斯的研究结果,美国、奥地利、德国、瑞士、英国等国趋向普遍主义,而中国、委内瑞拉、印度尼西亚等国趋向特殊主义。

中性和情绪化维度指的是人际交往中不同国家民族的情绪表达方式差异:中性文化中的个体含蓄,情绪不外露,因此人际沟通讲究"心领神会",表情丰富、过多的肢体语言会被认为是不成熟、不稳重的表现,中性文化国家如日本、中国等亚洲国家;情绪化文化中的个体则情绪外露,如意大利、西班牙及大多南美国家。

关系特定和关系散漫维度源于雷文(Lewin)的圆圈拓扑理论,他将人际交往方式分为U型和G型,即特定关系型和散漫关系型。U型交往方式的私人空间小而封闭,公共空间即允许他人进入的地方则较大,但是公共空间又分为不同领域,相互界限分明,如工作领域、俱乐部领域,不同领域间相互分离,不会相互混淆,此类模式典型国家为美国。G型交往方式的公共空间相对狭窄,私人空间相对较大,但是一旦进入公共空间,则会比较容易进入私人空间,不同领域间的界限也不是绝对分明的。就个人社会角色而言,关系特定导向文化中的人在不同社会情景下会有不同角色定位,而在关系散漫导向文化中,角色定位相对稳定,不随情境改变而变更。在管理中,特定关系导向文化中需要清晰的指令和制度,管理对事不对人,工作中不讲究关系,个人性格不影响工作中的合作。散漫关系导向文化则将管理视为艺术,强调关系,工作评价会加入对个人的评价。工作指令不要求精确,会给员工空间理解,以便培养员工判断解读的能力。强皮纳尔斯经研究认为,美国、英国、瑞士是关系特定的典型国家,德国、中国、西班牙则是以关系散漫为文化特征的国家。

注重个人成就和注重社会等级指一个社会中个人的社会地位是以个人成就评价,还是基于其出生、性别、年龄、教育等外部因素评价。个人成就导向文化尊重知识、技能和成就,而不是权威,因此员工敢于挑战权威;社会等级导向文化则尊重资历,强调服从权威。强皮纳尔斯经研究发现,美国、英国、瑞士等国趋于以个人成就为中心,印度尼西亚、中国等国趋于以社会等级为特征。

3.1.5　爱德华·霍尔的高语境文化和低语境文化理论

爱德华·霍尔以沟通情境在沟通中所起的作用将文化区分为高语境文化和低语境文化两类(Hall,1976)。两类语境的区分维度包括:社会规范(Social Bonds)、责任(Responsibility)、承诺(Commitment)、冲突(Confrontation)、交际方式(Communication)和应对新情境(Dealing with New Situation)。高语境文化中人们彼此关联,关系亲密,社会存在鲜明的层级划分,个人情感一般被深藏压抑,信息以含蓄而简单的方式表达出来,重视隐性知识,该文化下多产生直觉型思考者;低语境文化者则以个性化为特征,强调显性知识,沟通方式直白,管理模式上强调规则,对错误容忍度高,该文化下多产生分析型思考者。此维度划分的影响力主要体现在不同语境文化对思维模式、行为方式的影响上。

德威洛克斯(O'Hara-Deveraux)和约拿森(Johansen)根据高低语境文化维度的特征和强度,对不同国家进行了排序,结果如图3.1所示。由图中可以看出,中国属于高语境文化的突出代表,德国人则排在低语境文化的顶端。东亚国家多属于高语境文化,而北欧、美国等则多在低语境文化之列(O'Hara-Deveraux et al., 1994)。

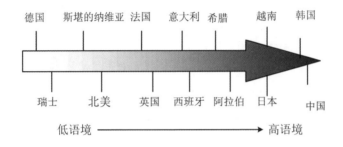

图3.1 高低语境文化国家排序

3.1.6 托马斯的区域地理视角文化维度划分

托马斯(Thomas)从区域角度对文化进行划分,认为文化可分为:东方理想主义文化,以合作性为特征,盛于遵循孔儒文化的中国、日本等东方国家,在管理系统中表现出保守谨慎风格、决策中心化;西方文化,以竞争性、个性、独立为特征,源于英国,盛于北美;西方文化传统与北部理性主义结合的文化,以竞争性为特点,个性稍弱,源于法国,盛于苏格兰、普鲁士、意大利北部;南方人文文化,源于非洲,强调民主、平等、参与性,但是任人唯亲、强调裙带关系(Thomas et al., 1998)。

3.2 民族文化创新驱动力验证及要素提取

文化的研究多为感性阐释,常常辅以生动案例对某一文化特征进行描述。但是,想要验证民族文化的创新驱动力,霍夫斯泰德提出的个体主义与集体主义、权力距离、不确定性规避、刚性与柔性、长远导向与短期导向维度五个文化维度对国家不同维度赋值均有所研究,可以用来结合创新能力数据,作为文化驱动作用的理性判断依据。

个体主义与集体主义是指社会文化选择上的个体主义或集体主义倾向,具体表现为社会组织结构、个性自由化、外向程度、内群体忠诚、集体归属感强弱、组织内交流模式。个体主义社会组织结构一般呈扁平化,员工可以自由互动,没有严格的工作界限,沟通顺畅;集体主义社会则体现为等级森严的组织结构,强调等级权威、严格的工作界限和垂直沟通鸿沟等。集体主义能短期内在国家、团队层面行动高效,对创新也具有一定的驱动作用。基于霍夫斯泰德的民族文化维度结构,我们提出以下假设。

假设1:个体主义社会比集体主义社会的创新驱动作用更为显著。

权力距离维度区分社会权力分配制度的差异,即:是强调权力差距还是倡导平等。本维度由于影响了不同民族社会的组织结构(金字塔 vs 扁平)和决策方式(自上而下 vs 自下而上)、集权模式、员工管理模式和对组织变革的接受程度,我们可以进一步提出以下假设:

假设2:权力距离小比权力距离大的民族文化更能驱动创新。

不确定性规避区分不同社会对模糊和不确定性的容忍程度,即对承担风险和打破传统的容忍尺度。高不确定性规避社会一般具有详尽的制度规定和规范,规避风险与变革,管理僵化,偏好稳定,限制创新以消除不确定性和模糊性的威胁,不容忍偏离传统的观点和行为,上级倾向于对下属进行严格的控制和清晰的指示;低不确定性规避社会则对多样化和变革有更大的容忍度,因此我们从逻辑发展上又得到以下假设:

假设3:低不确定性规避民族文化比高不确定性规避民族文化更有利于创新。

刚性与柔性维度区分社会对成就、控制力和权力的肯定程度,具体从事业成功与生活质量、男性主义与女性主义两个子维度进行划分。事业成功导向社会的人强调自信、竞争,对绩效、成就奖惩分明,生活质量导向社会则强调和谐;男性主义表现为自信,女性主义社会文化则敏感和关心他人,不强调组织竞争。同时敏感又是个人创新行为的重要特质,况且柔性社会更利于顺畅的沟通环境,基于这一可能产生的矛盾困扰,此维度暂不做新的研究假设。

长远导向与短期导向强调对传统的重视程度,是否更重视长期利益或短期利益。长远导向社会人们面向未来,更多考虑社会和责任;短期导向则面向现在及过去,追求短期利益最大化。在创新上,长期导向社会企业创新投入实践周期长于短期导向社会,但是这一维度的创新驱动力似乎很难判断,长远导向可能更利于突破式创新,而短期导向则利于渐进式创新。基于判断上存在着难以确定的因素,本维度暂不做新的研究假设。

为了验证民族文化对创新能力的影响,以下采用霍夫斯泰德维度指数以及国家创新能力指数进行聚合研究。

3.2.1 霍夫斯泰德维度指数

基于实证研究霍夫斯泰德对其划分的民族文化维度,即个体主义与集体主义(IDV)、刚性与柔性(MAS)、长远导向与短期导向(LTO)、权力距离(PDI)、不确定性规避(UAI)分别赋值,如表3.5所示(Hofstede, 2001)。

表3.5 霍夫斯泰德文化维度赋值

维度	IDV	MAS	LTO	PDI	UAI
美国	91	62	29	40	46
瑞典	71	5	33	31	29
芬兰	63	26	41	33	59
韩国	18	39	75	60	85
瑞士	68	70	40	34	58
丹麦	74	16	46	18	23
荷兰	80	14	44	38	53
德国	67	66	31	35	65
日本	46	95	80	54	92
英国	89	66	25	35	35
加拿大	80	52	23	39	48
比利时	75	54	38	65	94
法国	71	43	39	68	86
爱尔兰	70	68	43	28	35
挪威	69	8	44	31	50
卢森堡	60	50	—	40	70
奥地利	55	79	31	11	70
澳大利亚	90	61	31	36	51
新西兰	79	58	30	22	49
捷克	58	57	13	57	74
西班牙	51	42	19	57	86
中国	20	66	118	80	30

续表

维度	IDV	MAS	LTO	PDI	UAI
匈牙利	80	88	50	46	82
葡萄牙	27	31	30	63	104
墨西哥	30	69	—	81	82
印度	48	56	61	77	40
意大利	76	70	34	50	75
土耳其	37	45	—	66	85
巴西	38	49	65	69	76
希腊	35	57	—	60	112
斯洛伐克	52	110	38	104	51
波兰	60	64	32	68	93
俄罗斯	39	36	—	93	95

3.2.2 国家创新能力指数

国家创新能力采用笔者所在研究团队2006～2009年参与编写的《国家创新能力评价报告2008》中的国家创新能力综合指标(中国科协发展研究中心国家创新能力评价研究课题组，2009)。

其理论模型如图3.2所示，对国家创新能力的评估基于投入、产出、潜能三大维度。基于此理论模型，构建了包括3个类别、7个维度、21个指标的国家创新能力评价指标体系，见表3.6。

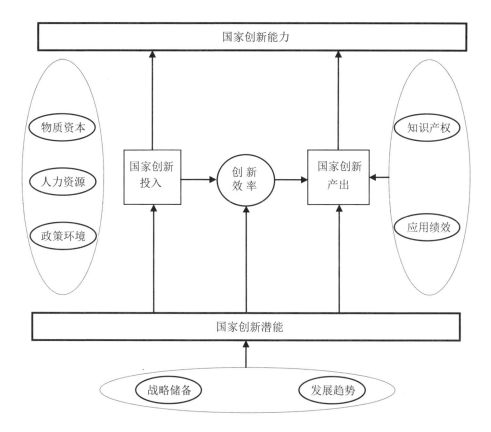

图3.2 国家创新能力理论模型

表3.6 国家创新能力指标体系

测量类别	测量维度	测量指标
1 创新投入	1.1 物质资本	1.1.1 政府研发投入占GDP的比例(%) 1.1.2 企业研发投入占GDP的比例(%) 1.1.3 早期风险资本占GDP的比例(%) 1.1.4 外商直接投资占GDP的比例(%)
	1.2 科技人力资源	1.2.1 就业人口中科技人力资源的比例(%) 1.2.2 科学与工程类毕业生占三级教育毕业生的比例(%) 1.2.3 每千名就业人口中研发人员的数量(人)

续表

测量类别	测量维度	测量指标	
	1.3 政策环境	1.3.1	公司研发的税收补贴率
		1.3.2	知识产权保护程度
		1.3.3	反垄断程度
2 创新产出	2.1 知识产权	2.1.1	百万人口三方专利数
		2.1.2	百万人口科学与工程类论文数
		2.1.3	专利密度(三方专利族数/产业研发支出)(件/百万美元)
	2.2 应用绩效	2.2.1	高科技产品增加值占制造业增加值的比例(%)
		2.2.2	高科技产品出口占全部制造业出口的比例(%)
3 创新潜能	3.1 战略储备	3.1.1	高等教育(三级教育)支出占GDP的比例(%)
		3.1.2	贸易开放度(%)
		3.1.3	信息和通信技术投入占GDP的比例(%)
	3.2 发展趋势	3.2.1	近五年政府研发投入的年均增长率(%)
		3.2.2	近五年商业研发支出的年均增长率(%)
		3.2.3	近五年研发人员数量的年均增长率(%)

本测评研究对象包括经济合作与发展组织成员以及巴西、俄罗斯、印度和中国。数据基本来源包括OECD、EUROSTAT数据库以及中国国家统计局正式出版的各类相关统计年鉴如《中国统计年鉴》《中国科技统计年鉴》等。在采集了基础数据后,对缺失数据通过年均增长率推算法和回归估算法进行了估算,并对全体指标数据进行标准化。最后按统一权重法,根据标准化后的数据,计算创新能力综合指数以及投入、产出和潜能三个维度指数。[①]结果如表3.7所示。

---

① 具体计算方法这里不再赘述,详见《国家创新能力评价报告》。

表3.7 创新能力综合及分维度指数

国家	综合指标(IC)	投入指标(II)	产出指标(IO)	潜能指标(IE)
美国	0.565	0.597	0.670	0.424
瑞典	0.542	0.585	0.653	0.379
芬兰	0.538	0.593	0.624	0.375
韩国	0.528	0.487	0.709	0.444
瑞士	0.526	0.477	0.793	0.386
丹麦	0.500	0.533	0.539	0.413
荷兰	0.479	0.432	0.718	0.358
德国	0.472	0.483	0.692	0.270
日本	0.464	0.390	0.789	0.319
英国	0.459	0.481	0.608	0.298
加拿大	0.456	0.520	0.443	0.360
比利时	0.438	0.455	0.460	0.391
法国	0.436	0.493	0.541	0.255
爱尔兰	0.422	0.350	0.583	0.409
挪威	0.418	0.458	0.448	0.327
卢森堡	0.412	0.476	0.230	0.455
奥地利	0.410	0.437	0.424	0.352
澳大利亚	0.402	0.460	0.355	0.347
冰岛	0.394	0.517	0.207	0.344
新西兰	0.355	0.330	0.390	0.368
捷克	0.352	0.376	0.226	0.418
西班牙	0.344	0.418	0.232	0.316
中国	0.332	0.290	0.349	0.387
匈牙利	0.305	0.263	0.384	0.329
葡萄牙	0.304	0.377	0.202	0.267
墨西哥	0.304	0.242	0.266	0.437
印度	0.264	0.280	0.173	—

续表

国家	综合指标(IC)	投入指标(II)	产出指标(IO)	潜能指标(IE)
意大利	0.258	0.264	0.321	0.197
土耳其	0.253	0.155	0.104	0.579
巴西	0.242	0.245	0.192	—
希腊	0.212	0.191	0.208	0.243
斯洛伐克	0.191	0.202	0.186	0.176
波兰	0.190	0.180	0.121	0.267
俄罗斯	0.121	0.163	0.111	0.059

3.2.3 典型相关分析结果

使用SPSS 13统计软件,对研究数据进行了典型相关分析(Canonical Correlations Analysis)和多元逐步回归分析(Multiple Stepwise Regression Analysis)。

由于本研究考察的是两组变量间的相关关系,且聚焦文化与创新的总体关联度,因此采用了典型相关分析。与简单相关系数和复相关系数不同,典型相关分析能进行一组变量线性组合与另一组变量线性组合之间的相关关系分析,因而能更加科学地揭示两组变量间的内在关系。对创新指数与文化指数间的相关分析导出结果,如表3.8所示。

表3.8 创新指数与文化指数的相关分析

	IDV	MAS	LTO	PDI	UAI
IC	0.2206	−0.4470	0.0559	−0.5611	−0.3353
II	0.2675	−0.5675	−0.1770	−0.5255	−0.2889
IO	0.1841	−0.1819	0.2476	−0.4499	−0.2684
IE	0.0006	−0.3446	0.1955	−0.4397	−0.3202

从两组变量的直接相关系数看,直接关联程度较大的有PDI与IC、II,以及MAS与II。个体主义与集体主义文化的创新驱动力相比,个体主义相对较强。权力距离大对创新有负面影响。不确定性规避程度越高越不利于创新。刚性与柔性维度对创新影响是双重的:男性主义的进取、竞争精神以及对绩效成就重视均利于创新,但是强调权力则会有负面作用;女性主义社会文化的敏感度则是个人创造力的重要特质且利于和谐的沟通环境。相关系数揭示出柔性社会相对有更高的创新驱动作用。长远导向与短期导向导出不一致的正负相关关系,可能是源于其对突破式创新和渐进式创新驱动作用的相互平衡和制衡。由于我们考虑的是变量间的交互作用,本相关系数矩阵并不能反映两组变量间的实质关系,还需要进行典型相关分析。

使用SPSS 13统计软件,得到以下结果:表3.9输出了创新指数与文化指数的典型相关分析结果。第一典型相关系数是0.761,第二典型相关系数为0.698,第三典型相关系数为0.565,前两组相关系数结果比指标组间任一相关系数都大,综合典型相关分析效果高于简单相关分析的结果。

表3.9 典型相关系数

1	0.761
2	0.698
3	0.565
4	0.073

由表3.10所示的显著性检验结果可见:在$\alpha=0.05$时,第一典型相关系数与第二典型相关系数的显著性概率分别为0.008和0.048,即这两组典型变量间相关性是显著的。

表3.10　典型相关系数的显著性检验

	Wilk系数	χ^2	自由度(df)	p值
1	0.146	38.464	20.000	0.008
2	0.347	21.155	12.000	0.048
3	0.677	7.796	6.000	0.253
4	0.995	0.108	2.000	0.947

由于两组变量没有相同的量纲,因此使用标准化的系数描述文化维度的第一、第二典型变量计算公式,见表3.11。

表3.11　文化维度典型变量标准化系数

	1	2	3	4
$Z_{\text{IDV}}(x_1)$	0.639	−0.079	−1.084	−0.656
$Z_{\text{MAS}}(x_2)$	0.342	0.632	0.146	0.057
$Z_{\text{LTO}}(x_3)$	1.141	−0.089	−0.065	−0.126
$Z_{\text{PDI}}(x_4)$	−0.558	0.545	−0.194	−0.750
$Z_{\text{UAI}}(x_5)$	0.407	0.065	−0.746	0.788

注:本研究系列表中Z均表示经Z标准化的数值。

第一典型变量计算公式:$V_1=0.639x_1+0.342x_2+1.141x_3-0.558x_4+0.407x_5$;

第二典型变量计算公式:$V_2=-0.079x_1+0.632x_2-0.089x_3+0.545x_4+0.065x_5$。

3.2.4　多元逐步回归分析结果

为明确文化指数与创新指数间的对应关系,对数据进一步进行了多元逐步回归分析。这种方法兼有顺向(Forward)和反向(Backward)剔除法的优点,每引入一个新自变量都要对已入选的自变量重新评价价值,这种引入和剔除过程交替进行,最终选出具有统计学意义的变量。

文化各维度与综合创新指数的多元逐步回归分析见表3.12~表3.31。

表3.12 文化各维度与综合创新指数的多元逐步回归分析过程1:模型概要

模型	R	R^2	校正决定系数R^2	标准估计误差
1	0.613	0.376	0.352	0.73839184

表3.13 文化各维度与综合创新指数的多元逐步回归分析过程2:因变量

模型		平方和	自由度(df)	均方值	F	p值
1	回归	8.550	1	8.550	15.681	0.001
	残差	14.176	26	0.545		
	总和	22.725	27			

表3.14 文化各维度与综合创新指数的多元逐步回归分析过程3:系数

模型		非标准化回归系数		标准化回归系数	t	p值
		B	标准误差	β		
1	常数	0.099	0.141		0.705	0.487
	Z值(PDI)	−0.583	0.147	−0.613	−3.960	0.001

表3.15 文化各维度与综合创新指数的多元逐步回归分析过程4:被排除的变量

模型		β	t	p值	偏相关系数	共线性统计:容忍值
1	Z值(IDV)	−0.035	−0.189	0.852	−0.038	0.709
	Z值(MAS)	−0.232	−1.448	0.160	−0.278	0.897
	Z值(LTO)	0.184	1.118	0.274	0.218	0.875
	Z值(UAI)	−0.089	−0.534	0.598	−0.106	0.883

表3.16 综合指数与文化维度的多元逐步回归分析析出变量

选出的变量	多元相关系数 R	决定系数 R^2	增加解释量 ΔR^2	标准化回归系数 β
Z值(PDI)	0.613	0.376	0.352	−0.613

创新综合指数与文化维度的多元逐步回归分析最终选出的变量为权力距离变量(PDI)。多元回归系数为−0.613,联合解释变量为0.376,即权力距离变量可以预测创新综合能力的37.6%的变异量,权力距离越大对创新综合表现负面影响越大。

表3.17 文化各维度与创新投入指数的多元逐步回归分析过程1：模型概要

模型	R	R^2	校正决定系数 R^2	标准估计误差
1	0.577	0.333	0.308	0.74043467
2	0.678	0.460	0.417	0.67948536

表3.18 文化各维度与创新投入指数的多元逐步回归分析过程2：因变量

模型		平方和	自由度(df)	均方值	F	p值
1	回归	7.129	1	7.129	13.004	0.001
	残差	14.254	26	0.548		
	总和	21.384	27			
2	回归	9.841	2	4.921	10.657	0.000
	残差	11.543	25	0.462		
	总和	21.384	27			

表3.19 文化各维度与创新投入指数的多元逐步回归分析过程3：系数

模型		非标准化回归系数		标准化回归系数	t	p值
		B	标准误差	β		
1	常数	0.115	0.141		0.816	0.422
	Z值(PDI)	−0.532	0.148	−0.577	−3.606	0.001
2	常数	0.136	0.130		1.045	0.306
	Z值(PDI)	−0.421	0.143	−0.457	−2.947	0.007
	Z值(MAS)	−0.313	0.129	−0.376	−2.424	0.023

表3.20 文化各维度与创新投入指数的多元逐步回归分析过程4：被排除的变量

模型		β	t	p值	偏相关系数	共线性统计：容忍值
1	Z值(IDV)	0.044	0.225	0.824	0.045	0.709
	Z值(MAS)	−0.376	−2.424	0.023	−0.436	0.897
	Z值(LTO)	−0.060	−0.343	0.734	−0.069	0.875
	Z值(UAI)	−0.064	−0.372	0.713	−0.074	0.883
2	Z值(IDV)	0.123	0.685	0.500	0.138	0.686
	Z值(LTO)	−0.063	−0.397	0.695	−0.081	0.875
	Z值(UAI)	−0.034	−0.214	0.833	−0.044	0.878

表3.21 投入指数与文化维度的多元逐步回归分析析出变量

选出的变量	多元相关系数 R	决定系数 R^2	增加解释量 ΔR^2	标准化回归系数 β
Z值(PDI)	0.577	0.333	0.308	−0.457
Z值(PDI)	0.678	0.460	0.417	−0.376

创新投入指数与文化维度的多元逐步回归分析选出了 PDI 和 MAS 两个因素,回归系数为 0.678,联合解释变量为 0.460,即权力距离和刚性柔性维度能预测创新投入能力的 46% 的变异量。前者的影响力大于后者。

表3.22 文化各维度与创新产出指数的多元逐步回归分析过程1:模型概要

模型	R	R^2	校正决定系数R^2	标准估计误差
1	0.518	0.269	0.241	0.83194217

表3.23 文化各维度与创新产出指数的多元逐步回归分析过程2:因变量

模型		平方和	自由度(df)	均方值	F	p值
1	回归	6.610	1	6.610	9.551	0.005
	残差	17.995	26	0.692		
	总和	24.606	27			

表3.24 文化各维度与创新产出指数的多元逐步回归分析过程3:系数

模型		非标准化回归系数		标准化回归系数	t	p值
		B	标准误差	β		
1	常数	0.124	0.159		0.779	0.443
	Z值(PDI)	−0.513	0.166	−0.518	−3.090	0.005

表3.25 文化各维度与创新产出指数的多元逐步回归分析过程4:被排除的变量

模型		β	t	p值	偏相关系数	共线性统计:容忍值
1	Z值(IDV)	−0.013	−0.065	0.949	−0.013	0.709
	Z值(MAS)	0.005	0.026	0.979	0.005	0.897
	Z值(LTO)	0.343	2.023	0.054	0.375	0.875
	Z值(UAI)	−0.049	−0.267	0.792	−0.053	0.883

表3.26　产出与文化维度的多元逐步回归分析析出变量

选出的变量	多元相关系数 R	决定系数 R^2	增加解释量 ΔR^2	标准化回归系数 β
Z值(PDI)	0.518	0.269	0.241	−0.518

创新产出指数与文化维度的多元逐步回归分析最终选出的变量为权力距离变量(PDI)。多元回归系数为−0.518,联合解释变量为0.269,即权力距离变量可以预测创新综合能力的26.9%的变异量,权力距离越大对创新产出表现负面影响越大。

表3.27　文化各维度与创新潜能指数的多元逐步回归分析过程1:模型概要

模型	R	R^2	校正决定系数 R^2	标准估计误差
1	0.440	0.193	0.160	0.64598722

表3.28　文化各维度与创新潜能指数的多元逐步回归分析过程2:因变量

模型		平方和	自由度(df)	均方值	F	p值
1	回归	2.401	1	2.401	5.753	0.025
	残差	10.015	24	0.417		
	总和	12.416	25			

表3.29　文化各维度与创新潜能指数的多元逐步回归分析过程3:系数

模型		非标准化回归系数		标准化回归系数	t	p值
		B	标准误差	β		
1	常数	−0.098	0.130		−0.750	0.460
	Z值(PDI)	−0.328	0.137	−0.440	−2.399	0.025

表3.30　文化各维度与创新潜能指数的多元逐步回归分析过程4：被排除的变量

模型		β	t	p值	偏相关系数	共线性统计：容忍值
1	Z值(IDV)	−0.291	−1.402	0.174	−0.281	0.752
	Z值(MAS)	−0.219	−1.129	0.270	−0.229	0.882
	Z值(LTO)	0.354	1.953	0.063	0.377	0.915
	Z值(UAI)	−0.171	−0.850	0.404	−0.174	0.838

表3.31　潜能与维度的多元逐步回归分析析出变量

选出的变量	多元相关系数R	决定系数R^2	增加解释量ΔR^2	标准化回归系数β
Z值(PDI)	0.440	0.193	0.160	0.440

创新潜能指数与文化维度的多元逐步回归分析最终选出的变量为权力距离变量(PDI)。多元回归系数为−0.440，联合解释变量为0.193，即权力距离变量可以预测创新潜能的19.3%的变异量，权力距离越大对创新潜能表现负面影响越大。

3.3　其他民族文化维度的创新驱动分析

3.3.1　基于文化架构理论的创新驱动要素

强皮纳尔斯提出包括普遍主义和特殊主义、个体主义和集体主义、注重个人成就和注重社会等级、人与自然关系（自身与外部环境关系）、中性和情绪化、关系特定和关系散漫、历时与共时文化七维度（Trompenaars，1998）。

从对创新的驱动视角来看，普遍主义强调规章制约行为，处理问题不善于随机应变；特殊主义则强调关系和信任，处理问题灵活度较高。因此特殊主义文化比普遍主义文化赋予创新更大的空间。

注重个人成就和注重社会等级涉及如何区分个人社会地位。在个人成就导向文化中，由于对知识、技能和成就而不是权威的尊重，员工被赋予更多挑战权威的机会与胆识；在社会等级导向文化中，基于资历的权威是决策权威。这一维度实际上与霍夫斯泰德的权力距离指标类似，通常认为前者更能推动创新。

人与自然关系维度差异在于是强调天人和谐，还是具有危机感和生存使命感，追求了解自然、改造自然。通常认为后者更能激发科学研究的动机，因此更加有利于创新。

关系特定和关系散漫维度区分的是不同社会情境下社会成员的角色转换及空间划分。在关系特定导向文化中，由于强调制度和指令，不讲关系，公私角色分明，而关系散漫导向文化则强调关系，不要求精确的工作指令，给员工空间去理解和锻炼判断解读能力，因此我们认为从组织创新氛围营造视角看关系散漫导向文化更利于创新。

中性和情绪化维度指不同的交际风格，是含蓄还是直白外露。两者对创新各有不同的驱动作用，如前者更利于隐性知识的交流传播，在后者文化中信息交流量更大且更为精确。

历时与共时指不同文化的时间观念差异。在历时文化中人们守时，严守计划；在共时文化中，人们则强调具体情况具体对待，计划日程安排因事而定，可以更改。鉴于时间观念会影响创新行为的短期或长期导向，各有利弊，目前较难界定何者在总体上更利于创新。

3.3.2 基于六大价值取向理论的创新驱动要素

如前所述,克拉克洪和施特罗贝克以美国文化为基点,与他国文化比较霍夫斯泰德六大价值取向:人性观、自身与外部环境关系、自身与他人关系、活动导向、空间观念、时间观念(Kluckhohn et al., 1961)。对六大价值取向进行创新驱动力分析,我们认为:

人性观即善恶体现在管理模式上是信任民主还是信任严格的规章制度和权力制约,通常认为人性善观对创新氛围的营造更为有利,因为对创新行为的容忍程度更高。

自身与外部环境关系制约某文化下人群对自然的探索、科学的态度,因此以美国为代表的文化认为人是自然主人(能动者),在这一认知逻辑框架下,通常认为人定胜天的文化比认为人受制于自然的文化更利于创新。

自身与他人关系差异主要表现在个体主义和集体主义的差异,如对关系的重视程度、成就评价标准、群体内等级划分是否明晰、决策模式、沟通类型等。如前对个体主义和集体主义的区分,通常认为前者更有利于创新。

活动导向体现为是否倡导工作勤奋,并借成就获得晋升、加薪的认可。存在型社会则强调"无为而治""以静制动""以不变应万变"。因而,在六大价值取向的理论框架中,前者更具有创新的驱动力。

空间观念维度差异主要体现在组织的社会公开性和信息的共享意愿。公开程度高、共享意愿强的社会创新动力更大。

时间观念差异体现为重视短期绩效评估还是强调长远价值,计划是否需要严格按部就班地完成,倡导决策速度快还是以保证决策的正确性为主。如同短期导向与长远导向维度差异,这一维度的创新驱动力强弱也是一分为二的。

3.3.3 基于个体主义与集体主义理论的创新驱动要素

蔡安迪斯的个体主义与集体主义文化维度划分主要涵盖了自我定义、个人目标与群体目标、个人态度与社会规范、完成任务和人际关系、内群体和外群体几个子维度(Triandis,1995)。对其文化维度进行创新驱动分析,其实就是从深层次分析为何在近现代社会的发展框架与发展语境里,个体主义文化比集体主义文化更具有创新推动力:

就自我定义看,个体主义者由于更强调个性、变革、奋斗而具创新动机,集体主义者由于希望融入群体、适应环境而不愿意采取异质行为,从而创新性相对较弱。但是从另一个视角看,一旦组织开始施行创新行为,那么集体主义社会下的创新行为受阻较小,效率更高。

就个人目标与群体目标看,个体主义文化中个体追求的是个人利益最大化,更有进取心和变革精神,而集体主义文化中个体则强调对集体的服从与适应,微观单元的创新动机会弱。

就个人态度与社会规范看,集体主义文化成员较多考虑社会规范,而个体主义文化成员由于更看重个人态度、兴趣和价值观,能打破常规进行更多的变革创新,微观单元的创新动机会较强。

就完成任务和人际关系看,对于个体主义者完成任务是行动的最终目标,而非他人的评价,执行力相对较强,而集体主义者则强调关系和平等,微观单元效率较差,但是若能形成良好的合作协同环境,那么个体与个体之间的离散性消耗也会很小,两者在这一维度下的创新驱动力难分伯仲。

就内群体和外群体看,区分内外群体的文化常常内聚力高,回避冲突和变化,从众趋势突出。不区分内外群体的文化则更愿意采用直接面对冲突的方式,较少发生群思行为。因此在后者文化环境中,更利于变异型创新的进行。

3.3.4 基于高低语境理论的创新驱动要素

爱德华·霍尔的高语境文化和低语境文化区分维度包括:社会规范、责任、承诺、冲突、交际方式和应对新情境(Hall,1976)。就不同维度对创新的驱动力来看,不同的承诺观影响创新意愿和创新氛围,高语境文化比低语境文化更不愿意改变常规和冒失败风险;低语境文化较少为了和谐而压制个性与兴趣,不会刻意为维护"面子"而避免冲突和自我辩护,从这些层面看低语境文化比高语境文化更利于创新。而从不同创新模式驱动看,低语境文化较少依赖语境结构,在新环境下更能处理低语境信息,更利于变革式创新,而高语境文化由于对旧语境的熟悉度可以更加熟练地进行渐进性创新。

3.4 驱动创新的民族文化要素提取

根据前面定量和定性的分析,本节提取出以下驱动创新的民族文化要素,其内涵与表现前面已经做了具体阐释,在此仅列表,不再赘述,见表3.32。另外需要注意的是,这里的创新驱动力只是相对而言,例如个体主义相对更有益于个人发挥创新潜能,但是在国家层面,集体主义无疑可以更有效保障创新政策的有力推进和执行。

表 3.32　驱动创新的民族文化要素

文化维度	特点描述
个体主义	社会组织结构扁平化,尊重个性、变革、奋斗,个人利益最大化,任务导向,沟通自由,不回避冲突与变化,不区分内外群体
权力距离小	倡导平等,决策自由,管理模式相对宽松,倡导变革
低不确定性规避	敢于承担风险和打破传统,管理相对宽松,容忍偏离传统的观点和行为,无权威压制
特殊主义	不过分强调规章制约,灵活度较高
注重个人成就	强调个人能力,尊重知识、技能和成就,挑战权威,社会等级不森严
共时	时间灵活,随机应变
关系散漫导向	工作指令宽松,赋予员工自主判断能力
人与自然关系对立	利用科学研究了解自然、改造自然
人性善观	高信任度,民主,不依赖规章制度和权力制约员工
活动导向	勤奋,以成就作为晋升、加薪的标准
空间观念公开	信息公开,信息共享意愿强
低语境文化	尊重个性与兴趣,不规避冲突与变革

3.5　驱动创新的民族文化要素作用机制

民族文化具有共享性的特点,因此一个文化附着群体都会遵循同样的文化规范,文化具有对该群体行为的导向功能、激励功能、培育功能、渗透功能,驱动创新的诸文化要素设定了社会的价值观体系,并外显到其文化群体所有创新的社会控制要素,如制度环境、法律框架、社会习俗等。在该文化背景下,社会群体中所有成员对这些规范的认同度规约了群体普遍履行文化规范的社会责任、社会规范、道德评判标准,表现出与之相符的约定行为和特征。创新关联的社会结构是与创新相关联的所有要素的社会组织方式与结构,其组织与结构划分标准取决于文化价值观(万明纲,1996)。所有文化核心要素及其社会控制因素落位于创新培育的核心结构组合——家庭教育模式、教育培养模式和社会激励环境,从而导出一个民族特定的思维和行为方式,作用于社会的创新意愿、氛围与外部环境,进而影响一个民族对创新的信仰和追求,对真理和事实的坚持,帮助人们形成科学思考的能力以及对失败的包容力,最终影响到一个民族的创新表现,见图3.3。

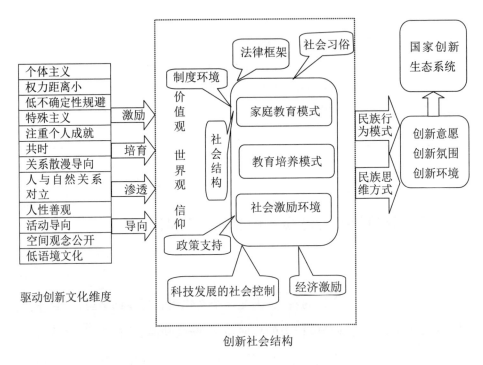

图3.3 民族文化驱动创新机制关系示意图

如前所述，这里列举的驱动创新的文化维度只是相对而言的，比如某个维度在某个层面上更利于创新能力的发挥。实际上，由于文化内涵的丰富，其创新驱动作用也常常需要一分为二地辩证来看。数据分析能支持文化驱动作用力的假设，但是无法深层揭示文化创新驱动力的复杂性。为了尽量弥补这一缺憾，下一章将聚焦中国传统文化，试图解析民族文化要素的创新渊源、驱动原理与结果。

第4章
中国传统文化的创新要素解析

本章将以对比的视角探究文化差异的主要渊源及其精神内涵对创新过程和创新能力可能的影响,并提炼中国传统文化中的创新驱动要素,为促进中国传统文化中的积极元素的当代发育和应用提供依据和建议。

4.1 文化渊源探究

对文化渊源的研究由来已久,从最早在多元宗教影响下的天命论,到终于成为科学研究的对象后,这个领域主要有以下几种理论。

4.1.1 环境决定论

根据进化论的观点,文化进化过程具有自然环境依赖性。人类进化过程是一种生物适应环境特色演化过程,从最初为寻找食物、躲避动物进攻而直立行走到快速奔跑、制造工具,确实都由人类所处自然环境驱动。人类文化的进化发展同样是在特定的自然环境中进行的,受到自然环境的影响,不同生存环境如平原、高原、森林、湖泊、岛屿都会影响到人类利用该环境从事生产活动的方式。经过长时期积累,通过竞争与选择,形成了相对稳定的物质文化、精神文化模式,并随着环境的变化做出适当的调整适应。这就是环境决定论的理论依据。

文化研究的环境决定论流行于20世纪初,认为自然环境,特别是气候、地形是塑造文化的决定性力量,而人类文化是自然环境的被动产物,环境决定个体行为模式。早在古希腊时期,希波克拉底就指出:"人类的人相学可以分为树木茂密和水源充分的山岳型,土地贫瘠的缺水型,草地沼泽型,开阔的排水良好的低地型。"(汤因比,1966)柏拉图、亚里士多德在人地关系思考中都持有气候决定人类性格与智慧的观点,亚里士多德认为寒冷地区的民族勇敢无畏却缺乏智慧和技术(其实即使是没有读过类似理论著作的民众,也常常持有类似的经验总结,比如很多中国人几乎会不假思索地认为俄罗斯民族属于战斗民族,而形成战斗民族的一大原因就是严寒的气候),亚洲人聪明却缺乏勇敢进取精神,希腊民族兼具两者的优点,能自立、统治其他民族。柏拉图认为海洋使国民的思想中充满了商人的旗帜,以及不可靠的、虚伪的性格(周尚意等,2004)。

18世纪法国启蒙思想家孟德斯鸠在《论法的精神》中指出:地理环境对性格、情感、道德、风俗、宗教、政治有巨大影响,从而形成一定特色的民族。他提出了一些颇有争议的论断:"炎热国家的人民就像老头子一样怯懦;寒冷国家的人民则像青年人一样勇敢。""波斯、土耳其、俄罗斯和波兰的最温暖的地区曾受到大小鞑靼人的蹂躏。""由于中国的气候,人们自然地倾向于奴隶性的服从。""热带民族的怯懦常常使这些民族成为奴隶,而寒冷气候的民族的勇敢使他们能够维护自己的自由。""土地贫瘠使人勤奋、俭朴、耐劳、勇敢和适于战争;土地所不给予的东西,他们不得不以人力去获得。土地膏腴使人因生活宽裕而柔弱、怠惰和贪生怕死。"(孟德斯鸠,1982)中国社会与文化的研究专家李约瑟也认为:"地理因素是造成中国和欧洲文化差异以及这些差异所涉及的一切事物的重要因素。"(李约瑟,1975)以上观点被现代学界认为过度夸大了自然环境的影响力,逐渐被学界否定,但是这一观点对行为主义的出现有深远的影响。

德国哲学家黑格尔采用历史哲学视角,对地理环境的影响做了较为全面的阐释,他指出:"地理环境对于经济、社会关系和政治制度,以及人的性格有一定的作用。具体的地理因素包括三类:干燥的高地和广阔的平原;江河流域平原;沿海区域。"(黑格尔,1956)第一类区域居民的特性是好客和掠夺;第二类区域包括世界历史上的四大文明古国,由于从事农业生产而被束缚在土地上,思想守旧,性格呆板,容易走上君主专制之路;最后一类居民则从事商业,具有探险和创新的勇气和智慧。此外,就自然环境本身而言,地形也只是自然环境的一部分,实际上影响文化形成的自然地理环境包括自然地形、资源分布和气候条件。其观点反映了更多的客观事实,但是仍过度强调地理环境的决定性。

19世纪末的德国地理学家拉采尔(Ratzel)及其学生美国地理学家森普尔(Semple)、亨廷顿(Huntington)均强调了环境在人类文明发展史上的决定性作用,认为人类文明只有在具有刺激性气候条件的地区才能有所发展。拉采尔在《人类地理学》中就指出人作为生物的一种,其活动发展和分布都由其所处的自然环境所支配和统治,强调地理环境对生理、心理、人类分布迁徙、社会发展的影响。森普尔和亨廷顿同样强调地理环境对人的体质、民族发展的决定作用,形成了系统的环境决定论。

李大钊在其《东西文明根本之异点》中也提出了基于环境决定论的中西文化差异对比观点:"东西文明有根本不同之点,即东洋文明主静,西洋文明主动是也。溯诸人类生活史,而求其原因,殆可谓为基于自然之影响。……中国本部、日本、印度支那、马来半岛诸国……为南道文明之要路。……俄罗斯、德意志、荷兰、比利时、英吉利、法兰西、西班牙……为北道文明之要路。南道文明者，东洋文明也。北道文明者，西洋文明也。南道得太阳之恩惠多，受自然之赐予厚，故其文明为与自然和解、与同类和解之文明。北道得太阳之恩惠少、受自然之赐予啬，故其文明为与自然奋斗、与同类奋斗之文明。一为自然的，一为人为的；一为安息的，一为战争的；一为消极的，一为积极的；一为依赖的，一为独立的；一为苟安的，一为突进的；一为因袭的，一为创造的；一为保守的，一为进步的；一为直觉的，一为理智的；一为空想的，一为体验的；一为艺术的，一为科学的；一为精神的，一为物质的；一为灵的，一为肉的；一为向天的，一为立地的；一为自然支配人间的，一为人间征服自然的。南道之民族，因自然之富，物产之丰，故其生计以农业为主，其民族为定住的；北道之民族，因自然之赐予甚乏，不能不转徙移动，故其生计以工商为主，其民族为移住的。惟其定住于一所也，故其家族繁衍；惟其移住各处也，故其家族简单。家族繁衍，故行家族主义；家族简单，故行个人主义。"(李大钊，1918)虽然这段分析在思考上有独到之处，但是过度强调了地理环境的决定作用，将某些文化特征绝对化的色彩很强。

  从20世纪20年代开始，环境决定论受到广泛批评而被否定，但是这一受到达尔文进化论影响的学说并未消失，如澳大利亚地理学家泰勒修正了绝对的环境决定论，提出决定行止论，即有限决定论，其学说考虑了人类对环境可能造成的影响。而基于唯物史观，马克思、恩格斯同样认为地理环境中的劳动材料、对象或自然物质，如土地、森林、河流等因素影响到人类物质生产活动，从而对社会经济关系、人类文明产生影响。马克思、恩格斯的相关学说与基于唯心观的地理环境决定论是有着重大差异的，即其中存在一个重要的变量：人类的物质生产活动方式。这一中间变量决定社会人的物质精神生活。

4.1.2 或然论

或然论于20世纪初由法国学派地理学家提出,这个学派又被称为人地相关学派。法国地理学家维达尔·白兰士(Vidal de la Blache)及其学生白吕纳(Brunnes)认为:自然环境为人类提供多种多样的选择,最终的人与自然关系取决于人类根据自身的需要、愿望和能力所做出的选择,而人类的选择是在文化的影响下做出的,即人类在与外界环境关系中处于主动地位,两者相互作用。例如,华北平原地区是典型的传统农业区,然而在历史上被蒙古人占领后,则被强行征用于放牧狩猎。这一人地关系学派的观点否定了地理环境对人类活动的决定作用,提出天定足以胜人,人定亦足以胜天的人地相关原理,人们可以按照心理的动力在同一自然环境中创造不同的人生事实,自然与人文的关系随时代变化而变化。或然论在人地关系中找到一个中介因素——心理因素,认为心理因素随不同社会和时代变迁,从而在同一自然环境中创造不同的人生事实。

4.1.3 适应论

以20世纪英国人文地理学家罗克斯比(Roxby)为代表,认为人类的活动受到自然环境的限制,需要适应自然环境,但也可利用自然环境。这一理论具有协调人地关系平衡的思想,适应论的核心论点就是人不仅要改变环境,也要相应改变自己,以达到和谐环境的平衡。与或然论的心理因素不同,适应论的适应是由客观需要驱动的,是一种被动的过程。

4.1.4 生态论

以20世纪美国地理学家巴罗斯(Barrows)为代表,从生态学视角提出人与环境的相互作用与相互影响,打破了自然和人文的二元论观点,提出一种新的、更科学的研究方法,如结构与功能、营养层次与连锁反馈、生态平衡等观点,以及物质循环、能量交换的测度方法,研究人与自然和生态环境的相互影响。罗素也曾经提过类似的思想,认为人们的生存环境与他们的哲学是互相影响的(伯特兰·罗素,2010)。这一观点随着地球环境问题凸显,人类对生态系统的危机感上升而受到关注。

4.1.5 环境感知论

环境感知论(Environmental Perception Approach)认为每个环境中的个人或文化群体对自然环境产生的精神意象(Mental Image),由知识、经验、情感、价值观决定,具有一定的客观规律。人类对自然的选择,是通过对环境的感知决定的。环境感知常常是扭曲的、不完全的。与传统人地关系研究中把人类活动过度理性化、概括化不同,通过结合心理因素分析,构建了协调人地关系的新支撑体系。这一理论是对或然论的发展,强调了人地关系中人的动机的重要性,并引入了心理学的相关概念,如感知。

4.1.6 文化决定论

文化决定论(Cultural Determinism)的代表人物哈奇(Hatch)认为:文化的

特征、水平决定人对环境的影响程度和方式,例如,文化会构造感知,从而使不同文化下对色彩范畴的分类产生区别(Hatch,1983)。这一观点具有片面性,因为人类并不总是遵循文化的规定,而是在不断创新和发展。文化决定论的极端表现形式就是征服自然论。

4.1.7 和谐论

和谐论最早于1864年由美国博物学家乔治·珀金斯·马什(George Perkins Marsh)在其著作《人与自然》(Man and Nature)中提出,认为人类强烈改变和影响了自然环境,应该建立和谐的人地关系。这一观点与环境决定论相对立,基于人出现之后对自然环境造成巨大影响的事实,认为人在环境改造中起到了绝对决定作用,具有可破坏生态环境的潜能。因此人类应该顺应自然规律,合理利用自然环境,并调整已被破坏的不和谐的人地关系。这一观点随着人地矛盾加剧而日益受到重视,20世纪中期以后开始流行的人类可持续发展思想就根源于这一和谐论思想。

地理环境对文化的决定论和非决定论、加速论或延缓论一般被认为是片面的观点。地理环境对社会的影响是通过物质生产活动、经济活动产生的,不同地理条件影响社会生产力分布状况和发展水平,即地理对文化起决定作用的是通过人类社会的生产方式产生的。例如,古文化中心往往发源于自然环境占优的地域,如四大文明古国分别发源于美索不达米亚、尼罗河、印度河、黄河长江流域,欧洲文化则源于海岸文化的古希腊、罗马文明。再如自然环境作用下产生的内陆农耕文化、游牧文化、海洋文化之区分,分别表现为平和本分、尚武扩张和开创进取。中华民族农业文化形成和谐、内向的文化特征;沿海国家与地区商业文化的发达,以拼搏与开拓精神为主导;亚欧大陆腹部草原游牧文化形成粗犷彪悍的文化气质,等等。

探究文化渊源,应该探索人类生存其中的自然体系和社会体系两大环境体系。人类成长的早期,一个民族生存的自然环境如山川、湖泊、平原、海洋是文化形成的主导因素,随着人类社会的发展进步,社会体系的作用力日趋增强。而一旦民族文化形成相对固定的模式,它就会反过来作用于该环境下的人类行为模式,即文化与环境是双向互动的关系。

因此下节以西方经典文化与中国传统文化为例,从自然环境和社会环境双重视角考虑文化之渊源及其对科学发展、知识创新的影响。

4.2 西方原典文化的渊源及其对创新的影响

4.2.1 西方原典文化的渊源

从古代的希腊、罗马,到近代的日本、英国、美国等众多国家都是典型的海洋文化国家或以海洋文化为民族文化之源的国家。由于腹地狭窄,平原面积小,不利于农业经营而商业发展较早,资源匮乏又促使人们不得不向外开拓,同时其地形有利于海运事业的发展,从而造就了海洋民族比较外向的文化心理(王会昌,1992)。其来源于生存环境的这一文化特质,诚如中国近代启蒙思想家梁启超所言:"试一观海,忽觉超然万累之表,而行为思想,皆得无限自由。彼航海者,其所求固在利也。然求之之始,却不可不先置利害于度外,以性命财产为孤注,冒万险而一掷之。故久于海上者,能使其精神日以勇猛,日以高

尚。此古来濒海之民,所以比于陆居者活气较胜,进取较锐。"(梁启超,1935)

相比较而言,由于大陆型生存环境的关系,中国早期文化中对海外冒险缺乏内生的兴趣与志向,如一代宗师孔子临海不远而居,其大弟子子路在老师提到"道不行,乘桴浮于海。从我者,其由与?"时,表达出的积极喜悦被老先生打击为"由也,好勇过我,无所取材"(《论语·公冶长》)。儒家亚圣孟子对于海也是只惊叹"观于海者难为水,游于圣人之门者难为言"。道家学派的大宗师之一庄周的《庄子·秋水篇》论及大海:"井蛙不可以语于海者,拘于虚也;夏虫不可以语于冰者,笃于时也;曲士不可以语于道者,束于教也。今尔出于崖涘,观于大海,乃知尔丑,尔将可与语大理矣。"以海的比喻进行道德修养的教化,其基本的文化精神导向与海洋民族确有很大差异。

以西方原典文化为例,其源流可以概括为"2H4R":2H指Hebraism和Hellenism,分别指代基督教和古希腊文化;4R则指Renaissance,Reformation,Rationalism和Revolution,分别意指文艺复兴、宗教改革、理性主义和资产阶级革命。在"2H4R"要素结构影响下,最终形成以开放商业、科学知识型、冒险主义、民主共和制、依法治国为特点的现代化型文化架构与精神原则。

希腊文化被喻为西洋文化之母,按照现在流行的学术判断,现代数学、科学与哲学都萌芽于公元前6世纪前后的希腊,而西方原典文化的主干就发源于古希腊文化。从自然环境影响看,古希腊文化区主要集中在爱琴海盆地及意大利南部和西西里岛,区域内由于众多山地地形的分割,陆路交通反倒不及水路方便。希腊人依海而居,又幸运地生活在多个古代轴心母文明体系如埃及文化、两河流域文明附近,受到最经典的内陆文明的强烈渗透,但很幸运地没有遭受内陆国家的直接统治。希腊文化学习和吸收了古巴比伦和古埃及的文明成就,也受到了东方更广地域的中近东文化影响,诸如犹太、波斯文化。两河流域和埃及文化通过小亚细亚、地中海传到古希腊。

由于希腊半岛三面临海,恶劣的天文和地理环境使得其农业不发达,其民众少有农民,而多为聚居城邦的商人、海盗和殖民者。哲学家罗素指出:"希腊的文明完全建立在城市的基础上,农业对希腊的思想几乎没有什么影响。"(伯兰特·罗素,2010)希腊的文明形态的基础是从事航海贸易和海外掠夺,因此形成了不同于东方大河内陆文化的海洋型文化。希腊人擅长精确地使用数字和明晰的语言进行贸易,由于聚居城镇和流动性、变化性强,未形成中国那样的稳态宗族式社会组织,从而构建出了希腊城邦平民制这样居民等级不鲜明的制度,以及崇尚个人奋斗、人人平等、珍视自由的自我意识。难以自足的农业经济、矿藏资源的匮乏、难以驾驭的海洋培育了生存在这片土地上的人们具有抗争与征服、独立与自由、开拓进取、开放多元的特质。动荡的迁徙与海上殖民、独特的城邦平民参政议政制度,使得氏族与宗族制度根基未能扎下,从而促成了基于城邦平民民主制度的和谐社会关系这样一条发展道路。

古希腊民主政治代表、世界著名政治家伯里克利(公元前495~前429年)就曾经在希腊阵亡将士葬礼上对雅典的制度进行了评论:"我们的制度之所以被称为民主政治,是因为政权在全体公民手中。每个人在法律上都是平等的;让一个人负担公职优先于他人的时候,所考虑的不是某一个特殊阶级的成员,而是他拥有的真正才能。在私人生活中,我们是自由和宽恕的;但是在国家事务中,我们遵守法律,因为这种法律令我们心服。"(马丁·路德,2003)在这种社会精神主导下形成的共和制度、法律制度确定了后世西方主流文化发展的核心方向。

一个相当大的文明发展挫折与探索建设期发生在相当于中国的春秋时期(公元前770~前476年),世界文化史经历了"季世"危机,希腊、印度等不同文明跟同时期的中国一样经历了这一忧虑期,原有的平衡和赖以生存的精神支柱被摧毁,在积极寻找新的出路时不同世界文化的分水岭形成了。以色列先知们领着人们走向了追随上帝的宗教信仰之路。印度佛陀用大因果来解释三生三世并倡导禁欲苦行来实现涅槃,中国地方开始追求内圣外王之道寄托理想,希腊智者则基于悲剧命运的思考提炼出逻各斯(Logos)的概念,把人们引向客观知识、哲学理性探索之路(余敦康,2005)。

古希腊文明中点燃了科学和哲学探索的火种,哲学诞生的先驱、勇于探索的米利都学派创始人泰勒斯(公元前624～前547年)周游埃及,给希腊带回了几何学,并提出水构成万物的原始科学哲学诠释观(虽然他有些探索思想如大陆漂浮在水上、磁石内部有灵魂等被后来的科学进展证明是错误的假想)。古希腊哲学家毕达哥拉斯因为认为球形是美的而假定地球是圆形的(他自己通过月食形成的地影证明自己的观点)。古希腊唯物主义哲学家留基伯不懂化学却提出原子论,尽管有假设和形而上学的一面,却都展示出古希腊哲学家科学探索的开放自由。事实上,古希腊众多哲学家都好奇地致力于未知世界的探索,而不是用神学或伦理道德目标来解释世界,因此古希腊文化开辟了一条与整个东方不同的精神制度与发展道路。古希腊在众多科学知识领域取得了辉煌的成就,如天文、数学、物理、生物、医学、地理等,代表人物包括泰勒斯、毕达哥拉斯、欧几里得、阿基米德、亚里士多德、尔克芒、希波克拉底等。

古希腊哲学也有对"德行"的探讨,如亚里士多德就深入思考"善"的定义与实现方法,但是与东方将德行本身作为最终的追求目标不同,亚里士多德认为德行只是实现幸福的手段,他也没有用德行对统治者做理想化的要求,而是强调法律才是国家存在的根本。

崇尚个性与理想主义的希腊文化与其后以功利、实用、理性为特征的罗马文明将古希腊精神文化及实践体系带到了整个欧洲,为今天的意大利北部、西班牙、法国、德国等地带去了文明,并因为其长治久安而大大推进了文化传播,造成了文化的单一性和文化精神的内在融通性,其共和制度、法律制度和基督教文明成为了西方文化发展的风向标,并表现出理性主义、人本主义和创新发展的文化特质。

当然,公元1世纪开启的基督教的洗礼问题不仅是中西文化模式构建的另一座分水岭,也是西方文化一波三折、凤凰涅槃演化大剧的一段创新高潮。恩格斯指出:"中世纪是从粗野的原始状态发展而来的。它把古代文明、古代哲学、政治和法律一扫而光,以便一切都从头做起。它从没落了的古代世界承受下来的唯一事物就是基督教和一些残破不全而且失掉文明的城市。其结果正如一切原始发展阶段中的情形一样,僧侣们获得了知识教育的垄断地位,因而教育本身也渗透了神学的性质。政治和法律都掌握在僧侣手中,也和其他一切科学一样,成了神学的分支,一切按照神学中通行的原则来处理。神学在知识活动整个领域中的这种无上权威,是教会在当时封建制度里万流归宗的地位之必然结果。"英国诗人艾略特(Eliot)曾经这样描述基督教在西方文化中的地位:"我们的一切思想也正是由于有了基督教的背景才具有意义。一个欧洲人可以不相信基督教信念的真实性,然而他的言谈举止都逃不出基督教文化的传统,并且必须依赖那种文化才有意义。只有基督教文化,才能造就伏尔泰和尼采。我不相信,在基督教信仰完全消失之后,欧洲文化还能残存下去。如果基督教消失了,我们的整个文化也将消失。"(郭继荣,2008)

在科学探索的道路上,作为基督教文化创教之源主体的犹太民族表现出惊人的创新能力:相对论创始人爱因斯坦、原子弹之父奥本海默、计算机之父冯·诺依曼、控制论的创始人维纳、原子物理学和量子力学的奠基人玻尔,以及近四分之一的诺贝尔科学奖获得者。犹太人出色的创造力或许来自其迁徙不定,与各种异质文化充分接触形成的开放、反思、反叛及由于无所依托而重教育、重脑力、重商贸的特定文化结构。

对希腊文化世界的第一波冲击与融合为基督教的产生与传播。犹太人耶稣(Jesus)在犹太教《圣经·旧约》基础上与其追随信徒赋予新的规约即新约,创立了基督教,这当之无愧是犹太人对世界的最伟大贡献之一。经过艰苦和血腥的发展历程,基督教最终被接受为罗马帝国的国教,从民族宗教上升到世界性宗教的地位。公元5世纪,日耳曼人的入侵使得罗马帝国分崩离析,然而新的统治者相继皈依基督教,延续了这一宗教传统。

14~16世纪文艺复兴在呐喊和拼搏中解放了已被中世纪神学体系禁锢的人的天性,使人们打破了旧体系的桎梏如经院哲学体系对智力的束缚,开始重新回到古希腊精神中去自由拓展与创新探索,促成了科学和艺术的再生和复兴。如哥白尼提出"日心说",撼动了之前神学及哲学对地球和人类在宇宙中的定位学说,是一次挑战神圣权威的可敬之举。其后一系列的宗教改革运动特别是17世纪的清教运动肯定商业行为、创业精神,进一步促成了西方科技、工业的发展,民主政治制度的建立,使得自由平等、个人主义精神深入人心。17~18世纪的启蒙运动则高举理性崇拜的大旗,自由、平等和民主的观念进一步深入人心,也使得知识系统独立于宗教,促进了近代科技的进步。

社会思想领域的发展激发了科学领域的创新和繁荣,这个时期的科学传统之一是承认已经确立的科学知识未必是正确的;其次是确立科学研究的经过是实证性的,通过积累证据来验证科学发现。科学发展出现了硕果累累的景象:哥白尼、伽利略、开普勒、牛顿等科学家的涌现以及显微镜、望远镜、温度计、气压计、抽气机的发明,坐标几何、微积分、对数的创立,血液循环、玻意耳定律的发现等等(伯兰特·罗素,2010)。

基督教则助力西方古代文明孕育出近代文化。共事一神,打破了家族小群和众神分立、排斥异教、不惜付诸武力、过着集团而斗争的生活,同时,社会个人所负的宗教义务远超家族的要求,需牺牲家族小群而尽忠大群。如《圣经·新约》记载:"我来是叫人与父亲生疏,女儿与母亲生疏,媳妇与婆婆生疏,人的仇敌就是自己家里的人。人到我这里来,若不恨自己的父母、妻子、儿女、弟兄、姐妹和自己的生命,就不能做我的门徒。"因此形成了超越血缘家庭的公共观念、纪律习惯、组织能力和法治精神等文化特点(梁漱溟,2003)。这是一种与中国宗法家族制度大相径庭的建构思想与设计。

清教徒的"因信得救"(Saved by Faith),认为信徒可以凭其虔诚信仰与上帝直接沟通,因而强化了个人的地位和权利,而无需任何集体组织包括教会做媒介(当然,在西方哲学发展史上,也有一派哲学家强调社会约束的重要性,与崇尚理性、科学、进步的自由主义派相反,他们推崇纪律、教条,敌视科学)。而通过个人修养的提升读懂《圣经》,以更好地与上帝沟通这一宗教理想也促进了揭示《圣经》真谛的实践与努力。同时,在西方文化发展过程中,在严格教义规约下的禁欲主义、强制压抑的集团生活又造成了个人欲望的反抗,经历了宗教改革至人权宣言,造成社会个人和集团的抗争,最终其宗教承认人依上帝形象创造出来,应享有个体的独立地位和自由权利。

随着天赋人权,人人平等,均享人权和尊严自由深入人心,形成西方的个人本位单元型的社会基础构建。倡导自由和个人创造力的发展,倡导自我依赖,体现在法律体系上,强调个人权利,如隐私权和财产权的个人保护。天人分离,强调人征服天的观念体现在科学上,认为运用科学规律征服自然、认识上帝及其规则,是其宗教信仰者的历史使命。加尔文主义将工商业视作上帝神圣的使命,竞争与追求个人财富的努力是为消除原罪、响应"神的召唤(Calling)"。马克斯·韦伯认为:资本主义精神的伦理价值观推动了西方资本主义经济的发展,其倡导的价值观包括勤俭、诚实、信用等,对抗血亲社会,建立信仰社会,通过社会实践性的道德达到道德的提高和完善。欧美资本主义经济的发展受益于宗教革命培育的具备促进市场经济发展品质如奉献奋斗、诚实守信的企业家和劳动(马克斯·韦伯,2009)。

4.2.2 西方原典文化的主要精神内涵及其创新映射

西方文化有其利于科学技术发展与创新的要素体系。西方文化自始源即以知识探索为中心,一方面发源地的地理环境与生存方式激发了其认识、掌握自然规律,征服自然的理性精神、客观态度和对真理的孜孜追求。早在古希腊罗马时期就开始了对天文、数学、医学等学科的积极探索,为西方科学发展奠定了基础。甚至古代中国发明的功效也为西方所创造性地深度利用:罗盘和尾柱舵引领西方的远洋航行和探险;印刷术和纸推动了古登堡活字印刷;中国发明纸币,西方却发展了银行体系和贸易;中国发明火药,却被西方应用于战争并打开我国国门,等等(佩雷菲特,1993)。其知识创新发展历程表现出来逻辑推理式的思维模式,如强调可控制的实验方法的使用;通过细剖精析的实验过程,把握对象特征和细节,再应用逻辑的认识系统,突破整体表象,寻求知识的本质。

另一方面,基督教为西方科学、创新的发展营造了有利的宗教文化背景。历史学家就曾经探索过为何近现代科学兴起于犹太-基督教文化,并认为创世的教义有助于给科学行为提供平台。具体表现为基督教的教义和信仰,如世间万物皆由上帝创造,通过研究自然可以更好地了解上帝,即通过科学研究以了解世界、了解自然是人类的义务。同时,上帝是始终如一、可靠不变的、理性的,世界是有序的,因此,自然法则是可预测研究的。自然是真实的、善的,因此对其实验是允许的,具有宗教合法性(Kaiser,1991)。世界由上帝创造,人也由上帝创造,因此人与自然是平等敌对的,上帝按自己的形象造人,派人去管理自然,人要在征服、战胜自然的艰苦斗争中求得生存。因此西方基督教文化附着的人群似乎不会纠结于人与自然的关系,而将征服自然、战胜自然当作自然而然的任务。早期有的科学家认为自己的工作是追随上帝和思索上帝的思想,最早英国皇家学会会员中70%是清教徒以及神职人员(伊安·巴伯,2009)。对《圣经》的信仰衍生了与证实或证伪《圣经》记载事件的相关科学领域:人类生来就是要统治地球的,必须以勤奋工作努力弥补人类堕落(Fall)的罪恶;历史有始有终,人类行为对未来有重要影响;命运无法左右人类,个人选择和努力最为重要;法律体系来源于《圣经》的道德标准,由于无人凌驾于上帝,因此无人可凌驾于法律之上;国家权利根源于法律,法律应尊重人性。

对比的视角能帮我们更清晰地解析文化是如何映射到文化主体的创新模式、创新表现和能力并影响它们的。源自不同的文化渊源,中西文化在思想体系构建和运行实践中表现出较大的差异性,也映射到中西国家历史传统的创新思维和行为方式上。例如,中国历史经验是对德行的强调,将天视作道德的智慧,而西方则以探索自然规律为自己的宗教使命,造成科学探索的动机差异及其影响下创新表现的差异。高举重义轻利与直接追求功利主义的价值观差异造成了不同的创新态度,个人价值观的不同造成了中西国家群体创新过程中的积极主动性、参与度的不同,社会群体的和谐程度及对异体的包容程度造成了对创新行为的容忍度的不同,等等。这些可能造成创新表现差异的文化渊源要素,是我们在创新型国家建设被列为国家战略时期,在"大力弘扬创新文化,厚植创新沃土"的国家发展时期,所不能不正视和思考的文化设计与实践的深层缠绕问题。

4.3 中国传统文化的渊源及其对创新的影响

弘扬民族文化,传承发展中华优秀传统文化,需要尽可能真实反映中华民族文明史,深入阐发文化设计与运行的精髓。发扬传统文化中驱动创新的积极要素,意味着独立公正地看待文化中不利于创新的元素,意味着清醒地扬弃,而不是一味地去批判否定中国主体文化中的消极因素,或者像几千年的古代社会习以为常地尊崇"复古"。

4.3.1 中国传统文化的渊源

英国考古学家格林·丹尼尔(Glyn Daniel)认为世界独立起源的第一代文明有九个:古埃及、两河流域、中国、印度、爱琴-米诺斯、南俄、美洲奥尔梅克、玛雅、查文(张岱年 等,2009)。其中只有中国文明的主体民族文化生态得以几千年延续和继承,未被历史抛弃而成为考古学的研究对象。中国文化是中华民族经过五千年积累沉淀的物质精神财富总和,也是辉煌的古老世界文明中唯一得以延绵不断地依循原生道路发展的文明。

张岱年曾经在其《中国文化概论》一书中指出:"半封建的大陆性地域、农业经济格局、宗法与专制的社会组织结构相互影响和制约,形成了一个稳定的生存系统,与这个系统相适应,孕育了伦理类型的中国传统文化。"(张岱年,1994)冯天瑜和周积明则对中国传统文化的孕育土壤做出以下推测:"养育中国古代文化的土壤是一种区别于开放性的海洋环境的半封闭的大陆环境;是一种既不同于游牧经济,也不同于工商业经济的农业型自然经济;是一种与古代希腊罗马的城邦共和制、元首共和制、军事独裁制以及印度种姓制均相出入的家国一体的宗法社会。"(冯天瑜 等,1986)实际上,中国文化的渊源可以归结为两个主要因素:相对封闭的大陆地形和儒家伦理;缺乏其他文化起源中占据精神主导地位的宗教大系统。

早在《论语·雍也篇》中,孔子就提出了类似于环境决定论的观点:"知(同智)者乐水,仁者乐山。知者动,仁者静。知者乐,仁者寿。"就自然环境而言,中国如上古典籍《禹贡》所载:"东渐于海,西被于流沙,朔南暨,声教迄于四海。"东临太平洋,西、北部是戈壁和沙漠,西南则高原耸立。地大物博,又相对隔绝于他国,这一广阔辽域为无法穿越的沙漠与高山,海盗横行、波涛汹涌的海洋保护着。

自然资源丰富、相对独立的自然环境使中国文化源远流长,较早起源、发展、成熟,自给自足,并因为距离其他文明发祥地遥远或为高山大漠海洋所隔绝而保持完整独立的风格。封闭性赋予其文化的连续性而开拓意识淡薄,具有"普天之下、四海之内"的近乎傲慢自负的思想,却又注重自身的完善即修身养性;同时成功抵御外来文化的侵袭,使得历史传承的文化因素难以被彻底抛弃。社会经济思想强调农业生产为本,商业为末,而自足安逸的农耕生产方式培养出其他一些文化特点如倚重经验,从而轻逻辑抽象思维能力,中庸之道扼杀挑战权威的创新精神(冯天瑜 等,2000)。

此外,由于中国幅员辽阔,其附着的文化辐射力和同化力超强,对于外来文化能包容、吸收、同化。例如,原本持有"反家族、非家族"思想的佛教传入中国后根据中国家族制度进行调适,成为维持家族的助力,如超度七世父母的盂兰盆会,与尊祖敬宗的宗法制度高效衔接。另外,中华文化影响力辐射四周,"北至西伯利亚,南迄南洋群岛,东及朝鲜、日本,西达葱岭以西",自成体系,且绵延数千年,与印度、西洋文化并列世界三大文化系统(梁漱溟,2003)。

中国文化很早就趋于成熟态,并产生了深远的影响,物质文明与科学也在早期硕果累累,如丝绸技术、制瓷技术、指南针、火药、印刷术、造纸术、华佗解剖术、祖冲之圆周率、拉线播种技术、生铁炼钢术、悬索桥技术等。然而,中国科学早熟后却开始了缓慢发展的历程。

就生产方式对文化的影响看,农耕生产方式决定了家庭是社会生活的基本单元,形成了中国聚族而居的传统。自然经济造成的社会人与人之间关系的联系纽带是非经济型的,而宗族制度就是这种适应中国经济特色的人与人之间的联系纽带。同时,中央一元化的君主集权制度也将家庭模式延展到"家国同构",父子关系延展到君臣关系,形成以伦理道德为核心的宗法文化。该文化设计以宗法礼俗执行法律功能,以伦理道德替代宗教关系。当然,中国历史上也出现过不同的声音,如法家倡导法律规范,主张治国应以法典为基础,但是其影响力远未达到儒家宗法伦理体系治国治民的水平(或者说,法家思想可以被用来治理和解决具体问题,而儒学是国本)。

另一个中国文化之根是儒家哲学。如罗素所言:"传统的宗教与伦理科学研究使得我们确立了基本的人生观与价值观。"(伯特兰·罗素,2010)儒家以孔孟为代表人物,其思想记载于《诗经》《尚书》《礼记》《乐经》《易经》《春秋》(即著名的"六经"),以及《论语》《孟子》等著作中。儒家思想文化在中国古代社会具有绝对的权威影响力,形成英国哲学家罗素感知的中国思想领域"孔子伦理为准则而无宗教"的局面(伯特兰·罗素,1996)。

当然,从先秦开始,中国传统文化就表现出多元结构体系构造特色,如从表层治理结构看,是以儒家为代表的政治伦理学说,而从深层结构看,则是道家提出的人生哲学框架,中国人称之为"儒道互补";又如在显性层面无疑是儒家伦理和宗法制度在活跃,而在隐性层面法家的"法、术、势"三位一体的治理智慧也没闲着,中国人称之为"外儒内法"。不过,虽然上述经典二分结构对中华文化有着深层影响,但中国传统文化的主体精神还是蕴含在儒家学说当年的创新构造中,中西文化的基本差异也更系统地体现于儒家学说之中。即便是中华文明史上几次席卷式的民族大融合,少数民族政权的领导也并未改变这一思想体系的核心社会意识形态地位。中华文化持有的偏离宗教追求的实用理性世界观,使得纯粹性宗教信仰在中国文化体系中的影响相对较弱。

4.3.2 中国传统文化阻滞创新的精神与理念

文化的精神内涵即其蕴含的基本构建思想与运行理念体系,是文化发展的内在动力,是文化体系中处于核心地位的基本观点,而其创新映射则是指文化精神内涵在创新领域的赋形外化表现。一般来说,将民族文化进行差异比较研究通常从人与自然关系、民族关系、家庭关系、宗教关系等方面进行分析。本书为了便于创新映射的分析,采用个人—组织—国家层面的递进层级结构进行分析,主要以与西方文化对比的视角,着眼于"扬弃"中之"弃",针砭传统文化中不利于创新的因素。

中国与西方文化比较研究的名人林语堂有如下看法:在个体层面,农耕的艰苦、稠密的人口、经济的压力、追求宗法伦理规约的和谐社会关系,以及传统时期法律保障的不力,使得中国人适应了需要耐力、反抗力、被动力的社会环境,乡土依恋重,散漫迟缓,竞争意识淡薄,安土重迁,失去了征服与冒险的智力和体力这些原始丛林祖先们的特征(林语堂,1994)。中国人认同"退一步海阔天空""失一卒而胜全局",表达了东方智慧的被动性态度。

儒家对个体创新产生潜在消极影响的思想内涵首先是对个体思想的打压。如《礼记·曲礼上》所载的:"自卑而尊人",推崇克己,摒弃个人主义,存天理而灭人欲,因此君要臣死,臣不得不死;父要子亡,子不得不亡,为统治阶级培养出谨慎、克制、和蔼、温顺的民众。其次,推崇"为而无所求",强调人行事价值在于做,而非结果,因而具有宿命论的一些怠惰顺命的消极面。当然以静制动的思想并不仅限于儒家思想,如道家老子"无欲以静,天下将自定""重为轻根,静为躁君",庄子"形如槁木,心如死灰"的"坐忘"状态,佛家学说的"柔静无为"说均体现出消极被动的发展观。第三,维护群体和谐,信而好古,述而不作,知足保守,重古轻今,言必称尧舜,言必称孔孟;个人内部的和谐则通过修身养性获得,达到万物的和谐平衡,强调天人合一,人仿效于天道,天落实于人道,所以为人之道讲求慎独,知足天命,尽人事听天命,圆熟老到,妥协折中,随遇而安,形成中庸之道,与近代科学执着于理性和实证探讨、追求启蒙的精神相违背,削弱个人价值和个人创造力的激发。

在组织层面,等级森严的宗法家族制度表现出对个体的绝对权威和集体伦理观,"君君,臣臣,父父,子子"(《论语·颜渊》),"君令臣共,父慈子孝,兄爱弟敬,夫和妻柔,姑慈妇听,礼也。君令而不违,臣共而不贰;父慈而教,子孝而箴;兄爱而友,弟敬而顺;夫和而义,妻柔则正;姑慈而从,妇听而婉,礼之善物也"(《左传·昭公二十六年》)。偏上古儒家立场的史学著作《左传》的这一论述,其主流价值观表达的思想就是父子有亲,君臣有义,夫妇有别,长幼有序,朋友有信。在中国传统文化中地位至高无上的孝文化延伸到社会不同层面(叶衡,1964)。事实上,中国传统社会的五种社会关系——君臣、父子、兄弟、夫妇、朋友,均为家庭关系及其延伸。强调系统、平衡和整体观,组织也具有家族差序结构,为家庭伦理关系映射,遵循"君为臣纲,父为子纲,父为妻纲"之"三纲"和"仁、义、礼、智、信"之"五常"的人际交往道德律(林娜,1986)。洋务运动的倡导者李鸿章具有超凡眼光,敏捷果断,了解西方先进文明,也希望利用这些优点来谋求中国强大,希望开辟新风气。他在欧洲访问时,不理会随行人员的提醒,多次问及别人的年龄与家产,表现出文化自信,不以西方风俗唯上。然而,当协助其讨伐太平天国的英国军官戈登在俄国伊利事件发生时建议其做君王,掌大权,而英国有意效犬马之劳时,李鸿章大惊失色,舌头麻木,说不出话来(梁启超,2015)。这种自信优秀却只为忠君的思想就是后期儒家"三纲五常"人生观的浸润深入的表现。

在组织层面,统治阶级追求的理想和人类的私欲之间的调和是领导与管理层需要解决而无法回避的问题。在宗教文化发育强健的国家,当司法制度缺乏判断争端的依据时,往往会诉诸宗教化的良心标准;我们的宗法伦理文化体系特别发达,因此通常会转换为伦理化的道德标准。虽均以善或恶处置,但路径选择是大不相同的。在中国古代社会,有时天时亢旱也被认为是缺乏德行、贪官污吏剋剥小民而上干天和的结果,体制与规制标准上的不周全用精神建构的规制标准力量来补全协调。

如民间号称"海青天"的明朝模范官僚海瑞断案的标准为:"凡讼之可疑者,与其屈兄,宁屈其弟;与其屈叔伯,宁屈其侄。与其屈贫民,宁屈富民;与其屈愚直,宁屈刁顽。事在争产业,与其屈小民,宁屈乡宦,以救弊也。事在争言貌,与其屈乡宦,宁屈小民,以存体也。"(黄仁宇,2017)这一标准与中国古代社会中后期儒家至高无上经典"四书"的训示相符合,轻视私人财产,维系伦理纲常,法律诠释依附于伦理诠释。正如海瑞的命运所揭示的:个人道德之长无法补体制之短。

历史上未能处理好这一关系的、不懂得按照这千年不变的标准中庸调和者难善其终。如明代万历年间首辅张居正,精明干练,大权在握,以百倍勇气与意志试图整饬纪律,补全体制上所留的给人私欲以强烈诱惑的罅隙,因而启动了激烈的以"一条鞭法"为核心的体制改革。由于其严重威胁了文官官员千丝万缕的家族和社会伦理关系网,触其一点利益,故得罪了天下所有读书人,因而即使死后也遭到残酷的批判和清算。而其后继者申时行则掌握了组织层面的中庸之道，深谙体制内按规制出牌的"和事佬"之道，老成持重，有古君子之风，以恕道和诚意稳定了文官集团的情绪，也获得了皇帝的信任。但是，以道德力量施政的根本，不在于一定要落地解决实际问题，而在于预防道德败坏造成的问题的发生。例如，在申时行主政期间，万历十五年，辽东巡抚上报一个建州酋长在开拓疆土，吞并部落，为防养虎遗患，需派兵征讨，与部下发生争执，申时行将之视为小事一桩，不值得引起内外文官不睦，因此以和事佬身份出面从中调剂，此位酋长就此得以为所欲为，其名为努尔哈赤，庙号为清太祖（黄仁宇，2017）。

确实，中西方的主流人群持有不同的人生价值观。以儒家伦理观为立身之本的中国人不容易理解宗教文化主导社群此生即为来世的宗教思想，用孔子的话说："未知生，焉知死？"从而倡导安于平淡现实的现世伦理生活关系处理，并以德行约束人的行为。这种对个人现实生活关系处理上仁义的高要求削弱了对群体共性标准——法治的需求，将理想社会定义为"寡政权，省刑法"。（当然，中国文化思想史上也出现过不同声音，如法家就设想了法律的绝对公平目标原则："法不阿贵，绳不挠曲。法制所加，智者弗能辞，勇者弗敢争；刑过不避大臣，赏善不遗匹夫。"）

从伦理治理体系的负面来说，权威统治和遵从心态确实无助于形成一个培育个人强大创新能力的社会环境，"天不变道亦不变"与"以不变应万变"的价值观也容易导致墨守成规，儒家"以和为贵"的中庸思想对于批判精神、怀疑精神、独创精神的培养和展开有明显的阻碍，用以指导人们行为实践的价值理性会使人倾向于务实保守，从而尽可能地不犯大的错误；道家"出世"的思想不利于"经世致用"，"文人相轻"的观念不利于团队协作，"官本位"的等级观念不利于知识价值的弘扬。

在国家层面,中国在古典社会中后期,特别强调家国同构,融国家于社会人伦之中,纳政治于礼俗教化之中,推崇三纲五常、三从四德等约束求新求异的价值准则,以道德代替法制,施政的要诀以道德为一切事业的根基。中国传统文化推崇的是重义轻利,认为"君子喻于义,小人喻于利"(《论语·里仁》)。"鱼,我所欲也,熊掌,亦我所欲也。二者不可兼得,舍鱼而取熊掌者也。生亦我所欲也,义,亦我所欲也。二者不可兼得,舍生而取义者也。"(《孟子·告子上》)这些特点是泱泱大国保持中央集权、领土完整的精神支撑力量。

重农抑商,宗法家族制度、家族财产世袭等文化特征虽然有其形成的自然历史因素,却缺乏现代化现实中进行创新的有利条件。例如,科举仕途使得封建时期的中国很早就开始区分培养学者和从事仕途者的教育,八股文的历练显然无益于自然科学精神的培养。刘诗白教授指出:"封建国家强化意识形态控制在中国有鲜明的表现,政府制造出的精神生产领域中对政治、伦理等人文学科的偏好,各个朝代的士大夫都是以从事作为正统意识的儒学的注释和精致化为要务,自然科学的抽象理论研究被视为缺乏'用世'精神,而得不到'功名利禄'的鼓励,这也是高度抽象的、理论型的自然科学在中国难以得到发展的重要原因。"重农抑商在历史上的表现如宋代工商业被课以重税,明代对工商业的重税盘剥,禁止海外贸易以防与倭寇勾结,清代为防人民抗清禁止出海贸易,禁止聚众开矿,等等。为防私人财富扩充到不易控制的地步,成为王朝的安全之累,中国封建统治者限制工商业和商品经济的发展,不承认私人财产的绝对性,形成了重农抑商的传统。

4.3.3　古代中国看世界的独特视角及其对创新的影响

按照古典中国自己构建的文化语境,多数中国的统治集团认为华夏文化居天下之尊,周边外民族蛮夷戎狄文化皆低于作为天朝上国、四夷来朝、大国恩威、四夷宾服的华夏文化。在中国古代社会的后期,包括"遥远西方"在内文明体已经幻化成一个文化他者形象,应接受华夏文化教化。无论是盲目排外的守旧派还是西学中源理论持有者都限制了华夏民族向其他民族的学习和交流,产生夜郎自大心理,认为需要通过维持中华传统千年礼义廉耻才能得人心、鼓民气,才能抵御外敌。这是中华民族理解世界的独特模式,其自信如乾隆宣给英国国王的敕谕所彰显的:"天朝抚有四海,惟励精图治,办理政务,奇珍异宝,并不贵重。尔国王此次赍进各物,念其诚心远献,特谕该管衙门收纳。其实天朝德威远被,万国来王,种种贵重之物,梯航毕集,无所不有。"(国史馆,2012)

经典的儒家思想反对以富国强兵为目的的政治经济措施,尊王(道)抑霸(道),从政治思想上不利于外拓与创新的进行。即使是西方国家崛起带来鸦片战争的惨痛教训,也没有让近代中国清醒地认识到中国和世界新的关系,在近代的中国人心中,最多能想到的是师夷制夷,尊夏攘夷。西方依然是夷,并未脱离最早杀人掠物、烹食小儿的番鬼红夷、藩属贡纳的鬼国魔域形象。以古典中国历史之悠久、地域之广大,其晚期所想象的世界却小到完全容不下世界的真实情况。皇朝之外,不过是荒蛮大漠或凶险海洋,认为鸡零狗碎的小岛如何与天朝相比。即使这样,清朝洋务派仍旧被扣上了"用夷变夏"的帽子,被指责"竭中国之国帑,民财而尽输之洋人",坚持华夏中心主义的"顽固派"认为"窃恐天下皆将谓国家以礼义廉耻为无用,以洋学为难能,而人心因之解体"

(张岱年 等，2009）。

　　西方人最早希望进入中国交流的途径也是独特的、非外交型的。1582年，耶稣会士罗明坚和巴范济剃头发、穿上和尚的长袍，以僧人的扮相向中国官方恳求建屋造堂。而另一位中西方交流过程中的重要人物、基督教在华传教事业的奠基人利玛窦则在前往投奔罗明坚和巴范济的途中被劝返，因为本地官员将他们赶出来了。这种基于人而非基于制度的外交模式，是中国特有的，也为最早希望和平进入中国市场的西方人（在他们看来，交流和开放市场是正常的世界规则，很难理解中国自给自足无需依赖外国的思维模式）提供了某种幻想和思路。

　　碰了壁的利玛窦的"机巧"做法是：将教士服换成中国士大夫服，戴起儒士的方巾，因为当时社会士大夫阶层是受人尊重的；他不再采取西方的演讲大会似的群众动员方式，而是邀请人们进入房间进行文人闲谈式的交流。他学习中国典籍，从典籍中引经据典，去证明基督教学说是符合中国优秀传统文化的，而不是外国的。他用高雅的文言文阐述基督教学说，运用科学知识，将自鸣钟、地球仪等赠送给皇帝和官员们，来获得士大夫和科学家的美名（王寅生，2015）。这些深谙中国文化的外来者，学会了中国的忍耐和客套，能在官员面前一动不动地跪着。对中国人来说，他们是仰慕中华文化的朝觐者，所以中国人接受了他们。但是当世界地图被展示在国人面前时，有将信将疑者，更有大加讨伐者。"利玛窦以其邪说惑众，士大夫翕然信之……直欺人以其目之所不能见，足之所不能至，无可按验也。真所谓画工之画鬼魅也。"（魏浚《利说荒唐惑世》）鸦片战争失败后，道光皇帝才开始去打听英国何在。而同时，皇室之中俨然闲置着100多年前传教士送给康熙皇帝的《坤舆全图》，在那张地图上，英国的位置、接壤国、相距距离和来中国的航线早已清楚地标示了出来。

　　不信外夷的同时，走出国门的开明人士带回来的世界现实同样是国人不能接受的。清朝第一任驻英大使郭嵩焘的著作《使西纪程》，记录了其跨越半个地球的使英所闻，提出英国"政教修明，环海归心"，盛赞西方人心修明美善，以政教为本，引起国内轩然大波。"西方蛮夷之地，西人犬羊之性，无可同情，何可羡慕！办夷务已是迫不得已，士人不屑，使夷帮更是奇耻大辱，不容于尧舜之世。未能事人，焉能事鬼！"于是郭嵩焘长沙城里的家业几乎被焚尽。经翰林院何金寿上书弹劾，其书被毁，其人被以有伤国体为由撤回。郭嵩焘的罪名包括：天寒外出，穿了洋服，见洋人起立致敬，听音乐会仿效洋人索取节目单，让洋人画像，带夫人出席宴会，等等(王寅生，2015)。

事实上，触动国人的并不是对西方富甲天下、船坚炮利的描述，因为这些不足以动摇我们的文化自信，而是其"尚礼义不尚权谋，在人心不在技艺"，这动摇了国人的文化优越感，从而引起满朝士大夫的公愤。如林语堂所言："在中国人的眼里，中国的文明不是一种文明，而是唯一的文明，而中国的生活方式也不是一种生活方式，而是唯一的生活方式，是人类心力所及的唯一的文明和生活方式。"(林语堂，1994)

从公元166年大秦国(罗马帝国)使者来到中国，到明清时代的西方传教士大批来华传教，中国从来不缺了解西方的机会和条件，而是中国看世界的视角影响了我们了解世界的动机与心态。这个问题不是知识结构的问题，而是社会文化的问题。特别是当西方以贸易来冲击原有的中国秩序时，文化的功能更多是压抑、排斥和缓解，从而缓和外来文化的威胁感来减压。

近代中国的落后情况在另一部分人的心中又滋生了一个极端，就是对西方的崇拜和迷信，认为实现强国梦，只有学习西方一条路可以走，对西方的科学技术到政治体制、法律体系乃至生活方式都极力推崇，将西方神话化。对自身文化传统的全盘否定、盲从和一味追逐同样是违反文明发展规律的，文化是相互交流、互相适应的，文化间需要以动态的平衡状态存在。中国文化与他国文化的对立使得我们丧失了开拓创新的更开阔视野。

从中西对比的视角容易产生悲观的自我否定观。然而,如李约瑟所言:自然科学发展的道路不见得只有一条(张岱年 等,2009)。创新强国的道路也不会只有唯一的模式。清晰认识中国文化的特色,"弃"传统文化中阻滞创新之短,"扬"传统文化中驱动创新之长,是中国特色创新发展路径的出路。

4.3.4 中国传统文化中的创新驱动要素

在创新领域可以援引现代学者梁漱溟对中国文化一分为二的评价:"食其福者亦未尝不受其累。中国之不易亡者在此,中国之不易兴或亦在此。"(梁漱溟,2003)

第一,西方文化鼓励开拓创新的精神,而传统中国文化的中庸之道则强调自足与维持和谐的重要性。在自然探索方面,一般认为,中国自古就倡导天人一元,即"天人合一",这是中国文化的核心思想。追求的是人与自然的和谐,其思考中心也非"天人对立"的自然,而是尊重自然,遵循自然规律,将天视作崇拜的对象,而不是研究、探索的对象。西方则基于人与天二元对立思想将自然视作研究、利用、征服的对象。

然而,中国传统文化的核心精髓是二元一体的哲学,始终演绎的是阴阳演化、动静相生的世界观,并不是把有机二元结构解体来纯粹追求主静的和谐,静中始终富含主动的思想与欲念。先秦诸子百家中儒家、墨家、法家、阴阳家都倡导积极有为,只不过他们多数是在"动静相间"的中国古典哲学的视域里来谈的。如墨子提出"日夜不休,以自苦为极",法家主张耕战立国、富国强兵。战国后期儒家代表人物荀子甚至提出了"官天地役万物"的观点,实际表达了征服自然的理想,这是中国传统文化中倡导变革创新的一面。

"动静相间""生生不息"的思维模式更生动地体现在中国最重要的原典《周易》中。《周易大传·象传》曰："天行健,君子以自强不息;地势坤,君子以厚德载物。""天行健",即天体运行永无停息,喻刚强不屈之义;"地势坤"意为包容万象,喻君子的包容胸怀。"天地之大德曰生,生生之谓易"(《易传》),表达的"生生日新"的创生观传达出充满智慧的哲学解读,即:世间万事万物皆在不断变化新生中,是生生不已的创造历程,也是一个持续不断创生创新的过程。《象传》则曰:"天地革而四时成。"即世界发展需变通,所以《周易·系辞下》归纳得:"穷则变,变则通,通则久。"中国上古的思想家非常智慧地将"变"与"久"作为一个系统的双向要求提出,而以"通"作为实践的核心抓手,这与中医学所表达的"通则不痛,痛则不通"(明代名医李宗梓《医宗必读》)的内在原理和思想方法一脉相承。《周易》六十四卦有泰卦与否卦,泰卦为吉,其卦象呈现"天地交而万物通",否卦为凶,其卦象呈现"天地不交而万物不通也"。因而,中国人在长久演化的历史上的文化心理一大期待即是"否极泰来"!

　　中庸思想强调"执其两端而守中",方法论是在追求张力与和谐的同时又要求包容多样性,如"天行健,君子以自强不息"所连下句"地势坤,君子以厚德载物",表述的就是中华民族文化中的包容性智慧,即"君子和而不同,小人同而不和",和谐并不强求完全一致,百家争鸣在文化基础结构上受到赞许。这种天人关系着眼的是在主动发挥人的能动性去调整、引导、改造自然的同时,需要关注对自然的适应与保护,并非消极等待的天人观。这些原典理念对当代中国创新精神及容错文化的建设无疑都是特别有益的前贤智慧。

　　另一方面,中国人对主静思想的强化通常会用于个人约束道德的修养界面,而并不是主张废弃人事,这种修养可以去除顾虑,增加勇往直前的勇气。此外,儒家的"和谐"和"中庸"价值标准有反对"过犹不及",以及保持事物发展的均衡协调的内容,其中蕴含的人与自然的协调发展内容,在西方主流价值观导致人类生存环境大面积恶化的今天则凸显出其卓识远见的一面。只是"和"这一含义后来逐渐演变为"融合""调和",否定原初构建阴阳二元一体结构时包含"斗争"的阳面则失去了其原本的含义。

包含阴阳相生相克逻辑的"天人合一"被认为是中国传统文化最精髓的思想结构。例如,承载民族文化精神的早期中国神话故事揭示了中国古代先民不屈不挠地与自然抗争,而不仅是等待被动安排和救援的精神。这些神话故事包括:钻木取火,而非西方式的等待普罗米修斯盗火;大禹治水,而不是制造诺亚方舟被动等待救助;愚公移山、精卫填海、后羿射日、夸父逐日,这些故事体现得更多的是抗争和不服输的民族精神和气节。

第二,早期中国传统哲学兼具了入世与出世的并协追求,一方面是"达则兼济天下,穷则独善其身"。另一方面是"内圣外王",是典型的理想主义与现实主义二元一体的结合,高度关注社会现实与个人修养发展。总体而言,以环地中海为起源的西方文明在自然问题与知识探索上取得更出色成就,华夏大地上发育出的中国文化则在人人关系问题上有独特设计和更出色成就。从人类文明发展视角、文明体延续视角,均很难判断哪种更为先进或会成为未来大一统文化的首选基础。中国文化的核心思想体系儒家学说以生为乐,理智达观地将之视作自然规律,重视现世,主张人生对自我价值的实现。

儒家思想虽然"重义崇德",但也不一定轻利贱力,只是强调在价值原则上以崇德为前提,倡导"见利思义"而已(《论语·宪问》)。孔子说:"大哉尧之为君也,巍巍乎!唯天为大,唯尧则之。荡荡乎民无能名焉。巍巍乎其有成功也,焕乎其有文章。"(《论语·泰伯》)孟子说:"当今之时,万乘之国;行仁政,民之悦之,犹解倒悬也。故事半古之人,功必倍之。"(《孟子·公孙丑》)荀子说:"故义以分则和,和则一,一则多力,多力则强,强则胜物。故宫室可得而居也。故序四时,载万物,兼利天下。"(《荀子·王制》)其观点均有倾向发展生产能力的一面。

此外,中国古代思想家们探讨义利观,突出倾向是将"义"置于"利"前。如汉代大儒董仲舒所言:"正其义不谋其利,明其道不计其功。"意为匡扶正义而不是为了个人的利益,突出对功利的排斥。后期中国社会历史上不乏对将"义""利"对立和割裂立场的反对声音,如清代思想家颜元针锋相对提出"正其谊以谋其利,明其道而计其功",冲破传统,对义利关系的认识有所演化拓展。

第三,中国传统文化具有高语境特色,例如习惯于使用格言、警句、比喻、象征等来表达观点,富含暗示。如《庄子·外物》所言:"荃者所以在鱼,得鱼而忘荃;蹄者所以在兔,得兔而忘蹄;言者所以在意,得意而忘言。吾安得夫忘言之人而与之言哉!"与现代释义不同,其原本蕴含的智慧是:精神实质的领会比工具更加重要,圣人相见而不言,是一种互相默契和心照不宣。在现代语境中,大量的隐性信息或许会带来沟通中的困境,但是同为高语境文化下的个体间交流常常能够领会到更为丰富的含义,特别是对一些只可意会无法言传的创新奥秘的领悟,具有利于创新的一面。

第四,淡化形而上世界的"神学"追求,而是以人为本,强调人生目的在于提升人的德行与价值,强调人伦,追求个人的完善与自律。"天人合一"思想包括的人地关系和谐发展这一当今世界追求的发展路径设定,充分表明了中华民族的远见卓识。

第五,"为而无所求"与"无为"行事价值推崇的一种解读是兢兢业业的坚持精神,这一观念在儒家学派创始人孔子身上得到生动体现,他周游列国,坚持不懈,然而对自己教化的结果并不关注。这是基于一种知命的价值观,这里的命指天命、天意,它与西方宗教中的神旨无关,而是更多基于哲学的视角,认为命是世间万物运行的基本规律,是高于道德的有智慧的天。其对创新的积极意义在于:不计较得失,勇于尝试,不惧失败。如孔子所言:"知者不惑,仁者不忧,勇者不惧。"(《论语·子罕》)"君子坦荡荡,小人长戚戚。"(《论语·述而》)"天之将丧斯文也,后死者不得与于斯文也;天之未丧斯文也,匡人其如予何。"(《论语·子罕》)正是由于孔子的这种自觉肩负天命的思想,后世将孔子不仅尊为"至圣先师",甚至于西汉末年、19世纪末数度将他奉至"素王"(不依附土地、民众和权力的声望和权威之王),连带着儒学也被捧到类似于宗教至高无上的地位。

第六,如前引述的研究者所述,一方面,中国农耕生存环境的艰苦使得中国人适应了需要耐力、反抗力、被动力的社会环境,失去了征服与冒险的智力和体力(林语堂,1994)。然而另一方面,中国文化历经无数周期性的灾难却能延绵不绝,具有超强的吸收、包容外来文化的能力,不像其他文明古国那样脆弱易折而导致彻底消逝或活体断代,这得益于宗亲家族制赋予中国人根深蒂固的宗系观念:包容但实际上坚韧忍耐、世故老道的特质使得其能老练自如地将外来文化融入中华文化中,如印度东传佛教的完全融入、近代以来西方理性主义和科学思想体系的融入。这种百折不挠、顽强自主的文化精神如果聚焦于当代创新,无疑会激发强大的创新支持力。

第七,中国传统文化的人与人间关系固然等级森严,强调尊卑贵贱,却实为依此各履其义务,在"君君,臣臣,父父,子子"的同时又未使彼此对立,提出"父慈子孝,兄友弟恭"等双向互重的伦理要求,这是一种基于等级关系的互敬理想与和谐关系追求。如《孟子·离娄》所述:"君之视臣如手足,则臣视君如腹心;君之视臣如犬马,则臣视君如国人;君之视臣如土芥,则臣视君如寇仇。""无罪而杀士,则大夫可以去;无罪而戮民,则士可以徙。"与西方付诸法律的平等关系之保障不同,中国传统文化强调的这种基于伦理层级不平等的平等关系是高要求的,一方面需要低等级方的自强和自立,一方面则来自高等级者的道德约束,成为人行为的标尺,这是儒学强调的自我修养,也体现了其强调刚健自强和厚德载物二元一体基础结构的双面要求。

第八,关于作为认知类显性文化的语言体系影响下的数学能力,中国人的数学能力的出色是毋庸置疑的,而数学能力所蕴含的逻辑推理和判断能力、抽象思维水平、空间想象能力,在感知、记忆、思维和想象等认知能力上的敏捷性、灵活性、创造性,无疑是有助于创新思维的发展的。

塔尼斯拉斯·德阿纳在《数感》一书中指出,母语为汉语的人比母语为英语者在数列$\{4,8,5,3,9,7,6\}$的背诵与回忆练习中表现更优(正确率100%对50%)。探索其中的原因发现,人类记忆循环时间为2秒钟,而2秒钟刚好可以以汉语读完这串数字,而英语则无法实现。因此,是语言优势使得中国人获得了数学记忆能力上的优势,以说粤语的香港人尤为突出。这种语言赋予的数学体系的规律性和直观性方便中国学生在基础阶段记住更多的数字并快速计算,从而形成良性循环。

语言属于文化的范畴,把这一点列为我们的创新优势文化,是为了反驳与汉语相关的相反观点。较早的观点是由黑格尔在《历史哲学》中提出的,他认为:汉字是科学进步的重要阻碍因素。对于用汉语思维和说话的人来说,汉语语法结构使他们难以形容,甚至想象某些概念。清末民初,翻译界一度在翻译西方科技文献时,刻意保留英语的语言特点,试图帮助克服汉语对科学精神的不良影响。

第九,整体性的思维方式蕴含着辩证的思维,《周易大传·系辞上传》说:"圣人有以见天下之动,而观其会通。"即观察事物的多样性和矛盾面。庄子说:"自其异者视之,肝胆楚越也。自其同者视之,万物皆一也。夫若然者,且不知耳目之所宜。"(《庄子·德充符》)这些例子说明:"儒道二家一方面强调要用直觉方法去认识万物本原或宇宙整体,另一方面又主张用辩证的方法去认识多样性中的和谐与对立面的统一。用整体和过程的观点看待事物,这是正确的,本质上是一种辩证的方法。通过对事物的多样性和矛盾的分析达到对宇宙整体性和过程性的认识,也是正确的。"(张岱年 等,2009)这一思维方式重视事物关系特点的研究,主张在联系中把握事物,因此出现了诸如阴阳、五行、本末、体用等表示关系的范畴。这种辩证式的思维方式与当代科学的潮流相吻合。当然这一思维方式由于缺乏分析方法的补充,具有笼统性的缺陷,忽视了对实体的研究,因而此前在中国的物质结构方面发明收益少。

最后,中国传统文化蕴含了人文主义和理性主义,最早可以追溯到殷商时代,春秋时期则得到发展,如孔子说,"务民之义,敬鬼神而远之,可谓知矣"(《论语·雍也》),韩非的"缘道理以从事者,无不能成"(《韩非子·解老》),高度评价了人在宇宙中的地位和作用,表达了对独立人性的赞美、对人的经验和思维的推崇,主张以规律为衡量万物的标准,体现出人文主义和理性主义以人为中心,将世间万象归结于自然规律而非神化奇迹的精神。正因为此,德国古典哲学先驱莱布尼茨的单子论被认为吸收了宋明理学思想;伏尔泰认为儒家学说为理性宗教的楷模,认为孔子"卓然不以先知自诩,绝不认为自己受神的启示,他根本不传播新的宗教,不求助于魔力",中国人是"所有人中最有理性的人"(伏尔泰,1980);孟德斯鸠在《论法的精神》中指出"孔教否认灵魂不死";狄德罗认为中国哲学的基本概念是理性,认为儒学"只须以理性或真理便可以治国平天下";黑格尔认为"中国承认的基本原则为理性"(张岱年 等,2009)。这种理性主义和人文主义精神使得中华民族宗教追求的累积负担小,这对中国的创新和文化振兴具有深远意义。

4.3.5　中国传统文化影响下的中国特色创新发展路径

中华民族灿烂的文化引领着勤劳智慧的中国人民在发明创造领域硕果累

累,使得中国古代在天文学、物理学、医药学、数学、化学、水利、陶瓷、纺织等方面取得了当时傲视世界的成就。如天文观察的连续性、完备性、准确性以及天文仪表的制造水平都走在世界前列,数学领域的圆周率,地图绘制的精确程度,中医学如李时珍的《本草纲目》(中国人民从不缺少创造力和创新的能力,可惜古代中国却没有孵化自然科学研究的肥沃土壤,这本书被献给了明神宗,得到圣批"书留览,礼部知道",就被束之高阁了),物理学领域的电学、磁学、声学都领先于西方国家;作为"高新技术"的制瓷技术领先全世界近1700年。特别是四大发明造纸术、印刷术、指南针和火药在推动世界文明发展上起到了重要作用。火药帮助了军事技术升级和战争方式的跃迁,罗盘帮助打开了世界交流市场,造纸术与印刷术成为世界文明知识化分享时代的基础,推动了全世界的创新和进步。

中国人的发明创造和科技发展源远流长,至少可以追溯到9000年前今天河南地域的贾湖遗址,科考发现,其时贾湖人已经掌握了酒的酿造方法,发明了作为乐器的大批古笛;六七千年前,中国农业技术呈现发达的态势(在河姆渡遗址挖掘出大量稻谷,在西安半坡遗址发掘出粟和菜籽),远远领先于西方诸国。与农业发达相对应的是农资工具的发达(在河南裴李岗文化遗址发现7000年前的谷物加工工具石磨盘和石磨棒);五六千年前,建筑技术全方位发展(河姆渡遗址出土建筑木构件,仰韶文化遗址发掘出陶制建筑材料)等等。这些经科考工作发掘的史实验证了中国较早时期的科技发展和发明创造水平在世界居领先地位。

实际上,中国古代文化的辉煌成就与领先地位一直持续到十五六世纪,为人类的文明进步做出了重大的贡献,如李约瑟在《中国科学技术史》中所述:"中国人在许多重要方面有一些科学技术发明,走在那些创造出著名的希腊奇迹的传奇式人物的前面,和拥有古代西方世界全部文化财富的阿拉伯人并驾齐驱,并在公元3世纪到13世纪之间保持一个西方所望尘莫及的科学知识水平。"(李约瑟,1975)美国学者德克·卜德在《中国物品西传考》中指出:"从公元前200年到公元1800年这两千年间,中国给予西方的东西超过了她从西方所得到的东西。"

就算是近现代,西方科学界也承认中国古代哲学与科学思想的影响与熏陶,如笛卡儿的宇宙漩涡理论、胡克的光的波动学说。量子力学的创立者玻尔以太极图表达量子场的对应原理和互补原理。耗散结构理论的创始人普利高津认为其理论与中国传统学术思想中着重整体性和自发性,研究协调和协和的研究思想相契合(张岱年 等,2009)。

中国古代知识与技术创造的繁荣呈现出中国文化特色的发展路径特征:首先,贴近民生,以人的生活需求为本。从以上所列代表性科技成就可以看出来,作为农耕国家的中国发展了先进的农业技术,为安居乐业发展了相当成熟的建筑技术、纺织技术、制陶制瓷技术。其次,偏重经验的总结,创新偏重实践,如著名的中国数学原典《九章算术》就是着力解决一些现实问题,如物资分配、工役分派。最后,较早开始天文学的探索,早在公元前24世纪的尧帝时代,就设立了专职的天文官观象授时,河南安阳出土的殷商时期甲骨文上记载了日月食、阴阳历,是世界上天文学起步最早、硕果累累的极少数文明区,其研究目的固然具有一定的政治特色,如占卜以知天命,但从实用目的上主要是制定历法,为农业生产提供时间指导,通过星象辨别交通方向。

中国人虽然不乏创造力和创新能力,但是外部环境"经世致用"的实用传统、重经验而不注重逻辑论证和形式上条理系统的建立,是中古以来科学精神、创新精神在中国发展的一种制约。汉代"罢黜百家,独尊儒术",结束了先秦百家争鸣的局面,以辞赋、经义、八股取士,限制了原本具有多种可能性的文化发展方向,丧失了孕育自然科学理论发展的肥沃土壤,失去近代自然科学在中国繁荣发展的良机。事实上,在中国母文化影响力和地位面临挫折的近现代数百年里,很多中国学者都存有对中国创新文化不自信的扭曲认知,认为中国具有明显抑制个体创新精神的文化传统,如不主张探索和尝试,无冒险精神,无怀疑精神,不求变,忽视个体个性,等等,在无形中制约中国创新进程(高锡荣 等,2015)。

基于以上的探究,我们认为中国传统文化整体不利于创新的观点只是文明低谷期的一种张皇失措,认知的偏颇突出。中国作为四大文明古国之一,其文化早熟而源远流长,并且始终在文化精神的核心轴线上,沿着一条中国特有文化传统的路径演进,在历史上曾经屡次创造辉煌。世界文化史中三次大的文明中心之间的转移包括:奴隶制时代文明中心古希腊和古罗马,转向中央一元化时代的中国和政教合一模式的阿拉伯帝国,而资本主义时代又转向了西方基督教文化圈的西欧、中欧和美国。在长达近2000年的世界文明历史上,中国传统文化以宗教色彩淡、世俗理性主义强、技术发明多领先、民众享有一流的物质文明水平傲居世界,这是中华民族已经形成并展示过的创新实力的证明。当近代西方列强强行打开中国国门时,中国被迫在治理理念与实践中放弃传统道路,随着西方文化主导的世界一体化的进程,被动接近西方发展路径及以西方发展模式的评判标准来评价自身,中国发展之路的独特性因而被打断,走上了一条与中国特色文化相离的发展之路。

中国传统文化与西方文化并不是古今的差异,或完全取决于经济因素,或如现代文化学者瞿秋白在其《东方文化与世界革命》中所言:"文化本无东西之别。""东西文化的差异,其实不过是时间上的。人类社会的发展,因为天然条件所限——生产力发达的速度不同,所以应当经过的各种经济阶段的过程虽然一致,而互相比较起来各国各民族的文化同一时代乃呈先后错落的现象。若详细分析起来,其中因果关系非常复杂,而一切所谓特性、特点,都有经济上的原因,东方和西方之间,也没有不可思议的屏障。正因人类社会之发展有共同的公律,所以东方文化与西方文化有相异之处;这却是由于彼此共有同样的主要原因,其仅因此等原因之发展程度不同,故有差异的结果,并非因各有各的发展动力,以至于结果不同。此处的异点正足以表示其同点是时间上的迟速,而非性质上的差异。"(《瞿秋白选集》编辑组,1985)或如1923年哲学思想者胡适在《读梁漱溟先生的〈东西文化及其哲学〉》一文中所言:"我们承认各民族在某一时代的文化所表现的特征,不过是环境与实践的关系,所以我们不敢拿理智、直觉等简单的抽象名词来概括某种文化,我们拿历史眼光去观察文化,只看见各种民族都在那生活本来的路上走,不过因环境有难易,问题有缓急,所以走的路有迟速的不同,到的时候有先后的不同。"

或许在整个人类文明发展史观下,世界文明的发展本来就有不同路径和可能性,近现代的中国被迫走上了一条原本不利于自己优势发挥的路径,而没有按照自己的节奏走出中国特色的学科体系和学术思想。如李约瑟所言:自然科学发展的道路不见得只有一条,只要中国的社会条件允许,中国是可能根据自己在自然观和自然科学方面的特长独辟蹊径的。例如,中国人在磁学方面是如此领先于西方人,以至于我们差不多可以冒险猜测:如果社会条件有利于现代科学的发展,中国人可能已经首先通过磁学和电学的研究,先期转到场物理,而不必通过撞球式的阶段了。假如文艺复兴发生在中国而不是欧洲,整个发明的次序也许会完全不同(张岱年 等,2009)。观照世界文化的发展历史,确实有诸多国度尝试打压民族文化,引入先进文化,以促进发展。但是对于人类文明中极其重要的母文化原生地,曾经引领人类文明发展的辉煌之域,这种文化建设选择往往存在自毁精神长城的后果。

历史的偶然性也制约了中国本来可能自然发展的知识探求与构建路径。中国古代的科学技术发展到宋元,需要有知识分子的参与才可能向近代形态发展，但正是在此时，由于"程朱理学"和"陆王心学"的崛起与统治，多数知识分子醉心于心性之谈和八股之学，如荀子所言："无用之辩，不急之察，弃而不治。"《礼记·王制》说，"凡执技以事上者""不与士齿""作淫声、异服、奇技、奇器以疑众，杀"。这种重整体轻分析、重直觉轻知解、重关系轻实体、重实用轻理论，使得中国未能随人类知识传统的进步走上以分析、知解、实体和公理化为特点的近代实证科学与逻辑哲学的发展之路，发明与创造的领先地位逐渐丧失。

再如明朝末期中国已经开始关注并接受西方的理性主义与科技发展，却由于朝代更替，分外抵制外来思想，傲慢地视西方科学技术为奇技淫巧、洪水猛兽，并编造许多虚无缥缈的"西学源于中法"的荒诞神话，沉醉于中国的传统而自欺欺人，故步自封，不思进取地掩盖西方先进知识体系和应用技术崛起的事实。这种文化的封闭性、自娱性、排他性和保守性的"集体孤独症"心态窒息了人们创造的灵感，消磨了人们对自然、对事物探索的兴趣和创新精神，使得中国本来创新之自然发展道路受阻。(康熙年间由于康熙皇帝本人的心态影响，清朝政府还是表现出开明的包容态度，康熙皇帝就曾经通过传教士、科学家南怀仁公布欢迎擅长天文学、光学、静力学、动力学等物质科学人士，并容许传教士担任西方自然科学的引荐者。可惜，这一开放态度在罗马教廷开始干涉中国诸如"祭祖""祭孔"的传统礼仪后，清政府为了维护赖以治国的"尊儒"传统，开始驱逐在华传教士，闭关锁国的历史拉开序幕。)

虽然儒学自汉武帝以来成为统治学说，而道家学说成为中国人精神世界的指导，但中国传统文化的精神内涵不仅包括主导地位的儒道两家思想，还包括了与其思想对立的法、名、墨、纵横等诸家思想，因此不可只观儒道之学之术导致以偏概全。同时，中国传统的思维方式也是不断发展和丰富的，而不是封闭不变的，因此对中国传统文化的解读不宜采用绝对的肯定或否定态度，整体辨证、动态观察才是较为合适的评价立场。

从文化视角观照我国当前的创新发展路径特点可见：在现当代传统上，我国的科技创新模式是政府推动主导的，或通过政府的政策和直接投资，或通过政府所属的科研机构和大学来进行。国家创新体系建设从新中国成立到20世纪70年代末，我国的创新模式是典型的政府主导模式，即由政府制定创新政策，政府是创新的投入主体，资源按照政府计划分配，创新的执行就是完成政府任务的过程，由政府力量推进。此模式由当时我国的经济发展水平和面临的国际政治形势决定。此模式的执行保证了国家在短期内有计划地集中人力、物力、财力进行大规模的创新活动，避免了资源重复配置的浪费，有效推进了创新成果的迅速扩散。这一模式体现了中国集体主义特色文化传统的优势，在高能物理、近代空间海洋科学等方面取得了重大突破，"两弹一星"研制成功是代表性成就。

但是，正如前文对中国传统文化个人创新激发动力不足特点的研讨，中国国家创新体系的缺点突出表现为创新执行者容易出现集体主义模式下的另一面问题，即缺乏动力，效率低下。政府这种"推"的模式难以具备足够的理性和力量来实现国家自主创新的战略目标。随着1978年开始的计划经济体制向市场经济体制的过渡，中国政府对创新系统的内部结构和制度进行了一系列的调整，并引入市场竞争机制改变以往对行政力量的过度依赖，加速了我国国家创新体系的发展。根据现在的发展路径，中国目前已摆脱了"政府完全主导型"的创新模式，战略上明确提出企业成为国家创新的主体。同时，中国政府依然保持在国家创新体系中不可或缺的主体地位，在支持知识生产，尤其是战略性研发，引导企业的技术创新和产业的发展，建设科技基础设施等方面都有很高的参与度。根据各现代化国家的创新体系发育实践来看，市场的拉动作用通常能更有效地整合社会不同部门的创新资源，以促进各个创新要素之间的联系与互动,并保持足够的创新激励供给。因此市场经济的发展和完善是创新的环境保障。

按照我们研究中的理解,理想的政府创新功能定位表现在:在一个完善的国家创新体系中发挥宏观决策、战略协调和市场监管作用,通过合理的投资和创新资源分配,制定创新规划和行动路径,组织"产学研"合作,建设创新基础设施等,完善和推进国家创新体系建设。同时,在国家创新体系中,高等院校和科研院所是知识和技术的重要源泉,企业是知识和技术的主要执行者,企业、高等院校和科研院所三者的结合构成了国家创新体系运行的核心,三者缺一不可。此外,民间创新的构思和能力的发育和接纳,是创新型国家和创新生态系统建设的重要基石,对推进中国的创新文化有着深远影响。

通过以上分析,我们认为:当代中国创新体系建设的战略目标是构建一个以企业为主体,市场为导向,联结高校、科研机构和民间多元资源的创新协同网络;以政府为主导,在其发挥宏观决策、战略协调和市场监管作用的优质环境下,多方力量共同推进中国的创新进程,走出中国特色的自主创新道路。由这一创新发展路径的构建,既能看到中国传统文化思想体系的深度应用,也可以看到对制约个人创新能力文化元素的规避和调整。

第5章
中国国家创新文化系统的区域文化层面解析

区域科学是地理科学的分支。1954年由美国学者艾萨特(Isard)发起,若干地理学家、社会学家共同成立区域科学协会(Regional Science Association),这是区域科学学科正式诞生的标志。区域文化指附属于特定区域的一种社会资源,它和其他区域创新资源一起,作用于区域的创新表现。本层面的研究将聚焦中国区域文化的创新驱动差异,以案例分析法检视区域文化的创新驱动要素及作用机制。

5.1 区域文化的分异与渊源

人地关系中的自然环境会影响到其附着的群体文化。由此,在地理学中衍生出相关学科分支,进行人地关系或人与自然关系研究,如人口地理学、社会地理学、文化地理学、历史地理学、经济地理学等等,这些都被划为人文地理学的研究体系,各有聚焦。例如,历史地理学科和文化地理学科对区域自然、人文历史地理进行综合研究(邹逸麟,2007)。文化地理研究作为相对独立的学科成形于20世纪20年代,以美国文化地理学家索尔(Sauer)的著作《景观的形态》问世为标志,二战后则得到了蓬勃发展,出现了一系列较有影响力的著作,如斯宾塞(Spencer)和托马斯(Thomas)的《文化地理学导论》、海姆·但比的《人生地理学:文化、社会和空间》、日本平凡社出版的《世界文化地理大系》等。

作为文化地理学基本研究对象的"文化",一般被分为技术文化、社会文化和意识形态文化三个部分(Fellmann et al.,1999)。研究人类文化事物和文化现象的起源、分布、变化,探究其与自然环境的关系。20世纪70和80年代,则发展出新文化地理学,其与传统文化地理学的不同之处在于:新文化地理学的研究核心不再是文化本身,而是拓展视野,关注文化政治,试图揭示其折射的历史发展因素和人类的意识形态,解读文化的符号学意义,强调文化的空间性。

中国的区域自然环境差异对物质文化或者说显性文化的影响是显而易见的。例如,气候因素造成了南北建筑、种植等生产、生活方式的差异;地形水文因素对区域交通方式造成了影响,如"北人骑马,南人驾舟";地质、生物、文化、民族特色因素对畜牧、饮食文化造成了影响,如知名度较高的地方"八大菜系"传统版为京菜(鲁菜)、粤菜、川菜、扬菜(淮扬菜)、湘菜、豫菜、闽菜、徽菜,当代新版则稍有变化,为鲁菜、川菜、粤菜、闽菜、淮扬菜、浙菜、湘菜、徽菜。西方也不乏对区域差异的民间描述,如美国存在这样的固定看法:认为美国的南方人比北方人更加易怒。自然环境因素甚至会影响到民族语言,例如俄语体系中关于树木和森林的词语、英语中关于船的词语数量较多,阿拉伯语富含与骆驼相关的词汇(周尚意 等,2004),爱斯基摩人语言中表示雪的词语至少有四种。语音差异,例如"醉里吴音相媚好"的吴侬软语与高亢激昂的西北信天游语调,一定程度上反映了南北方与东西方地理环境的差异。

中国的区域自然环境差异也映射到区域的人文特质之上,潜伏于区域隐性文化之中。在中国,人们很早就发现了地域人文差异的存在,并记载了不同文化区的文化特色。如约成书于汉代的《礼记·王制》记载:"广谷大川异制,民生其间者异俗。刚柔轻重,迟速异齐,五味异和,器械异制,衣服异宜。五方之民,言语不通,嗜欲不同。"东汉班固主持编撰的《汉书·地理志》载:"凡民函五常之性,而其刚柔缓急,音声不同,系水土之风气,故曰风;好恶取舍,动静亡常,随君上之情欲,故谓之俗。"司马迁《史记》记载:"楚越之地,地广人稀,饭稻羹鱼……地势饶食,无饥馑之患。以故呰窳偷生,无积聚而多贫……齐、赵设智巧,仰机利……"

不同区域文化特点还常表现在不同文化区培育的不同类型人才特征,如《汉书》记载:"秦汉以来,山东出相,山西出将。"南北朝范晔主持编撰的《后汉书》载:"关西出将,关东出相。三秦饶俊异,汝颖多奇士。"民国学者刘师培(1884~1919)提出:"大抵北方之地,土厚水深,民生其间,多尚实际。南方之地,水势浩洋,民生其间,多尚虚无。"这些文献均揭示了随着社会的发展,人文社会环境诸如经济、政治因素对地域差异的形成日益凸显,产生了共同民族大背景下不同地域民众群体所持的不同信仰、价值观、习俗和行为方式,即文化内涵的地域差异。维系同一文化区的文化凝聚力主要表现在文化内涵与其外向表现形式的连贯性和一致性。

19世纪晚期至20世纪前期,随着近代西学东渐的进程深化,西方文化地理学的著作和理论也被引入中国。中华人民共和国成立后,中国地理学科发展受到苏联模式影响,人文地理相关学科研究停滞,20世纪80年代之后才再次得到发展机遇。北京大学王恩涌80年代初期留学归国后,首次引入人文地理学现代理论体系(周尚意 等,2004),研究内容包括:文化区域、文化体系基本文化特质。对人类文化行为的地理动因和心理机制的研究,可以划分为文化区、文化扩散、文化生态、文化整合和文化景观几个子研究领域。

区域文化区指某特定文化分布覆盖的区域,文化区概念最早由谁提出,学界有不同的看法。一般认为是1895年美国人类学家奥蒂斯·梅森(Mason)使用这一概念概括区域的文化现象。美国文化人类学家克拉克·维斯勒和阿弗列·克鲁伯1922年正式对文化区概念进行阐释,以文化特质进行地区划分。其范围可大可小,边界虚实结合,且可能有重叠,并且处于不断变化的动态状态,呈放射状,从中心区向边缘区扩散传播,其划分可以依据不同标准,如:

(1) 形式文化区划分。将具有共通文化特征的人占据的区域划为一区,文化特征在该区内保持一致,具有边界模糊性特征,即区域中包括了最先发生该文化的文化核心区,随着该文化从核心向外传播,文化特征逐渐减弱,使得该文化区的边界具有文化模糊性,甚至与其他文化相重叠。文化特质一般包括语言、宗教、民族、民俗等。

(2) 功能文化区(也有称机能文化区)划分。通过政治的、社会的、经济的、宗教的功能形式而组织起的文化区,如反映国家或行政区的政治文化区。区内文化特征具有异质性,有明显的节点和边界,功能文化区可能包含不同的形式文化区,如国家、县、宗教教区等。功能文化区有起协调和指导作用的中心区,如首都、省会,区域边界清晰,与形式文化区可能重叠。

(3) 乡土文化区(也有人认为乡土文化区属于功能文化区,存在于居民意识中)划分。这是较为主观而体现出地理意向的划分方式,一般用于研究民间文化,如南方北方文化、吴越文化、关东文化、客家文化、徽州文化、潮汕文化的区分等,包含独特历史文化内涵,无功能中心,边界不明晰。

根据历史地理学研究,我国自古就呈现出了区域文化圈的不同划分,早在部族阶段,就有北方炎黄文化部落与南方苗蛮文化部落的区域文化区分(张全明,2006)。新石器时代有仰韶文化分布区、大溪文化分布区、大汶口文化和龙山文化分布区、余姚河姆渡文化分布区的区域划分;青铜时代有中原、西北、北方、东方、东南、南方、西南七大文化圈的划分;东周时期有中原、北方、齐鲁、楚、吴越、巴蜀滇和秦义化圈的划分;西汉有赵地、巴蜀、鲁地、楚地、齐地、燕地、越、郑卫、关中、西南夷等文化区的划分。

同民族文化一样,区域文化的形成差异首先来源于不同自然地理环境的影响,包括地质地貌、气象气候、土壤、水文、生物、矿藏等自然要素。具体可划分为二维:"外界自然条件在经济上可以分为生活资料的自然富源,例如土壤的肥力、渔产丰富的水源等;劳动资料的自然富源,如奔腾的瀑布、可以航行的河流、森林、金属、煤炭等。"马克思明确地指出:"在文化初期,第一类资源具有决定性的意义;在较高的发展阶段,第二类资源具有决定性的意义。"(马克思,1986)

从有人类活动以来的历史记述开始,我国南方气候一直温暖湿润,森林密布;北方则从旧石器时代的温暖湿润逐渐趋于寒冷、干燥,形成高原戈壁和草场。随着历史时期气候波动及其带来的政治、人口、民族冲突变化,中国文化中心分布区域不断东移南迁,这一论断已经得到自然科学研究的证实。

地质学家李四光在其《中国周期性的内部冲突战》(载《中国科学与艺术杂志》,1931)中揭示:"中国历史可以很方便地划分成每八百年为一单位的周期。每一周期都以短命然而在军事上都很强大的王朝开始。……这些事实,均需从人种学、经济学、气候学的角度予以解释。"气象和地理学家竺可桢对中国五千年气候变化进行研究,验证了文化变迁与气候变化的关系。北方游牧文化寒期南侵、暖期北撤,中原农业文化寒期受扰,暖期北播的文化碰撞融合现象,造成游牧民族的大规模迁徙、农业国家的危机爆发、社会震荡乃至政权更替,影响力涵盖政治、经济、人口、交通、城市、文化、民族、军事、旅游等多重层面,这种现象持续了两千多年(王会昌,1992)。

自然地理环境造成文化中心迁移是以经济中心为中间变量的,文化中心常常依附于经济中心,经济中心又受到地理、气候环境的制约和影响,如中华文化发源地黄河流域随着气候恶化而失去有利于经济发展的外部环境,经济重心与文化中心开始向长江以南转移。然而经济中心与文化中心的转移不是同步的,文化中心的转移具有滞后性。政治中心则可能因为政治因素如民族斗争的特殊需要而脱离经济发达地区,如中国汉族王朝历史上将北京设为政治中心的初衷是为了抵御北方游牧民族南侵。我国地理环境的演变差异造成劳动形态的差异,从而形成涵括不同文化、亚文化区域的分异,即中国文化地理区的分布。

5.2 中国文化的区域分异与特征

综上所述,区域文化受到区域自然因素如地理环境、气候,以及人文因素如经济、政治的影响,形成区域特有的整体文化特质,并映射于该区域的价值体系、制度规范、行为模式等多重层面。

5.2.1 中国文化的地理区域划分

中国文化区一般依据不同标准而有不同的划分。早在《诗经·国风》中就论述了15个地区不同的风土人情和地域特色。学者王会昌等将中国分为东南部农业文化区和西北部的牧业文化区,前者可再分为中原文化区、关东文化区、扬子文化区、西南文化区和东南文化区,西北牧业文化区则可进一步细分为蒙古文化区、新疆文化区和青藏文化区。就一级大文化区划分,以乡土文化区划分为标准,最为宽泛的划分常常依据自然地理以西起秦岭东至淮河分为南方和北方,或是依据文化地理以长江为界划分区域人文地理上的南北方。就南北方差异,也有较多的文献记载,一般认为北方辽阔、气候干冷,以高粱、大豆、麦面为主食,培育出彪悍豪爽的北方人,由于其耕种需要更多的合作,所以北方人具有较强的合作精神和政治意识;南方水流纵横,气候温暖湿润,南方人形成温婉精明的特质,而由于"水稻栽培往往促进分散的离心力而不是合作的向心力",所以其形成散淡出世的性情。如王国维所述:"南方人性冷而遁世,北方人性热而入世,南方人善幻想,北方人重实行。"林语堂在其《中国人》一书中提到:北方人习惯艰苦质朴的生活,身材健壮,性格热情,他们的经历为中国的战争冒险小说提供了素材;东南边疆长江以南的南方人则安逸世故、圆滑精明,是成功的商人、出色的文人,却是战场上的胆小鬼;中国正南的广东人则多是挥霍浪费、好斗急躁、敢冒险有进取心的男子汉。北方人基本是粗犷豪放的征服者,而南方人基本是温柔和婉的商人(林语堂,1994)。甚至古希腊的哲人亚里士多德都发表过"北方人蛮横,南方人聪慧"的观点(伯兰特·罗素,2010),当然,这里的南北方是欧洲地理的概念。

按地理学研究中接受度较高的划分方法,中国文化地理区可以划分为东部农耕区和西部游牧区两大块,其划分的地理界限为黑龙江黑河市爱辉区到云南腾冲县一线(王会昌,1992)。这一斜线以西以北约占国土面积的57%,人口占全国总人口的8%,地形以草原、沙漠、高山和高原为主;这一斜线以东以南约占国土面积的43%,人口占全国的92%,地形以平原、丘陵等为主。西部游牧区气候干燥寒冷,沙漠与草原相间,适宜放牧而无法农耕,自古驰骋着游牧民族如匈奴、柔然、鲜卑、突厥、契丹、女真、蒙古人等。而东部农耕区气候温和、地势平坦、雨量充沛,自然环境宜于农业耕种,发展了发达的农耕文化。不同的自然地理气候环境、不同的生产生活方式经过长期的历史沉淀,形成了不同的思维方式、价值标准、行为模式,并最终汇聚成相对稳定的区域文化。游牧区慢慢形成了粗犷、开阔、强悍、勇敢、好胜、坚毅的游牧文化,而农耕区则形成以依恋故土、坚韧忠贞、仁爱礼让、严谨细腻、知足顺天、自足排外为特色的农耕文化,而由于政治中心、经济中心的分布,农耕文化成为中华文化的主流文化。对于文化亚区域、副区域的划分目前存在不同的观点,综合文献梳理结果,图5.1为接受度较高的区划方法,当然也不乏略有差异的观点,如图5.2所示。

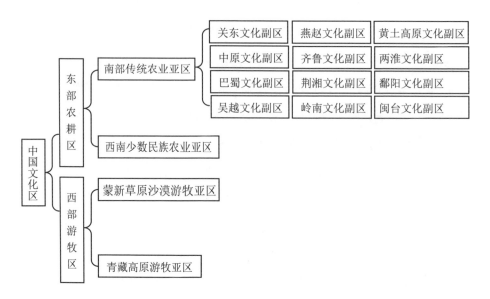

图5.1　中国文化区划分图示(Ⅰ)(王会昌,1992)

5.2.2　中国主要区域文化的特征及创新特质

以王会昌版中国文化区划分为例进行研究,中国区域文化主要分为东西两大区,以农耕和游牧两大不同生产方式为主要特征。亚文化区划分主要指标包括民族差异、地理环境差异等。如东部文化区传统农业亚区、少数民族农业亚区的划分,以及西部文化区蒙新草原沙漠游牧亚区和青藏高原游牧亚区的划分。

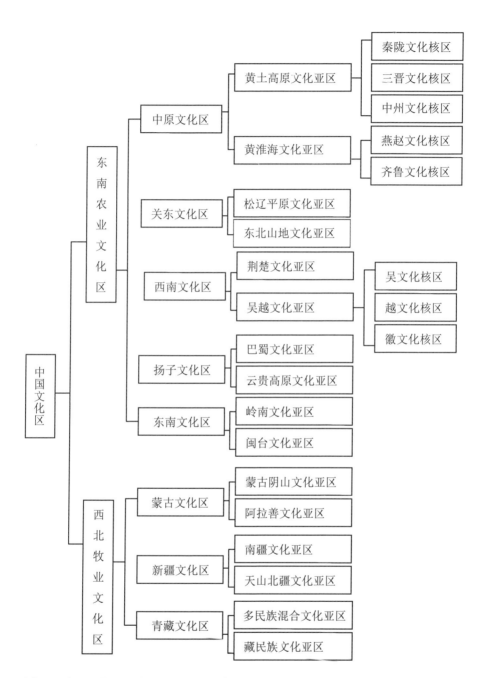

图5.2 中国文化区划分图示(Ⅱ)(吴必虎,1996)

文化副区属亚文化区的下一级分类，如汉族传统农业区又可划分为众多文化子区域，各个区域呈现出如下简约描述的不同人文特征：

关东文化副区因位于山海关以东，故得名"关东"，其主体为中国东北地区，主要包括现在的黑龙江、吉林、辽宁三省，也涵盖部分内蒙古区域。西起大兴安岭，东达长白山，北界黑龙江，南抵辽东半岛，中部为辽阔肥沃的东北大平原，故民间也有"黑土文化""黑水文化"之称。此区历史上是少数民族文化占主导地位，在明朝以前主要经济类型是渔猎。明清时期，此区与关内汉族文化交流频繁，因此发展速度大大加快。现在此区以汉族为主，还分布着满、达斡尔、鄂伦春、鄂温克等民族，在长白山地区有朝鲜族分布。汉族和朝鲜族的传统经济类型为农耕，其他少数民族多为渔猎。一般认为该区民风直爽、浑厚、朴实、开放。

燕赵文化副区以河北为中心跨北京、天津与辽西，是农耕文化与游牧文化的过渡地带，内跨中原，外控朔漠，拥有燕山山脉和长城、太行山脉、渤海三面天然屏障。南方为富足平原区，历史上一度为中国经济最为发达的区域（黄河改道后开始衰退），自古就是兵家用武之地，杜牧也叹此地为"王不得不可为王之地"。从黄帝时期的涿鹿之战开始，连绵的战争在这块土地上就未再停止过，一次次承接了北方游牧民族的铁骑。以粗犷、豪放、民风淳厚、好礼义、尚武为特征，自古就以出产英雄豪杰出名，如尧、舜、伯夷、叔齐、荆轲、刘备、赵匡胤，展示了唐朝韩愈的著名咏叹："燕赵多慷慨悲歌之士"之风。

黄土高原文化副区根据不同划分又与秦晋文化区相互覆盖，依托于黄土高原，西起河西走廊，东抵太行山脉，北界万里长城，南限秦岭太白山。此文化区是中华文明的发祥地之一，也是宋以前中国政治、经济、文化的中心，是典型悠久的汉族农耕区域。该区域也常称关中，因为其处于潼关、大散关、武关、金锁关之中，为天下之脊，中原之龙首（缪希雍《葬经翼》），被人喻为龙脉发始之地,自古即为帝王之乡,自西周经秦、西汉至隋、唐数千年均为国都所在地。数千年的文化发展历程,留给这里大量的物质文化景观,民风淳朴、开阔、朴实,艺术风格高亢激越,赋予区域人民坚毅宽厚性格的同时又促成了相对安于现状、对物质要求不高、安于守成的性格。

中原文化副区以河南为核心,又称中州文化区,覆盖关中文化区的中东段,是中华炎黄文化的源头,人文初祖的故乡。区域文化特征因长期成为帝都而一直保留汉唐文化盛大气势的传统,民风勤劳简朴却又颇有分寸不露头角,因循守固,刚柔相济,传统礼教观念较重,集体协作精神和家族宗法观念较强,有不安于现状的求变、求新心理。

齐鲁文化副区以山东为核心,泰山之阳为鲁,泰山之阴为齐。山高地厚,河海浩荡,为孔孟之乡,儒家文化发源地,崇周礼、重教化、尚德义,历史悠久、经济发达。除了文圣孔子,早期重要政治人物、思想家特别是儒家思想家均出自这个区域,如孟子、曾参、颜回、公冶长、孔融等。齐鲁文化区也是贤相辈出的区域,如诸葛亮、管仲、晏婴、房玄龄等。齐鲁人具有古朴、庄重、慷慨、豪爽,淳朴厚道、耿直重情的特点,保留着典型的北方人特征。

两淮文化副区地处淮河流域,为南北过渡区,又是以传统农耕为主的地区,因此民风淳厚,尚礼义,受到周边吴越、齐鲁文化等的影响。

巴蜀文化副区山水秀丽,以四川盆地为依托,包括四川、重庆和云贵部分地区。物质文化自古发达,农业、手工业与商业发展传统悠久,文化地域风格以热烈欢快、活泼风趣、高亢直白为特点;人民敏慧风雅,刚柔相济,但缺少纵横江湖的霸气。

荆湘文化副区,也称湘楚文化区,突出表现为"唯楚有才"的楚(湖湘)文化,以细腻婉约精巧为基本特征,气候温暖潮湿,平原广袤,是地理特征优越的农业区,同时水网密布,也是鱼米之乡,有"湖广熟,天下足"的美誉。哲学宗教领域以辩证思维为核心的老庄哲学及道教为源头,朴实而具有反叛精神、个人英雄主义意识的同时又继承崇尚知识、伦理的儒家农耕基因。

鄱阳文化副区,主要位于长江中下游南岸的江西省鄱阳湖流域,是一个多文化交融区,既有中原文化朴实奔放之风,又体现出南国文化、荆湘文化、吴越文化的影响,也有多处文化聚落地被选为儒家、道家和佛教的圣地。

吴越文化副区的核心位于长江三角洲与杭州湾沿岸,随着气候的变化,这里从沉寂的湿热沼泽演变为富饶的粮仓,经济上的优越地位使得现代文化中心向此地区迁移。"东南财赋地,江浙人文薮。"此区域民性通脱,务向外发展,独具胆识、睿智、老练、精明,富有创新精神。

岭南文化副区,包括广东、海南及港澳地区,濒海的地理位置使其虽被归类于东部农业文化区划内,传统农耕发达,却兼具了山地文化以及强烈的商业文化、海洋文化特点,务实灵活、重商开放、豪爽好斗、冒险进取。该区域两个子文化群体客家人性情温和、淳朴好客、吃苦耐劳、重教敬宗;潮汕人则强悍实干、不怕开拓冒险。

闽台文化副区主要包括福建省和台湾省,是基于中国传统文化又受到外来文化影响兼具少数民族文化的复合文化区,有着临海的妈祖信仰等共同文化传统。

云贵文化副区包括云南、贵州及广西,民族众多,地理环境封闭又富有少数民族文化,因此有传统意识强、乐于天命的特征。

青藏文化副区主要包括青海、西藏及四川、云南的藏区,是受到藏传佛教影响深远的高原游牧文化区,民风热情奔放、开朗祥和、坚韧不拔。

新疆文化副区包括新疆及甘肃部分区域。具有浓郁的民族特征,人民豁达、坚韧,能歌善舞、欢快奔放。

内蒙古草原文化副区包括内蒙古及宁夏部分区域,具有深沉粗犷、豪爽开放、勤劳勇敢的游牧民族特点。

区域文化作为民族文化的亚文化,首先传承了民族文化的精髓,虽具有地域的多样性,却未分裂出不同的民族文化,因此不可以被认为是异质文化。这是因为:"中国北方有一大片平原地区,地势平坦、人口众多、交往频繁,文化上的地区差异较小,分裂割据的局面很难维持;而南方文化上的地区差异较大,不容易形成能与北方抗衡的政治实力。中国历史上多次的南北对峙,最后都以北方政权统一全国告终。地理环境的因素有利于中国文化的长期统一。其次,长城以南的农业文化一直面临着西北地区游牧文化的威胁,而北方又首当其冲,这一文化冲突的态势也决定了汉民族必须保持统一和团结。其三,中国的方块汉字依靠字形表意,对方言变化为独立的语种有很大的阻抑作用。其四,中国有一个慨然以天下为己任的儒生阶层,他们不仅掌握着文化,而且掌握着一定的政治权力。儒家天下为一家意识和华夏亲昵的意识,亦即统一的意识和爱国主义的思想,通过儒生们的言传身教在人民群众中深深扎下了根。这种意识,既是克服内部分裂、保持统一的强大精神力量,也是抵御周边少数民族入侵、支撑汉民族的强大的精神力量。正因为如此,在中国传统文化的统一性和地域多样性的相反相成中,统一性的一面始终占主导地位。"(张岱年 等,2009)

作为一种亚文化,区域文化具有文化的普遍特征:一是相对独立性。由于自然条件、社会环境的差异,所形成的人的实践方式和思维方式不尽相同,构成各具特点的区域文化。二是时空上的传承性和兼容性。一定地域内的文化代代传递,具有相对的稳定性。三是本质上的同化性和排外性。在不同的地域环境受不同的地域文化影响,其他地区的经验方法可能会无法实施。四是内容上的可塑性及创新性。区域文化不是一成不变的,而是一个随历史不断发展演进的过程。区域文化的延续繁荣需要不断地吸收外来文化的先进要素,促进自身创新发展。

5.3 区域文化驱动创新的作用机制

驱动创新的因素是多样化的,可能涉及的因素如区域的科学技术知识积累、培训水平、劳动力价格对创新的需求、专利保护程度、个体主义程度、冒险精神、对非传统观点的宽容特别是宗教对创新的容忍和鼓励程度。区域差异在其中扮演的重要角色毋庸置疑,例如自然资源的丰富可以激发利用资源技术的开发与创新,然而在一些案例中,同样的区域自然环境下,不同的创新表现则揭示出不同子文化在其中扮演的重要角色。例如,欧洲人20世纪30年代进入新几内亚东部高原区域,居住其中的不同部落虽然身处同一区域,却因为不同部落文化而对新事物表现出不同的接受程度。钦布人积极学习使用西方技术,学习白人移民种植咖啡作为经济作物;而达里比人则对新技术漠不关心,结局是钦布人迁入达里比人居住区,雇用达里比人在其新开发的种植园工作。

5.3.1 社会资本视角的区域文化作用原理

区域创新体系概念最早由库克(Cooke)等提出,对其研究要点最初集中在概念研究、体系结构和功能研究、政策战略层面的区域创新能力提升研究(Cooke et al.,1997)。中国区域创新能力研究始于20世纪90年代,学者柳卸林与澳大利亚学者托宾合作对中国泉州、柳州、宁夏与澳大利亚的三个区域进行区域对比研究,并从2000年开始进行中国区域创新能力的全面研究。

区域创新能力是区域竞争力的支撑性和关键性因素,影响区域创新能力的因素众多,如政府投入倾斜、基础设施、工业基础、企业的作用与地位,特别是科技企业发展与产业集聚、创业环境、教育水平、市场经济发展情况、经济开放度、吸引外资能力、产学研合作水平、科技资源等。近年来,学界逐渐聚焦区域创新能力评价的测度方法和指标体系构建研究。对区域创新研究的区域一般定位于行政区划,如以省、直辖市为评测单位,从不同维度对技术创新环境、企业技术创新、创新绩效,以及知识创造、知识获取等能力进行评测。

　　文化是区域创新发展的灵魂,区域创新能力的差异也毋庸置疑会受到区域文化的影响。区域文化是影响区域价值观念、思维方式、行为模式的无形之手,是区域创新系统中的重要能动因子。地区长期演化沉积的价值观念、思维方式、制度规范、生活方式和交往方式等对一个地区的经济发展模式和前景都至关重要,直接或间接地决定着区域的物质和精神活动,影响整个区域系统的发展模式和运作效率,成功的区域创新系统必然具有优质的区域文化与之匹配。区域文化观念不仅是区域创新的重要组成内容,而且是区域创新的源泉、基础、前提、背景,影响到区域创新主体、创新环境、创新模式、创新内容及创新的潜力、活力与能力,从而影响区域经济持续发展的能力,进而影响到国家创新生态系统的发展。

　　区域文化有着对民族文化的传承性,对创新能力的作用机理与前章所分析的民族文化有类似之处,对区域创新起到凝聚、培育、激励、协调、渗透、导向、提升作用。例如作为亚文化,其作为具有区域特色的独特创新社会资本,映射到区域创新体系的诸多层面,如创新价值取向、道德观念、创新意愿,创新人才的培育,创新环境文化和创新制度文化,创新主体如企业、政府、科研机构、高校及中介机构的创新文化素养、创新文化底蕴、创新文化意识、创新文化精神及创新文化境界等,激励各层创新主体甘冒风险的创新尝试、自我超越和勇于竞争的行为模式,以及渗透到区域的制度安排特别是金融制度安排、创新主体合作模式、政府角色、社会资本网络、信用水平、产业集群、社会服务体系如中介组织服务功能等。

笔者认为,区域文化的创新驱动力部分源自其社会资本属性。社会资本理论的重要发展者之一普特南(Putnam)将社会资本定义为:某一社会重要因素的集合,例如社会关系、道德规范和信任感。撒拉格尔丁(Serageldin)将社会资本看作是"将社会群体粘在一起的黏合剂"。综合不同学者的观点,一般认为社会资本具有生产性、增值性、独特性、公共物品性、不可转让性、无形性、稳定性等特点(郭毅 等,2003;帕萨·达斯古普特,2005)。

区域文化具有生产性和价值增值性,是区域创新行为难以模仿的调合剂、凝聚剂、促进器,提升创新主体间协调性,从而提高效率,通过提升创新群体间信用水平和认同感、知识共享意愿与有效度,嵌入社会组织成员隐性行为规范和评价体系,降低成本,提升区域创新绩效。区域文化作为价值体系、意识形态的集合体是一个公共物品,具有公共物品特征,为全区域群体成员共享,每个人都潜移默化地遵从某种行为规范,并依据此规范评价其他群体成员。虽然区域文化的作用可以外化为物质形态、制度体系,其核心却是内嵌无形的。

区域文化具有独特性,不同区域文化源自自然地理环境、经济社会发展环境,思想家与历代领袖群体的特色发展设计与路径选择,历经长期发展、修正传承下来,具有稳定的特异性。同时其培育环境的变化,也在不断修正、创新文化本身。区域文化差异是区域创新表现差异的非技术要素之一,区域文化的社会资本特性使得其在区域创新过程中产生作用力,并导出区域创新表现差异。

5.3.2 区域文化驱动创新的作用层面

区域文化驱动区域创新的主要作用层面包括：

（1）区域人群的行为和思维模式。区域文化能培育、强化区域人群创业创富精神、创新意愿和首创精神，形成区域特色的行为模式和思维模式，如敢冒风险、精明理智、事业心、商业精神等。在交流方式上，表现为语言是否有隔阂排外、交流开放度，是否显著区别内外群体差异，以及人际间的信任水平；在创新重点群体上，表现为如区域消费者的消费模式、创新接受与鼓励容忍程度等，而在现代社会环境下，最为重要的群体当属企业家群体及其倡导的企业文化和区域政府的创新角色担当。

（2）区域企业文化和企业家风格。区域文化会培育出区域特色的企业家创业意识、创新文化素养、创新文化底蕴、创新文化精神及创新文化境界，体现为企业文化、领导风格，并渗透到企业创新制度和产权制度安排、创新组织制度、治理结构、信任基础；会决定区域内企业能否吸引人才，培育、扶持人才和容忍异质人才；是否会激励创新，鼓励冒险，宽容失败，形成企业创新的内部动力；并会决定每个企业外部环境的上下游企业对其创新的支持力度。

（3）区域政府创新角色定位。区域创新文化决定政府在创新体系中角色是服务者、协调者还是管理者，是支持、服务还是约束创新，并决定创新的正式和非正式制度环境。区域文化会培育出区域政府的特定创新文化素养和创新文化意识，并由精神层面映射到政府在区域创新体系中的角色定位。具体表现为是否支持创新，将求新务实、开放创新精神渗透至政府内核，并外化至区域创新制度安排；是否贯彻区域体制创新和机制创新；创新扶持力度、保障力度如何；是否政企平等，是否积极促成社会创新网络、集群创新的形成，是否为制度优化变迁起正面驱动作用,是否激励和保障区域管理创新、服务创新和融资创新;是否大力支持发展区域创新中介服务机构,是否能有效协调区域创新主体如企业、科研机构、高校、中介机构以提高创新效率,等等(见图5.3)。

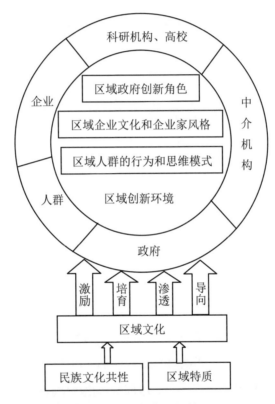

图5.3　区域文化驱动创新作用机制

以上区域创新文化要素综合其他因素,共同构建出区域创新环境。区域文化作用于区域创新体系的诸多主体和环节,最终培育出创新型区域环境,综合体现为能驱动创新的区域经济活性、资本积累方式、流动偏好、制度安排、企业布局、产业选择、合作模式、资源配置模式,形成区域文化特色的教风、学风和区域人才集聚与结构,并直接体现在其创新科技人才数量和分布上,为创新提供智力支持；容忍异质文化，有利于区域知识流动和扩散流畅度，开放的技术流、信息流、经验流、知识流和资金流激发区域创新潜能；区域经济文化传统决定了产学研合作模式和融洽程度、金融商业创新服务环境氛围、社会资本形成的习惯与传统、融资渠道，有利于提升区域内创新合作意识和合作效率。

5.4 创新文化的空间传播

对传播理论进行梳理，把握传播的过程与节点特别是文化传播的特点与过程，有助于我们抓住创新文化在区域间进行传播扩散过程中的重点和要点，为传播先进的创新文化奠定理论基础和准备。

5.4.1 传播学相关理论及其创新文化传播应用

传播是社会价值观的主要扩散发展途径，为不同的文化群体提供了交流的途径，是创新文化建设过程中的重要环节。

从教育学、心理学、生物学、经济学、社会学、政治学、人类学等多学科视角，传播模式的理论研究变迁反映出特定时期的学科主导理论影响。例如，罗杰斯认为欧洲传播学起源发展分别受到了三位大师——达尔文、弗洛伊德和马克思的进化论、精神分析理论和马克思主义理论的影响，形成了三大主流学派：法兰克福学派（受到马克思主义和精神分析理论的影响）、芝加哥学派（受到进化论的影响）以及帕洛阿尔托学派（互动传播与弗洛伊德的内心理论相关联）。此外也体现出其他一些学科理论的影响。

以早期的"皮下注射论"(Hypodermic Needle Theory)(又称"枪弹论"、"子弹理论"(Bullet Theory)、"传送带理论"(Transmission Belt Theory))为例,其理念源自美国心理学家斯金纳(Skinner)对巴甫洛夫的条件反射实验成果的修正与改进。长期致力于研究操作性条件反射行为实验后,斯金纳提出了"及时强化"的概念以及相应的强化理论,并将之推广到教育心理学领域,提出了一种新型的教育模式,并研制设计出了新型的教学机器。在他的影响下,教育界掀起了一场轰轰烈烈的教学改革运动,新教材开始编制,教学机器也在各大中学校广为应用,其理论研究成果应用在各个学科,当时的传播效果研究也顺应了这场研究潮流。

这一模式随着行为主义理论受到质疑,也开始被修正,先后出现了克拉珀(Clapper)的有限效果模式(强调了个体的心理接受能动性),议程设置假说、教养理论等适度效果论,沉默的螺旋理论等强大效果论。这些学说对人在传播过程中主观能动性进行肯定,这种理念同样源自教育心理学的相关研究成果。美国教育心理学家奥苏伯尔根据学习方式将学习分为"接受学习"与"发现学习"。"发现学习"注重培养学习者的动手能力、实践能力,引导其在实践中学习,并有所发现有所创新。实验证明了"发现学习"的学习效果,而"启发"式教育理念的特点恰恰在于为观众创造"发现学习"的条件,引导观众进入探索发现的主动过程之中。启发式教育观念目前在正规教育和非正规教育体系中均被强调和实践,在创新文化传播与教育过程中同样也要利用"发现学习"式的工具特点。

香农的信息论源自随时代迅速发展的数字通信技术,其目的也是作为一种信号传送理论,基于技术领域的开发过程特征,其将传播过程解释如下:信号以不同形式,如文字符号、图片、电磁波等,通过不同的渠道到达信宿,即信号的目标人群读者、听众或者观众;信宿会进行反馈,如纸媒时期的回信,广播电视听众的收听率、收视率,数字媒体时代则有更加方便快捷的反馈方式创新。信号传播过程中可能产生噪声,而这种噪声被信号源的冗余信息抵消。这一理论提示我们:在创新文化传播过程中,适度增加"冗余"信息,以抵消传播过程中的"噪声"影响,见图5.4。

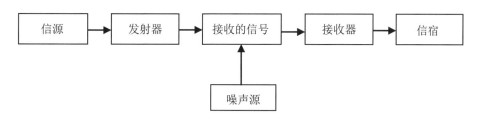

图5.4 香农的传播周期

奥斯古德传播模式则更多源自心理语言学领域的相关研究,考虑到信源的符号意义,而不是聚焦技术视角,此模式没有机械地接受香农模型的程序化传播步骤,认为每个人都可被视为一个独立的完整传播单位,既是发射器,又是接收器。施拉姆则关注信号的解码、编码过程,认为只有信源与信宿共同拥有的信号部分才是实际传播部分,即强调的是共享信息。纽科姆的A-B-X对称模型则是基于社会心理学视角的研究,传播的参与者A和B、被传播的信号X三者之间构成四个相对称关系。韦斯特利-莱恩模式则以纽科姆的模式为基础,给传播客体X加上了很多倾向,如事件、观点、对象等等(X_1到X_∞),在传播参与者A和B之间,加上了新的角色C,扮演信息的守门员,选择和传送信息。以上这些理论探讨了传播的主客体关系,传播是一个互动交互的过程,传播的主体同样也是传播的客体,因此创新文化传播是全体民众共同参与的过程。

议程设置研究源自舆论学领域研究,最早为李普曼关注。他认识到媒体是联结世界和人脑的联结物,这是关于议程设置最早的学术思想。科恩则正式将之概念化,麦库姆斯(McCombs)和肖(Shaw)通过研究确定了媒体议程对公众议程的影响。这一研究议题也逐渐成为大众传播领域的重要研究领域。议程设置由罗杰斯(Rogers)和迪林(Dearing)发展为三个部分:媒体议程设置、公众议程设置和政策议程设置。其中媒体议程设置是指由媒体通过内容分析决定某条新闻的重要程度,决定其曝光程度,公众议程设置指由公众决定重要的新闻,政策议程设置则被用以测定政府体系的相关议程。

信息传播的效果理论经历了受到反射理论影响的完全效果理论到有限效果模式(代表性研究包括霍夫兰(Hovland)的陆军研究、库珀(Cooper)和贾霍达(Jahoda)的卡通连环画《比考特先生》研究、拉扎斯菲尔德(Lazarsfeld)的选举研究、克拉珀的《大众传播效果》)到强大效果模式(诺利-纽曼《回归强大的大众媒介概念》中沉默的螺旋理论)。沉默的螺旋理论认为在具有争议性的问题上,信息受众会在发表意见前进行自身所处的群体意见评估,当主导公共舆论与自己意见不相符时,会倾向于保持沉默,这样的沉默使得更多的持不同意见者做出错误判断,认为自己身处少数从而也保持沉默,最终大众媒介表达的主导意见逐渐增强而占据绝对上风,见图5.5。这其实就是传播学领域对社会群体理论的应用。

不公开表达异见或/改变异见随大流者人数

图5.5 沉默的螺旋

以上这些传播理论启示在创新文化传播过程中,大众媒介在表达主导意见时,逐渐加强影响。而这一影响力如果要进一步加强,还需要辅以学习强化。根据班杜拉的社会学习理论(Social Learning Theory),学习行为在观察他人行为中产生,若行为得到肯定,如受到奖励,就会得到强化,而另外一种更加有效率的学习则可以通过观察获得行为指南,这个时候大众媒介就可以提供观察和社会学习的途径。模范人物可以通过大众媒介向人们传达新的思维和行为方式,获得加倍效力。除了直接影响创新,大众媒介还承载了传承社会遗产的功能。社会文化包括信息、价值观、规范等,通过媒介传承下来。依据拉斯韦尔和赖特,大众传播的正面功能包括强化社会规范,传承文化,增强社会凝聚力,培养大众创新文化;其负面影响则包括刻板印象(Stereotype)的固化,阻碍社会变革与创新,阻碍多元化社会文化的构建,标准化趋势造成个性的丧失(沃纳·J·赛佛林 等,2006)。而这个媒介的形式随着历史的发展发生变化,影响力也随着科技的发展而增强。

　　大众媒介对新信息的组织和处理也会影响到其传播效果,这就是传播的引导功能。研究者拉扎斯菲尔德和默顿通过研究发现了宣传性的广播演说与报纸、宣传册的散发和集体讨论相结合,传播效果会得到加强,虽然大众传媒的引导功能能否引起态度改变没有实验数据可以支撑。此外,一般这种效果的获得被认为需要耗费大量的钱财。但是,考虑到创新文化建设在国家发展战略中的重要性,适度规模的创新文化宣传手段是值得尝试和鼓励的。宣传指以重要的符号、消息、谣言、报道、图片和其他社会传播方式来控制意见的做法(Lasswell,1927),是"通过操纵象征物来影响人类行为的技巧,这些象征物可以采用口语的、书面的、图片的或音乐的形式"(Lasswell,1937)。传播理论中提出宣传的技巧主要包括:辱骂法,这个方法常用于政治打击,其原理实际为形成刻板印象;光辉泛化法,这一点有行为主义的思想在里面,通过将想要正面宣传的事物与好的描述放在一起进行宣传,形成固化的联想,即不经证实就接受或赞同某一事物;转移法,应用移情的原理,将一个令人尊敬的权威、认可和威信迁移到另一个被宣传的事物之上,从而使人对之产生正面印象;证词法,也是一种移情,通过某位令人尊敬或者让人讨厌的人之口将某件事物与这个人联系起来,产生类似的情感;平民法,指让宣传者以平民身份表达观点,使受众采信其观点;洗牌作弊法,指不客观地呈现被宣传物,选择出希望宣传的特征,而隐藏不希望公众了解的负面特征;乐队花车法,利用从众心理和群体压力,让受众相信所在群体的所有成员都在接受同样的事物,从而跟从大众的观点接受被宣传的事物。这些宣传方法都体现出行为主义思想的影响,但其中的积极要素值得在创新文化传播中进行借鉴。

媒介传播构建的真实世界实际上是包含了社会主导价值观判断的世界。人类对传播信息的理解(即解码过程)和接受是选择性的,受到信宿的心理因素如愿望、需求、动机、态度的影响,或者从图式理论角度来说,受到信宿图式结构的影响,而文化在其中的影响力是关键性的。例如,巴格比曾经就文化期待对理解的影响做过一个实验:他向12名美国人(男女各占一半,均未曾离开过自己的国家而接触过其他国家文化)和12名墨西哥人(男女各占一半,均未曾离开过自己的国家而接触过其他国家文化)呈现了10对分别包括美国文化和墨西哥文化的图片,如一对幻灯片包括一张棒球场景和一张斗牛场景,在对干扰因素如主视眼支配作用等进行控制后,记录其报告的首先看到的或观看时间最长的场景,实验结果显示受试总是倾向看到来自本国文化的场景(沃纳·J·赛佛林 等,2006)。这一实验证明了文化期待对理解过程的影响力,特定文化附着人群倾向于选择性接触和注意与自己文化一致的传播信息,也选择性理解和记忆与自己文化一致的传播信息。

但是这并不是说文化的影响是不可能修正的。其他影响新文化接受程度的因素还包括动机、态度、情绪等。在一项针对动机对理解影响的研究中,被试包括未进食16小时、4小时、1小时三组,向他们呈现模糊的视觉刺激,让他们报告所见,结果发现未进食时间与报告食物相关反应成正比,即越饥饿的被试食物相关反应频率越高。可见创新文化的传播与信宿的创新动机息息相关。潜意识理解也被认为是影响传播理解的有效因素,尽管其研究始终充斥着争议。因此,创新文化的建设需要合理利用创新动机等心理学研究成果,克服创新文化传播过程中的不利因素,加强积极的创新文化接受和内化过程。

传播研究还有一个重要的内容,即个人对与图式不符的异质信息的处理过程。对此进行研究的领域一般被概括为一致性研究理论。其中比较有影响力的研究包括:海德平衡理论,海德则被认为是这一研究领域的开拓者,他认为不平衡状态会造成心理的紧张,只有状态发生变化达到平衡时心理紧张才能缓解;纽科姆提出的对称理论,他认为传播来自人际间的吸引,双方通过统一对传播客体的态度达到对称;奥斯古德的调和理论,从平衡理论发展,加入了传播对象对传播客体和传播源态度之间的制衡调和状态。对付不调和状态的方法包括:选择性理解,即因为被传播的信息与图式不符,不能被整合从而只接受与原有图式相符的信息,即使此信息是经过选择的不完整或扭曲的信息,信源不够权威时,诋毁传播者的可信度;费斯廷格认知不和谐理论,强调人们要努力调和新信息与原有图式信息的不调和状态,达到认知和谐。其手段包括努力减轻不和谐以及消极地回避增加不和谐状态的情境和信息(沃纳·J·赛佛林 等,2006)。文化的传播与扩散也符合其基本的过程,创新文化的传播需要考虑到接受者的新旧创新相关图式,正确引导,助力全体民众创新文化新图式的建设。

综上所述,创新文化作为信息的传播过程也遵循了从信源经发射器发送信号到达接收器,最终经过信宿去噪声处理的过程,信宿与信源之间是可以互相转化的。对于文化信号的接收是一个主观能动的过程,信宿接收到文化信号后会与其原文化图式相比较,进行文化信息的整合,形成新的图式结构。文化的传播过程也会涉及议程设置等。这些都是创新文化传播与扩散过程中的可控因素,为创新文化建设与区域间传播的成功提供可能。

5.4.2 创新文化传播

1. 创新文化传播相关要素与区域传播模式

扩散的研究对象是新信息如何在社会系统中推广的过程。研究者罗杰斯对创新扩散进行了研究,认为创新就是一种扩散过程,是一种特殊的传播类型,是"一种被个人或其他采用单位视为新颖的观念、实践或事物"(Rogers,1995)。罗杰斯将香农和韦弗的不确定性信息概念作为研究的理论基础,考察创新传播过程中的信息扩散与交换。罗杰斯将创新决定过程分成数个阶段,分别是:获知过程,即接触创新并对其初步了解的过程;说服过程,即对创新的态度形成阶段;决定过程,即传播受众决定是接受还是拒绝创新;实施过程,即创新投入使用过程;确认过程,即强化或撤回创新的决定。

创新扩散的受众可以被分为以下几类:创新者,即热衷于尝试创新事物者;早期采用者,即社会系统中处于高层次的受人尊重的意见领袖;早期多数跟进者,虽不处于意见领袖地位,但是社会交际多且深思熟虑;后期多数跟进者,即非主动跟进却迫于经济或社会关系压力而接受创新者;滞后者,即拒绝创新者。

对于创新决定的结果,罗杰斯则将之区分为:满意或者不满意的后果,即创新的结果是有益的或是有害的;直接的和间接的后果,创新的结果会产生直接影响或者因创新产生的间接结果;预料之中的后果和意料之外的后果。

在采纳新事物的过程中,人类依赖人际传播超过大众传播(沃纳·J·赛佛林 等,2006),而影响采用率的创新特征包括(Rogers,1995):

相对优越性:认为某项创新优于它所取代的旧思想的程度;

兼容性:认为某项创新与先有价值观、经验、预期采用者需求的共存程度;

复杂性:认为某项创新理解和应用的难度;

可试验性:认为某项创新在有限基础上可被试验的程度;

可观察性:认为某项创新能为他人看见的程度。

罗森伯格(Rosenberg)则认为制约创新影响的因素包括:创新的最初基本形式、潜在的专门用途、与其他技术的竞争和补充关系、创新的经济价值等(Rosenberg,1995)。

对拒绝创新扩散的传播对象研究发现,可预测的回避创新技术的主要特征包括年龄、技术恐惧症、电脑培训以及收入。而青少年的创新接受度影响特征则包括家庭收入水平、种族、技术恐惧症(Rosen et al.,1995)。

变革代表在创新扩散过程中的作用也是创新传播对象研究提出的概念。变革代表一般都是专业人士,拥有良好的教育背景和社会地位,可以影响到社会群体的决定,而且常常利用地方意见领袖施加影响。

这些研究结果对创新文化建设的启示意义在于,将创新文化的传播扩散进行了分解,揭示了创新文化传播的不同阶段及分阶段特点、创新文化传播过程的受众分类及对创新文化的接受类型和传播内容采用特征。细节化使得创新文化建设能够施行针对性的措施,进行精细化的分解安排与解析完善成为可能。特别是针对以往中国特色的粗放式创新文化建设过程,对创新传播细节的细化和制度化考虑,可能是改革中国创新模式的关键。

以下将以拉斯韦尔的5W传播模式为例,梳理创新文化要素的区域传播模式,见图5.6。

图5.6　拉斯韦尔的5W传播模式

5W传播模式由传播学者哈罗德·拉斯韦尔提出,5W代表的是完整传播过程的五要素:传播者(Who)、传播信息(Says What)、传播渠道(In Which Channel)、受众(To Whom)及传播效果(With What Effect)。

创新文化的区域传播在这个模式下进行解析,包括以下几个层面:

(1) 区域创新文化的传播者。创新文化的区域传播者包括区域政府,区域创新组织如企业、科研机构、创新服务机构等,以及区域民众。作为管理者,区域政府一方面是区域创新文化传播的设计者,是国家顶层创新文化设计与建设的执行者;另一方面也是区域价值观的管理者、协调者、服务者。就创新文化的传播而言,他们也是区域文化内外传播的实施者、区域文化传播策略的制定者和区域文化传播环境的建设者。其他区域创新组织和区域民众则兼具主客体双重属性,既是传播的主体如民众中的意见领袖,又是区域文化传播的受众。他们的区域创新文化认同程度、创新文化传播意愿和能力是区域创新文化传播的关键。

(2) 区域创新文化的传播信息。这里指传播内容本体,即区域文化的内涵,具体包括有形层面如鼓励创新的制度与政策等,以及无形层面如创新价值观、创新精神、创新哲学,而无形层面会外化表现为区域的社会环境、经济环境和政治环境,区域创新文化网络,与创新文化价值观相关的习俗、意识、英雄人物和故事等。这些共同构成区域创新生态系统中的创新资源和创新环境。

(3) 区域创新文化的传播渠道。区域创新文化的传播渠道是多样化的,兼具了人际传播、组织传播和大众传播的特点;既包括正式传播渠道,也包括非正式传播渠道。提升区域创新文化,传播渠道优化的重点应该放在受众细分和多渠道传播之上。

(4) 区域创新文化的受众。从一个视角来看,区域创新文化的受众可以兼任区域文化的传播者,即包括区域政府、高校和科研机构、中介机构、企业和民众等区域创新主体。以区域企业受众为例,区域文化会影响到区域企业创新文化,而区域企业创新文化反过来塑造了区域创新文化的轮廓。而换一个视角,如前分析,区域创新传播的受众包括:热衷尝试创新事物的创新者;社会系统中处于高层次的受人尊重的意见领袖和早期采用者;早期多数跟进者,虽不处于意见领袖地位,但是社会交际多且深思熟虑;后期多数跟进者,非主动跟进却是迫于经济或社会关系压力或区域文化环境而接受创新者;滞后者,即拒绝创新因循守旧者。

(5) 区域创新文化的传播效果。以上四个元素共同影响和决定了区域创新文化传播的效果,如传播者的传播素养、区域创新文化的创新内涵、区域创新文化的传播渠道是否通畅有效、受众特别是意见领袖对创新的接受程度和包容程度,这些都会影响到区域创新文化的传播效果。

2. 媒介融合时代创新文化传播

媒介是创新文化扩散非常重要的渠道。随着数字技术和网络技术的发展,文化借以传播的媒介也发生了演进,以电脑、手机等设备为终端,以卫星、互联网、无线通信网、数字广播电视网等为渠道,实现了传播方式的创新。新媒体,又称为数字媒体、网络媒体,使得传播具备了个性化、细分窄播、互动性、即时性、媒介融合等特点。这些特点带来了创新文化传播方式的改变,也为创新文化的扩散提供了新契机:

(1) 传播媒体形态的变化。传播主体利用媒体资源平台进行传播共享,充分发挥不同媒体形态的优势并进行整合;同时,新媒体时代的传播具备了窄播的特点,受众分散,从一定程度上削弱了大众媒介的强势传播威力。新媒体的信息丰富特征和即时性为创新文化的传播提供了便捷的信息服务。以往的创新文化建设由上而下的下压模式得到改变,过程变得更加"亲民",能激发民众的主观能动性,增加参与感,也更加细节化,避免大政策下传过程中常常出现的重要信息丢失情况,因而可以更加精准而呈现更佳预期。

(2) 传播理念和方式的变化。从历史上看,传播的理念一直随着教育学、心理学的发展而演变。随着相关学科对人类学习、认知研究的进一步拓展和深化,传播的理念和方式也必将与时俱进,同时也将推进对媒体融合新形态的不断探索。新媒体的数字化特征突破了传统媒介的单一固化表达模式,实现了文字、图像、声音、影像的多形式融合表达,这种媒介表达的冲击力是巨大的。多形式的媒介选择也为不同文化的媒介使用者提供了最适合附着文化的媒介形式,例如,短信在中国大获成功可能受到中国传统文化的影响,由于民族文化是内倾的、克制的、含蓄的,手机短信的非直接交互和私密性满足了这种文化交际的情景需求(严三九,2011)。合理利用适合民族文化和区域文化特性的媒介融合手段,可以更高效地支撑创新文化的区域传播效果,一个生动的案例就是日本颜文字的大获成功。

(3) 传播主客体的变化。就主体而言,新趋势下传播多元主体(媒体、政府、企业、公众、NGO等)将进行多方合作,共同寻求最优传播模式。就客体受众而言,一方面,其对传播内容的专业化、针对性提出新的需求,分众化进一步加强;另一方面,对传播形态的生动性、交互性、趣味性共同提出更高的要求。媒体融合是在数字技术、网络技术和网络存储技术等传媒技术产生的基础上,以受众需求变化为导向,从整体上打破传统传媒业的边缘,彰显个性媒体的独特传播优势,实现立体式传播效果的演变过程。新媒体的信息传播者和受众的交互性特征开始了以受众为中心的传播模式,从学习理论来看,这种以受众为中心的双向互动的特征有利于创新文化的学习、理解和接受过程。

综上所述,媒体融合新趋势下的创新文化传播特点可以总结为:在数字技术、网络技术以及人工智能等新媒体技术的发展下,以公众的传播需求新变化为导向,结束新旧媒体间的分割独立的状况,消除传播多元主体的边缘与界限,构建多媒体、多主体互动的传播机制,实现立体式传播效果,推进传播的形态演进,以达到公众更好地理解创新、参与创新的目的。

3. 示例研究:媒介融合时代的文化传播

鉴于文化在整体层面所具有的抽象特征,本示例研究希望能从创新文化中截取一个具体的素材,进行媒介融合时代创新文化传播的生动展示。

隐喻一度被认为是修辞工具,但慢慢地人们认识到其作为人类重要认知工具的功能。作为一种心理行为和言语行为方式,隐喻是有机体在特定环境中产生的内在心理和生理反应的外化表现,负荷着一定的文化信息,表征着一定的文化模式。借助隐喻,人类的创造力和想象力得以飞翔,而创造力和想象力是产生新思想、发现和创造新事物的能力;是成功完成创造性活动所必需的心理品质。创新的诸多环节,如创造新概念、新理论,更新技术,发明新设备、新方法,创作新作品都是创造力和想象力的表现。另一方面,隐喻作为一种人类认知方式,相比较而言,是传播过程中文化诸多层面中比较容易被追踪到的元素。因此,本部分的示例分析将以隐喻为例,说明创新文化要素在媒体融合时代如何传播。

随着传媒技术和受众需求的发展,媒介形态打破了书刊报业、广播影视、网站空间、手机、虚拟现实等传统媒介与新媒介之间的藩篱,正在逐步实现个性化、立体式的融合演变过程。媒介融合的发展极大地丰富了传播内容、拓展了传播手段,使得文化差异在文本、声音、图像、视频乃至虚拟现实等多个层面上得以复合呈现,从而使传播受众以互动、全沉浸、即时方式体验到文化冲击。

隐喻是文化跨域交流的核心符号体系,这一体系涵盖跨文化传播研究领域的诸多核心范畴,如语言和非语言代码、态度和价值观取向、思维模式(姜飞,2010)。本示例研究希望能在若干层面解读媒介融合背景下隐喻符号体系的基本表征形态及其跨文化传播机制与特征。

(1) 隐喻:文化的核心符号体系

隐喻最早属于修辞学和诗学研究范畴,重点研究其作为辞格在文学作品中的功能和作用。将隐喻作为人类重要认知工具的多学科交叉研究热潮始于20世纪六七十年代。德国哲学家恩斯特·卡西尔(Cassirer)指出:隐喻是人类最早的思维方式,是与逻辑思维能力并行的基于不同事物间关联性进行心理联想的认知方式(恩斯特·卡西尔,1988)。美国语言学家莱考夫(Lakoff)和约翰逊(Johnson)的《我们赖以生存的隐喻》一书的出版则正式宣告认知领域隐喻研究的开端。从符号学角度,它是赋予事物意义的文化符码。无论是作为符号行为、认知行为还是言语行为,隐喻都在一定的文化背景下实现和运行:一方面,社会文化意识是隐喻联想的参考框架和心理基础,隐喻产生的前提是一定社会文化环境影响下形成的特定心理、生理体验,隐喻的传播延续过程是在文化图式中进行的;另一方面,社会文化因素为言语活动中的隐喻提供审美标准和价值取向(王松亭,1999)。

隐喻研究先后出现过替代论、比较论、互动论、映射论和概念整合论等理论体系。综其研究,隐喻由源域与目标域构成,源域的隐喻概念体系向目标域映射出一个隐喻表征体系,映射过程是人类生成、传递和处理意义的认知过程。隐喻概念植根于人类的生理、心理体验,因此不同文化人群会享有类似的根隐喻,并延伸出隐喻表征符号体系。一些经典的隐喻如源自生气造成血压升高、面红耳赤的生理特征形成根隐喻"怒气是火与气",衍生出英语表征的 make one's blood boil, breathe fire and fury, blow off steam,以及汉语表征的火冒三丈、怒气冲天等。另外,文化由于受到自然环境、社会、经济、政治等多重因素的影响而形成较大的差异,并映射在隐喻符号体系上。隐喻作为文化的核心符号体系,其有效传播是跨文化交际的前提与保障,其错误解读是形成跨文化传播桎梏的重要成因。

在媒介融合时代,隐喻符号因为媒介形式的多样化也表征为复合形态的表征体系,其基本形态包括:

① 文本隐喻符号。普通语言中大约有70%的表达方式来自隐喻概念,语言的本质就是隐喻(Lakoff et al., 1990)。因此,文本隐喻符号几乎无所不在,呈现于报刊、影视、网站等几乎所有涉及文本的媒介形式。例如古希腊史诗《奥德塞》是西方文学作品、影视作品大量使用的源隐喻符号,以其特洛伊之战后返程的十年艰辛喻指艰苦征途。乔伊斯的作品《尤利西斯》(奥德塞的希腊名),把主人公的一天与尤利西斯海上漂泊相比拟,营造出史诗般的作品风格;电影《2001:太空漫游》(2001: A Space Odyssey)以奥德塞之旅喻指人类太空探索。雅虎(Yahoo)网站名称则源自斯威夫特的作品《格列佛游记》,该作品记载随船医生格列佛在海上的神奇经历,雅虎为其在慧骃国遇到的形如人却丑陋、卑鄙的生物,这一形象喻指粗鄙者。用此词作为网站名起到了幽默、自讽的效果。中国也有类似的隐喻,如济公指代劫富济贫者,黄世仁指代压榨贫穷百姓者。

② 图像隐喻符号。影视、网络媒体的视觉符号呈现方式已成为大众传播的主流形式。图像隐喻常被用来表达个人艺术思想,如爱森斯坦的《战舰波将金号》中沉睡、苏醒、站立的石狮隐喻人们从盲从到觉醒的状态(赵春霞,2009);吴宇森系列作品中白鸽飞舞场面象征其个人风格。更多的图像隐喻表征的是文化内共享的意义内涵。例如,蝴蝶意象在电影《我是传奇》中数次出现:主角Neville的女儿的蝴蝶手势,坦克上与标语"上帝依然爱我们"张贴在一

起的蝴蝶海报,变异首领撞出的玻璃蝴蝶图案,母亲身上的蝴蝶文身等等。蝴蝶意象在《圣经》典故中为杀戮天使昔拉的化身,这一隐喻试图表达上帝以昔拉为代表对人类进行最终审判的观点,揭示影片对人类在科学探索过程中试图改变大自然规律行为的反思。其他西方媒体中常见的图像隐喻如哥特风格建筑表征黑暗、阴郁、神秘,常见于恐怖题材作品。中国类似的隐喻如年画中的"鱼"比喻"余",象征富足,"竹"代表宁折不弯的精神。

③ 动态隐喻符号。动态隐喻包括以动态情节呈现静态图像隐喻的延展符号,此外还涵盖特殊动态隐喻符号,如身势语、行为隐喻。不同文化会共享源自人类共同生理、心理体验的身势语,如微笑表示开心,咬牙切齿表示痛恨;同时不同文化体系又规约有不同的身势语隐喻,如东方文化的中国、韩国、日本均要以双手呈礼物以示尊重;西方以目光交流以示诚恳与专注,伊斯兰国家则要回避注视以示谦逊。行为隐喻如东方功夫电影传统应用太极功夫喻隐忍、以柔克刚,如《功夫熊猫》《少林足球》《功夫》等以及好莱坞导演乔治诺非与中国合作的影片《龙之诞生》(2015年12月);在西方公共场合"勿扰隐喻"的动态表征从读报演变为手持手机;中华文化以泪衡量悲伤,而英国成年男性放声大哭则被认为是不庄重、自私的表现。因此戴安娜王妃去世时两王子的克制被他国媒体指责为冷漠,英国民众却赞扬其勇敢庄重,这体现出悲伤隐喻行为表征的文化差异。还有如中国人在自己或别人身处尴尬之境况时发笑,以示"小事一桩"来化解,却易在国际交流中引起歧义,认为是嘲弄嘲笑之意。

④ 声音隐喻符号。声音隐喻部分是文本隐喻的语音呈现,此外还涵盖基于语音特征的特殊隐喻符号体系,如象声隐喻和谐音双关隐喻。不同文化享有共同象声隐喻符号,如尖叫声表征危险,也应用不同象声词喻指动物或动作。谐音双关隐喻如蝙蝠谐音"福",鹿谐音"禄",共同象征"福禄";红枣、花生、桂圆、莲子喻"早生贵子";梨谐音"离",钟谐音"终"等(王逢鑫,2001)。谐

音双关隐喻因语言差异成为跨文化传播的难点,如中国象征富足的"鱼"在西方源于罗马天主教规周五只吃鱼不吃肉,被赋予忠诚的特征;象征福的"蝙蝠"在西方表征的却是邪恶、疯狂意象,如 as crazy as a bat,也常作为吸血鬼化身出现。

(2) 媒介融合时代隐喻符号跨文化传播的特征与机制

① 媒介融合时代隐喻符号跨文化传播的特征。隐喻的传播是隐喻源依托媒介发布、扩散、传递给传播受众的周期过程,见图5.7。在媒介融合时代,虽然其符号体系作为文化的表征,基本内涵具有延续性、一致性,但是网络媒体、数流媒体与3G、4G、遥感控制等高科技方法的整合应用,使得隐喻以声光电复合形态进行集成传播,其传播速度与传播形态、方式发生了较大的改变,其受众成为信息把关人,从被动接受成为主动参与、选择者,对空前丰富的信息来源做出判断和回应,因此呈现出相当鲜明的不同传播特征。

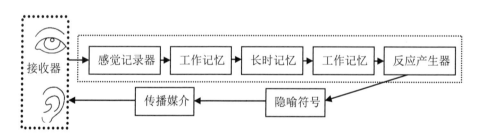

图5.7 隐喻传播周期

在传播周期的隐喻符号接收阶段,媒介融合背景下隐喻符号声像同步、图文并茂的立体式、互动式表现形式,虚拟现实技术构建出的涵盖视、听、嗅觉等多感官虚拟空间会激发受众更多接收器官做出反应。佩维尔(Paivio)的双重编码理论(Paivio,1986)认为,人有言语系统和表象系统两个认知系统:言语系统用于加工言语信息,产生言语反应;表象系统用于加工非言语的物体或事件的信息,形成事物的心理表象。媒介融合的表现形式会引起隐喻解码过程中多个认知系统的共同作用,激发多个感觉记录器进行复合感知符号处理,以提取隐喻符号表征的信息。

进入传播周期的信息加工阶段,经感觉记录器过滤的信息进入工作记忆进行加工,加工过程因符号传播介质而异。传统媒介的隐喻符号加工基于传播受众在认知结构中对隐喻的源域与标域两个概念进行的合理性匹配推敲,产生源域与标域概念的相似性认知突显,形成两个域的突显共振,即类概念(王文斌 等,2008)。随后以类概念为中介在源域与标域进行两个心理空间的映射与整合,从而完成隐喻符号的意义重新编码,编码符号进入该传播受众长时记忆保存。该个体成为该隐喻符号的承载者与潜在传播者,完成一个周期的传播过程,并通过其反应产生器如发声器官借助媒介寻找新宿主(桂诗春,2001),开拓隐喻符号的传播新周期。

基于功能磁共振成像(fMRI)技术的研究发现听觉工作记忆在大脑左半球进行,视觉工作记忆在右半球进行,脑区没有重叠。然而,这并不代表加工过程是独立平行进行的。施诺茨和班纳基于梅耶尔的多媒体认知双通道理论研究发现多媒体学习过程中,学习者选择相关词语建构成描述性表征,选择重要图像形成直观性表征,当两者在时间和空间上一致时会相联结、相互转换和补充,增加学习者提取信息的路径,从而提高学习效果(Schnotz et al.,2003)。因此,媒介融合集成性、多功能一体化、互动性、实时性等特点可以丰富隐喻的同步表达形态,例如受众可以通过外设装置在隐喻情境中进行体验和交互,认知具有高度拟真化,从而加快隐喻的多通道互动加工过程,促进隐喻的传播。

媒介融合时代多媒体技术为隐喻传播提供了延展性的表现手段、发布空间和传播平台。一方面信息传递更迅速,受众覆盖面更广;另一方面个性化的小众传播特征凸显了隐喻受众的人际传播倾向,双向传播、互动性强、易扩展性的特点使得受众能够在特定的空间里就隐喻符号进行体验、思索、交流和验证,取得最佳传播效果的同时也通过媒介融合提供的沟通与互动的平台,模糊传播主体与受众的严格区分,进一步拓展传播范围。

② 隐喻符号跨文化传播的特殊机制。无论以何种媒介形式传播,隐喻符号传播的理想模型均是能够追溯隐喻理据的有效加工过程,而隐喻理据一般基于源域文化背景;另外,隐喻符号传播过程中从感觉记录器的信息过滤、提取,到工作记忆的加工、编码,到长时记忆保存方式,到反应产生器的新一轮传播,均取决于个人认知结构中的文化图式。而个人文化图式是其文化背景通过激励、培育、渗透和导向作用形成的,因此文化差异是隐喻符号跨文化传播桎梏的重要成因,激发了跨文化隐喻符号传播的特殊机制。

与其他跨域学习过程一样,隐喻符号传播作为学习认知过程,其跨文化传播牵涉到与文化内传播不同的认知机制,即迁移机制。根据认知心理学的原理,人类认知结构涵盖学习者的所有知识、技能、态度、思维方式和行为习惯。认知过程中当新知识与认知结构中原有知识相似而不相同时,原有知识倾向先入为主,将新知识纳入原结构中,这就是迁移。迁移是人的基本认知能力,可以加快人类的学习和反应过程,但也会带来负面作用,如对特定刺激做出相同反应会让我们形成定式,阻碍创新思维(方媛媛,2010)。

文化差距大小决定文化间概念和意象表达方式的差异距离,从而决定了隐喻传播的难易程度(Schmitt et al.,2002)。在媒介融合背景下,无论隐喻符号以何种媒介形式或复合体呈现,其跨文化受众都要在认知结构中进行共性过滤,即将隐喻符号在自身文化中进行相同要素比对,首先激发跨域认知的迁移机制。迁移有正迁移、负迁移和零迁移之分。

当异文化隐喻符号能在文化内找到对等或类似隐喻符号,或遵循类似理据时,正迁移被激发,受众认知结构随即输出该隐喻的正确内涵。如源自中西文化对动物的共同认知,无论以何种形式呈现,天鹅优雅、狐狸狡猾、羊羔温顺的特征均能为中西方受众理解;中西方共享隐喻习语strike while the iron is hot和趁热打铁,pour cold water和泼冷水等源自正迁移更易于理解与传播。又如,源自人类共同的生理、心理体验,日本系列游戏《寂静岭》中三元空间的刻画——阳光普照、色彩鲜丽的正常世界,大雾弥漫、烟尘缭绕的表世界以及铁网缠杂、血腥怪物密布的里世界为其不同文化背景受众所理解和认同,美国还将其改编为同名电影。媒介融合立体丰富的表现形式加速、强化了受众的加工、判断过程,对正迁移起到正面推进作用。

负迁移机制激发则源自不同文化中相同或相似的隐喻符号,却因编码理据差异造成不同的隐喻内涵。行为隐喻如OK手势在法国表征零或无价值,孟加拉国翘起的大拇指表征不赞许,希腊摇头表达同意,均会产生跨文化传播的误区。中西龙之差异则是隐喻负迁移的经典案例。西方dragon(龙)为替魔鬼看守财宝的怪物,口吐地狱之火,最早载于希腊神话帕修斯勇斗吃人恶龙典故。西方常以龙作为邪恶象征,如影视作品《龙之心》(Dragon Heart)、《红龙》(Red Dragon)。中国文化中龙则是权力、尊严的象征,喻指天子,后语义发展为喻才华优异的人,如望子成龙。由于这种源自两者隐喻内涵负迁移机制引发的差异,中国翻译界曾建议将中文的龙译为long,以规避认知差异。

媒介融合时代,龙以多种媒介形态表现,其内涵也打破了文化常规而日趋丰富。有作品故意突破dragon的传统意象,以达到幽默效果,如《怪物史莱克》中可爱温顺的龙形象。中国传媒作品也尝试以西方特征描述龙的形象,如活跃于国内动画荧屏的小神龙形象,源自迪士尼公司制作并运营的中国儿童节目《小神龙俱乐部》(The Dragon Club),是典型西方龙的形象,有翅膀会喷火,但活泼可爱又身负中国功夫。随着其在全国40多家城市电视台每天播出,以及在近年深受儿童喜爱的《喜羊羊与灰太狼》系列之《开心闯龙年》影片中出镜,对中国儿童的龙认知产生了颠覆式的影响。负迁移常常源自有限的传播信息源,而媒介融合复合、互动的表现形式可以帮助传播受众不断修正认知过程、规避负迁移的负面影响。

当隐喻符号为异文化所独有时,不产生迁移,即零迁移。在零迁移发生后,受众启动认知功能库,在一系列认知策略如类比、心理意象、引申等中进行加工机制选择,这一过程取决于受众语言文化背景、个人图式及解构过程中的必然或偶发的相似性认知突显因素,如词频效应、记忆限制等。例如,宗教渊源隐喻符号解码依赖受众对该教义的熟悉度,源自国俗的隐喻解码依赖对其国俗语义的认知基础。隐喻 a snake in the grass,借助丰富的媒介表现形式表现出蛇恐怖的外表及声响,有可能在受众认知结构中产生正确的心理意象,将之解读为潜伏的危险,虽然这一加工过程丧失了该隐喻的源理据:《圣经》中蛇作为邪恶撒旦的化身。有些理据特殊的隐喻则成为跨文化传播中的难点,如不了解 Frankenstein 作为西方科幻小说中的人造科学怪物的理据,几乎不可能有效解读其在影视、网游作品中作为"怪人"代称的广泛应用。媒介融合背景下的隐喻符号传播因其全沉浸、体验、互动特征,提供更多的认知线索,激发更多的认知加工手段,从而正向辅助隐喻的传播。

隐喻是表征文化的符号体系,体现了特定文化人群的认知思维模式,其有效传播是跨文化传播与交流的前提与保障。在媒介融合背景下,隐喻符号体系呈现出复合性、体验性、互动性、易拓展性等特征,对跨文化传播起到了正向辅助的积极作用,而这一特征同样适用于媒介融合时代创新文化的其他文化要素传播。

第6章
中国区域文化创新要素解析

区域文化作为区域社会经济生活中的非正式制度,对区域人群的行为规范与准则、思维方式产生了潜移默化的影响,从而使得区域创新制度的诸层面都在区域文化的影响下构建与运行,影响到区域的创新表现。鉴于区域文化的多样性,本章采用案例分析法,聚焦创新表现突出的区域进行思考,提取驱动创新的区域文化要素。

6.1 基于文化区划的中国创新表现突出区域刻画

区域创新能力的综合排名的影响因素是多方面的,如政府的创新投入、企业研发投入、区域内企业的角色、外商直接投资、产学研联系、创新基础设施等等(中国科技发展战略研究小组,2009)。而在创新生态系统观下,则包含了更多非经济化的考量,如创新文化、创新激励机制等创新环境因素,创新知识的生产与扩散等信息资源的互动交流因素等。根据中国科技发展战略研究小组的中国区域创新能力研究,2010年中国各省、直辖市、自治区创新综合能力居前5位的为江苏省、广东省、北京市、上海市、浙江省,6至10位的分别是山东省、天津市、四川省、辽宁省、湖北省,11至15位的分别是安徽省、福建省、重庆市、陕西省、湖南省。中国科技发展战略研究小组出版的《中国区域创新能力报告2012》揭示江苏省、广东省、北京市、上海市、浙江省、山东省、天津市、辽宁省等省市具有强劲的创新能力;《中国区域创新能力报告2016》揭示中国区域创新能力综合排名前十位的地区为江苏省、广东省、北京市、上海市、浙江省、山东省、天津市、重庆市、安徽省和陕西省,结合近几年系列报告排名,描述中国创新能力较强的区域分布。

由于创新要素的集聚并不是完全以行政区划为单位的,过度强调行政区划范围会造成轨道锁定效应,因此对创新能力进行区域文化的考量,有助于我们辨别文化的创新驱动作用。综合检视中国区域创新能力排名靠前的省、直辖市、自治区,我们发现其文化区域分布主要在东部农业文化区的诸亚文化区,具体包括了齐鲁文化区、淮河流域文化区、巴蜀文化区、楚(两湖)文化区、吴越文化区、岭南文化区以及台湾海峡文化区,其中表现最为突出的区域为长三角地区。

按照区域地理划分,长三角地区指长江入海的地方,由于河水所含的泥沙不断淤积而形成的大致呈三角形的陆地。从工业经济层面看,长三角地区是以上海为龙头的苏中南、浙东北工业经济带。从城市经济层面看,长三角地区是苏浙沪毗邻地区的16个市组成的都市群,具体包括上海、南京、杭州、苏州、无锡、宁波、嘉兴、镇江、常州、湖州、绍兴、南通、舟山、扬州、泰州、台州。根据中国科技发展战略研究小组的《中国区域创新能力研究》,2010年中国各省、直辖市、自治区创新综合能力排名,江苏省位居首位,上海、浙江分列第四、第五位。2012年发布的《"十一五"期间中国省域经济综合竞争力发展报告蓝皮书》研究结果也显示,江苏、广东、上海、北京、浙江、山东、天津、辽宁、福建、湖北列前十位。2017年2月发布的《中国省域经济综合竞争力发展报告(2015~2016)》中,江苏省、上海市和浙江省分列全国综合竞争力第二、第四和第五位。

《中国区域创新能力报告2016》揭示中国区域创新能力综合排名中江苏省位列第一,上海市排名第四,浙江省排名第五。

经典长三角地区突出的创新表现是有着多层原因的。首先,其所属两省一市在经济发展上具有良好的基础积累。例如,浙江省具有悠久的商品经济发展历史;富有创新精神的企业家人数众多,民众普遍刻苦勤奋,具有致富投资、开放、肯冒风险的创新意识;政府管理宽松、服务企业意识强,集体经济比重高,私营经济专业化集聚程度高。上海市高技术产业和金融业发达,拥有大批大学和科研院所,是国家经济、贸易、航运中心,科技服务机构也较为活跃;江苏省具有发达的高技术产业和传统产业,外资企业占主导地位,私营企业发展快,教育水平高,产学研合作紧密,特别值得一提的是其以乡镇企业集聚发展的苏南发展模式。

其次,长三角区域的蓬勃发展还要得益于该区域的政府规划和政策倾斜。长三角区域发展规划源自1992年,当年制定了长江三角洲地区的城市协作部门主任联席会议制度。1997年,正式成立长江三角洲城市经济协调会。2003年沪苏浙政府共同签署《关于沪苏浙共同推进长江三角洲区域创新体系建设协议书》。2005年科技部启动了"长三角'十一五'科技发展规划",加速长三角地区资源整合优势,将合作提升到制度化层面,诸如公共交通基础设施网络化、知识产权保护联盟、产学研合作联盟、金融联动、物流通关一体化等(中国科技发展战略研究小组,2006)。良好的合作机制形成了完善的市场环境、基础设施平台、技术和信息平台,促进了该区域创新能力的提升。

再次,从历史视角看,自从中国的经济中心从黄河流域向长江流域转移以来,长三角地区一直有着良好的发展表现。

最后,从文化视角看,长三角地区是一个多文化集聚的文化复合体,主要包括上游巴蜀文化、中游荆楚湖湘文化和下游吴越文化,该区域以吴越文化区为核心,其创新表现也尤为突出,因此本章首先选取吴越文化区解析区域文化的创新驱动作用。

6.2 吴越文化区驱动创新文化要素的案例分析

吴越文化区拥有优越的地理、气候环境,早在唐宋时期即发展为我国经济发展的金三角,也吸引了文化中心向该区域迁移并日益繁荣。

6.2.1 吴越文化区的渊源与发展

吴越文化起源于春秋时期崛起的句吴、於越文化,是上古时代南方越族文化传承自河姆渡文化、崧泽文化、马家浜文化、良渚文化,经多年发展形成的具有独特文化特征的区域亚文化。其区域分布较广,在我国东南沿海的江苏、浙江、福建、台湾、广东各省和安徽省的长江两岸、江西省的赣江两岸各县,在湖南、湖北等处,都有吴越文化遗址和遗物的发现。科考研究甚至发现广西壮族自治区也可能有吴越文化的丰富埋藏。吴越文化中心分布区地处长江下游,属今苏南、浙东、环太湖和钱塘江流域,源自春秋时期吴国(江苏、浙北、皖南、赣东)与越国(浙江大部分区域)统治期间形成的区域文化。当时的长江三角洲还属荒蛮之地,人们断发文身、不冠不履,水行山处,开辟了不同于中原文化的吴越区域文化。总的来看,该区域文化发展受到以下特征要素影响:

首先,该区域具有优越的地理环境。从古越族发展之初,现代的苏南、浙北区域就具有优越的气候地理环境,表现为气候温和、土地肥沃、降水丰富、水网密布,长江、钱塘江等大江大河纵贯其中,太湖等湖泽及港湾水塘星罗棋布,这种自然环境为吴越的物质文化创造提供了得天独厚的理想条件。聚居地盛行水稻为主的火耕水耨、饭稻羹鱼的农业文化,特别是丰富的经济作物耕作,如人工饲养鸡、猪,还种麻、种葛、种桑、养蚕,种花生、芝麻、蚕豆等。东汉时期《吴越春秋·勾践阴谋外传》记载:"春种八谷,夏长而养,秋成而聚,冬畜而藏。"明代万历年间谢肇淛《西吴枝乘》记载:"湖民力本射利,计无不悉,尺寸之堤,必树之桑,环堵之隙,必课以蔬,富者田连阡陌,桑麻万顷,而别墅山庄求竹木之胜无有也。"(南炳文 等,2017)此外,古越族还发展了以印纹陶为典型的精制陶业、以青铜吴戈越剑为典型的冶铸及蚕织丝绸业。东濒大海,三江五湖的水道分布也造就了吴越文化区发达的造船与水运业,发达的水运对吴越地区的经济社会发展起到了重要促进作用。

其次,从历史视角看其文化发展,约2600年前的公元前6世纪初叶前后,句吴之寿梦、於越之允常先后称王,吴越两国政治经济、军事制度基本奠定。吴越区虽被视为蛮夷,与中原交流却日趋频繁,例如秦汉之后,历史上三次大规模的北方世家大族渡黄河、长江进入吴越区域,随他们迁移往南的还有发达的中原文化,"北方贤俊南来,带动南方才智之士,文风大盛,绮丽旷达,光芒四射"(王遂今,2005)。中古以后,中原文化与吴越文化相融合,促生了吴越区域的文化进入大繁荣期。随着经济中心地位的确立,其文化的影响力作为时代引领持续外向扩散,外向的拓展与交流促进了该区域作为文化极核地位的确立。

6.2.2 吴越文化区创新文化的特点

我们对承载吴越文化的长三角地区核心区域文化进行解析,认为其驱动经济发展和创新表现的主要文化特点应包括:

(1)《汉书·地理志》记载:"吴、越之君皆好勇,故其民至今好用剑,轻死易发。"《汉书·高帝纪》记载:"越人之俗,好相攻击。"自古越时期就表现出尚武剽悍的风气和浓厚的血族复仇氛围,如史上著名的抗倭主力军戚家军就是在浙江义乌招兵后名扬天下的。嘉靖三十七年,义乌城南八保山本地大族陈、宋两家不允许外地流动而至的矿夫开矿,双方发生冲突,导致自夏至冬持续的大规模武装械斗,直至天寒地冻天降大雪方止。时任镇守蓟州、永平、山海总兵戚继光痛心的同时,发现了本地好勇的风俗,招募了以农民和矿夫为主要成分的军队。后来戚继光调任蓟辽总兵,有一次在大雨中训话,唯有从南方带来的三千名士兵岿然不动,"浙兵三千至,陈(阵)郊外。天大雨,自朝至日昃,植立不动。边军大骇,自是始知军令",永载明史(南炳文 等,2017)。这种区域文化特征可能来源于区域水网密布,吴越人不断与水斗争,置生死于度外,历史上大量涌现过如勾践、伍子胥、孙武、文种、孙权、周瑜、鲁肃、吕蒙、范仲淹、陆游、岳飞、文天祥、于谦、史可法、张煌言、葛云飞、秋瑾、鲁迅等英雄人物。该区域文化传承了善于扬弃、勇于开拓、乐于标新、鼓励成功、坚韧不拔、强于创造、自强不息的特色。东晋后由于中原人的大量涌入和先进中原文化植入,该区域生产力水平提高,加上水生态环境的改善,民风发生了一些转向,如从刚转柔,从尚武转尚文,但是其开拓进取、勇于创新的民风一直未变。

(2)开放包容,海纳百川。吴越文化区在上古虽被视为蛮夷之地,但是溯长江、环太湖、濒东海的地势,使之与中原联系乃至海外联系十分紧密,海外开拓是吴越文化的特征之一。三国时期,东吴孙权水军立国,以船舰五千余艘远征四海,初步显示了区域江海开拓的特征。海上丝绸之路的三大港之一宁波就位于吴越文化区划内,其他区域内城市如扬州则借助其大运河沿线城市的地理位置,成为陆上和海上丝绸之路的联结点,是全国水陆交通的枢纽之一。独特的水乡环境、优越的海陆区位,使该区域具有开放的胸怀和融合的气度,开放与交流形成了吴越文化区流动、开放、包容、近商的文化特征。吴越文化区民众海纳百川,兼收并蓄,不断吸收消化融合新文化,灵活亲和。民众善交际、善交易,乐于接受新事物,追求卓越、人缘相亲、宽容失败。

(3) 崇文重教。早期吴越民众以尚武逞勇为风气,晋室南渡成立政权后,士族文化为区域注入了"士族精神、书生气质"精致典雅之风。东晋后文化逐渐以崇文重商著称,非常重视教化,尊重人才,其人才辈出的历史由来已久,民众普遍具有气质文雅、温和冷静的特点,南宋以后有"江南人文渊薮"之称,以明清时期吴越文化区状元数可见一斑(王会昌,1992),见表6.1。明代189名内阁宰相有三分之二以上为以江南人为主的南方人。拥有王羲之、陶渊明、谢灵运、宋濂、陆游、黄公望、刘伯温、方孝孺、唐伯虎、徐文长、董其昌、郑板桥、袁枚等名儒与文人骚客。

表6.1 明清时期区域状元分布

	江苏	浙江	江西	安徽	福建	山东	河北	湖北
明	16	20	17	6	11	5	3	3
清	49	20	3	9	3	6	4	3
合计	65	40	20	15	14	11	7	6

	广东	广西	河南	陕西	四川	湖南	贵州
明	3	0	2	2	1	0	0
清	3	4	1	1	1	2	2
合计	6	4	3	3	2	2	2

(4) 求精务实,追求自我超越。该地域民众在农事上精耕细作,如种植水稻、养蚕缫丝的生产方式都以极度精致细密为长。在经商方面精打细算,在传统手工制作上精雕细刻,藏书和读书风气盛行,在各个方面都表现出精益求精的态度。崇尚务实,反对空谈,脚踏实地,进取向上,重视契约,讲究规矩,细致

入微,经世致用。

（5）重商谋利。宁波帮、上海商人走南闯北,"无宁不成市",敛财聚富,勇于创新,敢为天下先。吴越之地商品经济起步很早,"浮船长江,贾作上下",实业传统、工商精神、务实个性和平民风格都是吴越文化中的重要内容。重商的传统最早可追溯到良渚文化时期,范蠡在越国倡导"农末俱利"的经济思想,其中的末就是指工商业。因而,该区文化重商这一思想与中国传统思想特别是中原文化的抑商,认为末业(工商业)有害本业(农业)思想不同。大力弘扬崇真向善、淳朴平实、注重功利、诚信守信的重商精神也是该区域创新表现突出的重要影响因素之一。

（6）崇尚科学精神。早在东汉时期,就有上虞人王充著《论衡》,本着求真务实的唯物主义态度批驳迷信,责问孔孟之道。东晋祖冲之的《大明历》、范缜的《神灭论》、沈括的《梦溪笔谈》,这些科学著作都是区域科学发展的萌芽。江苏无锡人胡明复1915年发表《科学方法论》,提出:"夫科学之最初,何尝以其有实用而致力焉,在'求真'而已。真理既明,实用自随。"这是近现代中国知识分子对科学求真精神的第一次正确表述(中国科学社,1934)。浙江上虞人竺可桢1941年提出的"科学精神是只问是非不计利害",成为中国近代科学精神最经典的表述(竺可桢,1998)。在中国民族文化整体偏向直觉整体型思维特征的同时,该区域却发展出偏重理性逻辑思维的模式。

综上所述,吴越文化的特色孕育了其所附着区域的特色创新体系:从区域人群行为模式和思维模式上看,区域人群崇尚创业创富、甘冒风险、求精务实、开放包容、精明理智,商业氛围浓且崇文重教;区域内企业家精神和首创精神受到推崇,而以血缘、亲缘和地缘关系为纽带的社会网络传统模式提升了信用水平,也培育了其灵活的资本积累方式;政府角色以服务保障为主,如温州典型的"小政府、大市场"经济,民间商会等中介组织发达,为创业提供了良好服务(辜胜阻 等,2006)。正是历史沉淀下来的区域文化特色培育、激励了一个富有持续活性的中国区域创新体系。

6.3 岭南文化区驱动创新文化要素的案例分析

从中国区域创新能力的综合排名中脱颖而出的还有广东省。根据中国科技发展战略研究小组的《中国区域创新能力研究》,2010年中国各省、直辖市、自治区创新综合能力排名中广东省位居第二;2012年发布的《"十一五"期间中国省域经济综合竞争力发展报告》显示广东位列全国第二。根据2014年《中国省域经济综合竞争力发展报告(2014~2015)》广东省仅次于上海市、北京市,发展竞争力位列全国第三;《中国区域创新能力报告2016》揭示中国区域创新能力综合排名中广东省位列全国第二;2017年2月发布的《中国省域经济综合竞争力发展报告(2015~2016)》中广东省更是升至全国第一位。可以说广东省是中国经济总量最大和发展最快、最具市场活力和投资吸引力的第一经济大省,特别是其进出口总额年均约占全国的1/4,从1985年至2008年曾经连续23年蝉联全国第一。在自主创新实践方面,有一批企业表现不俗,突出代表如位于深圳市的华为、中兴、腾讯、大疆等国际明星企业,特别是深圳利用外资企业技术溢出效应的模仿创新加自主创新,带动了广东省以及全国的自主创新与产业升级,表现在一些关键创新指标如国际三方专利申请数量上的异军突起。其较佳的创新表现有其地理原因、经济体制原因,而其文化的催化作用也不可忽视。以下拟以广东省为案例,探讨其代表性区域的民众文化——岭南文化、客家文化以及潮汕文化的创新驱动要素。

6.3.1 岭南文化区的渊源与发展

广东省位于中国大陆南端沿海,南岭以南,南海之滨,多山地、丘陵、江河,植物繁茂并拥有珠江三角洲,因而兼具了山地文化与海洋文化的传统保守性与开拓进取的独立精神。因为长期距离中央王朝核心区过于遥远,中央王朝自古对岭南地区常常采取特殊的政策,如在汉武帝抑商政策严行时,岭南依然"以其故俗治,毋赋税";唐朝岭南实行本地人自治的"南选"制度,使得该区域较少受到中原儒家文化及政治中心的影响;明清时代闭关锁国时在广州保留通商口岸,为其与外来文化的交流交融提供了"放手"的得天独厚条件。

古代广东是个供充军、流放的烟瘴之地,据林语堂考证:上古时期本地土著居民是文身食蛇的古越民族。秦始皇时期由于开凿水渠,五十万的汉族人被遣往该区域。唐朝宰相张九龄扩建中原、江南通往岭南的大庾岭古道,使交通条件大为改善,商贸交流人群迅速增多,不同文化的冲突与交融对区域文化的发展也起到了深远的作用。岭南区域也曾经在农耕文化中寻找出路,宋代时当地农业生产基本能达到自足水平,明清时代曾大兴农田水利,采用先进手段进行采矿、制陶、冶炼等初级工业生产的探索。

但是,地理环境的深度影响和持续演化,导致了另一面的文化要素越来越强地发育起来,高山阻隔了该区域向中原腹地发展的同时,区域自然环境开始显现出与农耕生产需求环境背向发展的魅力与机会,居民面向该地域海岸线长达8400公里的大海开拓生机,海洋文化赋予这个区域探索大海、敢吃敢做的勇气与豪气。

广东自古就形成了商业气氛,人们具有较强的创业意识,"四民之中,商贾居其半"。在林语堂眼中,广东人"充满了种族的活力……有事业心,无忧无虑,挥霍浪费,好斗,好冒险,图进取,脾气急躁"(林语堂,1994)。早在唐宋年间,作为中国南海航运枢纽的广州地区就已经成为对外商贸的翘楚,其贸易对象涵盖了南太平洋和印度洋各国。在这里,外商带来了香药和各类珍宝,丝绸也从海路跨出了坚实的一步。许多外国商人眼里以为广州就是中国,"千门日照珍珠市,万户烟生碧玉城"(程师孟《题共乐亭》)就是宋代广州繁华景象的写照。

19世纪,在西方先进科学技术和启蒙民主思想涌入时,全国多数地区都产生了强烈的抗拒与迷乱,几乎只有岭南没有将之视为洪水猛兽而开放学习,表现出非传统的一面。近代历史上三次轰轰烈烈的"革命"——太平天国运动、戊戌变法、辛亥革命的领导者洪秀全、康有为、孙中山都是广东人,他们为近代中国带来了革新的思想。从20世纪80年代开始,广东更成为中国经济重大变革运动中的领头羊,1979年设立的四个经济特区中的深圳、珠海、汕头都位于广东省,而深圳更是成为了当代中国产业创新与文化创新的一大标杆。

6.3.2 岭南文化区创新文化的特点

广东地区的文化应该说是三足鼎立的三种文化的调色盘,即岭南广府文化(广义的岭南文化应该涵盖客家文化与潮汕文化,这里取其狭义,即广府文化,将之与客家文化、潮汕文化进行平行讨论)、客家文化与潮汕文化。本章岭南文化区涵盖了三种文化。从广义上说,岭南地区指涵盖了广东、海南、广西等省区的大庾岭、骑田岭、越城岭、萌诸岭、都庞岭以南区域,既有西北方向封闭而又具东南方向面海开放的区域地理环境,使得岭南文化兼具了山地文化、商业文化、海洋文化特点。在长达两千余年的发展史上,曾经开放学习融会过中原文化、楚文化、吴越文化、巴蜀文化,也接触并吸收过以基督教为主的西方文化、波斯文化、阿拉伯文化和日本文化,形成了多文化共生共荣的多彩文化,如波斯使者达奚司空塑像、中国佛教禅宗开创者达摩祖师遗迹、具有东洋异域风情的岭南画派等。

通常的认知之一是:岭南人豪爽好斗,冒险进取,努力拼搏,不因循守旧,敢为天下先。例如,明清海禁时期禁令极严,岭南人冲破"寸板不许下海"禁令,从事海上贸易。通常的认知之二是:岭南人灵活变通,务实功利,关注民生,重商富民,自古就与不同文化对撞交流,营造了开放包容的文化氛围。但是过度的逐利追求导致强调短期利润,要求成果即出,名利相长,缺乏"打造百年老店"的企业家精神,在长远规划开发方面容易受限。通常的认知之三是:岭南人重实用科学,轻基础理论,有着非常流行的迷信的一面,供奉财神,讲究口彩、迷信风水,即使是现代化的企业和商厦中供设佛龛也成为常态;与儒家正统背道而驰的享乐主义的过度膨胀不利于创新素养的修养形成;"小富即安""享乐主义"式的企业家族文化模式也不利于其现代企业制度的建立和创新人才的培养。

在创新驱动发展的时代,岭南文化过度的商业化特征初期是促进创新发展的,科学技术也是其借以实现现实目标、社会变革的工具,从而在创新方面表现不俗,特别是模仿式的渐进创新。但是随着时代对新知识、理性思维的要求渐长,需要突破某些藩篱,学习发展出更强的科学探索精神和原始创新思维,以及对价值理性的高标追求。

客家文化发端于中原地区的经典农耕文化,从约1700年前的东西晋之交时期开始,为躲战乱历经五次大迁徙至偏远南方。客家文化既继承发扬了中原文化,也对其迁出地文化进行了吸纳和融合。

其特征之一是:淳朴好客,洋溢着儒家传统,知天乐命,敬宗爱祖,以和为善,谦让忍耐,强调道德修身。客家族谱一般都载有"家规家训",具有尊祖敬宗、忠信孝悌等思想,并世代相传。

其特征之二是:教育为本,非常重视对教育的投入,如梅州籍客家商人田家炳,幼承庭训,敦品励学,1982年创立田家炳基金会,以"安老扶幼,兴学育才,推广文教,造福人群,回馈社会,贡献国家"为创会宗旨,为我国31个省、直辖市60余所高校捐建教学楼、师训中心、体育中心、教育书院,捐办专业学校9所、中学110余所、小学35所、幼儿园5所、医院29所。捐助校舍医院,传播了客家文化重教尊师、造福社会的文化操守。

其特征之三是:客家先民从中原故土翻山越岭、漂洋过海,迁往全国乃至各地,艰辛的迁徙历史使其严守"志不立,天下无可成之事",自强不息,孜孜不倦;胸怀博大,能采众人之长,兼纳并蓄,包容开放。

客家文化不断汲取迁移过程中其他文化的优良传统,与潮汕文化、广府文化相互交融,推动了区域经济与创新的发展。

潮汕文化的说法是一种独立乡土文化区与语言区的划分,它起源于潮汕地缘文化,与海洋文化有长期的交流融合过程,但是其族群特征胜于地域特征,该文化的兴盛源于潮汕人具有的非常强烈的乡土观念。杜松年曾经定义:"潮汕文化,是居住在本土的潮汕人、居住在国内其他地方及海外的潮汕人和关心潮汕人所创造的有鲜明地方特色的潮汕文化,属广义文化也即大众文化范畴。"(杜松年,1994)

其特征之一是:强悍实干,善于经营,具有开拓创新精神,同时又能做到胆大心细、精益求精、坚持不懈、刻苦耐劳,拥有"百年商帮""东方犹太人"美誉。其精细之处在早期农耕时代就已经展现出来,如其除草方式"薅草",就是双膝跪地爬行,拔取杂草并将之按压入土中沤肥,进展非常缓慢却异常精细(林伦伦,2008),早期"精细"特征的劳动方式体现在其木雕、石雕、剪纸等手工艺行业,在其与海洋文化融合之后也延续下去,并发展出讨海拓殖精神。

其特征之二是：潮汕人以"精明"著称于世，"精"既有精细之意，还有精明精到之义。潮汕人推崇现实主义，特别功利现实，但诚实守信，讲求信义，其文化中也有不利于创新的因素，如非常重视传统宗族乡党文化，耽于迷信，轻科技文化，重农商轻工业，利用族群和海外友亲固然有利于社会网络的拓展，但确实也可能造成抱团排外的文化倾向。

其特征之三是：潮汕地区是中国著名的四大侨乡之一，早在唐朝时期就有"过番"历史。近代大批潮汕人下南洋，出生入死，创业谋生，形成了开拓创新、勇往直前的创业精神；同时又反哺家乡，增强了潮汕人的凝聚力。

6.4 徽州文化区驱动创新文化要素的案例分析

根据中国科技发展战略研究小组的《中国区域创新能力研究》，安徽省列居2010年中国各省、直辖市、自治区创新综合能力的第十一位，《中国区域创新能力报告2012》则显示安徽省超强的创新潜力。《中国区域创新能力报告2016》揭示中国区域创新能力综合排名中安徽省位列全国第九。2017年2月发布的《中国省域经济综合竞争力发展报告（2015～2016）》揭示安徽省经济综合竞争力位列全国第十。安徽省该如何利用区域文化优势，扬长避短，提升区域创新表现，是本节研究的目标之一；而安徽省如何继承和创造性地发展古代徽州文化的独特优势基因，是这一部分研究的更关键的目标。

当然，今日的安徽文化地理区与历史上的徽州文化地理区差异很大，安徽作为一个独立的省区始建于康熙六年，此前，该地域以长江划界，而徽州只是当年今安徽省江南的一小部分，即著名的徽州府，包括歙县等六个县，与安徽整体的文化特别是淮北和江淮文化实际上有很大的不同。

6.4.1 徽州文化区的渊源与发展

徽州文化区承载的并非土著的山越文化,而是一种北方世家大族整体迁移文化有序落地并本土化形成的特质文化。安徽区域主体部分自古隶属于越文化区,是个历经多文化深度交融的区域,如吴文化、楚文化对此都有过深入的影响,以及按照其他乡土区域划分标准划分的亚文化,如三国文化、巢湖文化、皖江文化、淮河文化等,表现出非常典型的多元化交织的文化特征。如按照地理带划分,有江淮之间三国文化的积极进取、崇文重教,长江流域皖江文化的开放包容、重商取利、崇尚创新,皖北淮河文化的质朴保守、重义轻利、平和稳重等。

本节选取区域最南端的徽州文化是因为徽州文化作为极具地方特色的区域文化,其内容广博、深邃,十分经典地构建了以儒家文化为中心思想、以宗法制为治理方案、以士商结合为生存经营模式的路径,被认为代表了东方社会,特别是中国传统社会后期文化的典范。12至18世纪,新安理学、徽派朴学名扬天下,徽州涌现出一批著名的学术文化人物,如朱熹(徽州也曾经是程颐、程颢的祖居地)、程大昌、朱升、吴儆、汪莘、程永奇、胡方平、胡一桂、胡炳文、朱同、范准、汪道昆、程文德、潘士藻、江永、戴震、洪榜等。正如世人所赞:"人文辈出,鼎盛辐臻,理学经儒,在野不乏。"徽州文化的外向表现也驰名中外,如徽派建筑、新安医学、徽菜、徽剧、徽州方言、新安画派、徽州篆刻、徽派版画、徽州刻书等。

以程朱理学为代表的新安理学,推崇伦理常纲;以江永和戴震为代表的朴学采用实证的求知方法,是清代学术的突出代表;以渐江、查士标、孙逸、汪之瑞、程邃、戴本孝为代表的新安画派大胆创新,为中国画坛开一代新风,后继大师如黄宾虹的"先师古人,再师造化,而以自然为归"的理论影响也颇深远。"徽州"一名源自宋代宣和年间,宋徽宗宣和三年,原位于安徽南部,安徽、浙江、江西交界的区域由歙州更名为徽州。元代设徽州路,明清则设徽州府,下辖歙、休宁、黟、祁门、婺源、绩溪六县(周晓光,2006)。民国时期徽州府被撤销,1949年5月设徽州专区时,区域的管辖范围发生改变,婺源划归江西管辖;1989年黄山市成立时,绩溪划归宣城市管辖,原太平县更名为黄山区并归黄山市管辖。虽然经典的一府六县建制由于区划调整而变化,但是其一脉相传的古徽州文化特征得以延续。

从地域文化研究的范畴说,对徽州文化的研究自然不能过度局限于地域的演化变迁,因为随着中原大族的迁入以及徽州人的出外经商、游学、做官,徽州文化被传播到全国各地,以至有"无徽不成镇"的盛况。尤其是徽商和徽州文人集中的江南,更是深受徽州文化的影响,甚至有"扬州是徽商殖民地"的调侃说法。诸多徽州名人也在外地取得了成就。因此,对徽州文化的研究必然涉及徽州以外的地区,研究徽州文化要有"文化大徽州"的格局概念。如民国《歙县志》所述:"山川效灵,人文蔚起,几甲宇内。"

徽州文化区的形成与其地理环境有着不可分割的渊源。徽州区域具有相对封闭、完整、独立的自然环境,周边黄山、天目山、九华山、白际山脉、五龙山脉等群山环抱,有"徽州介万山之中"之说。众山围绕的则是山涧谷底以及丰富的水系,新安江水系、阊江水系、乐安江水系,以及水阳江、青弋江、秋浦河的发源分布其间,因此徽州文化赖以发育的地理环境是个相对封闭的空间,由此产生了非常独特"盆地心理",但是非常突出的是没有表现出眼光狭隘、故步自封,而表现为文化的向心结构,促成了区域文化呈现紧密型的完整发展。

另一个特别之处是周围高山围绕,隔绝的环境使得该区域较少受到外界兵乱,"从来无兵戈略亵之惨"(万历版《休宁县志》)。但逢大的战乱就有规模人口迁入避难,同时带入区域的也有中原的"读书、礼教、文章、五伦、六经"的儒家思想精髓,给区域带来了"虽十室之村,不废诵读"的延续千年的儒家习俗,改变了原区域古越文化影响下的勇悍崇武之风,最终奠定了徽州文化区尚文尚艺、重教重仕、重士商结合的文化内涵。

此外,徽州区域山多地少的地理环境又使得区域附着群体不得不向农耕以外的行业发展,经商或科考就是谋生出路。顾炎武说,徽州"中家以下皆无田可业。徽人多商贾,盖势其然也",徽商与潮商、晋商并列历史三大商帮。科考则是另一出路,故"远山深谷,居民之处,莫不有学、有师、有书史之藏"(《休宁县志》)。这就是徽商辉煌和徽州科考功名卓越的外环境缘起。

最后,徽州文化的发展与拓延和南宋时期徽州人文环境发生变迁,汉文化重心从黄河流域迁向长江流域也密切相关,徽州区域恰处文化重心南迁之路,"自南迁后,人物之多,文学之盛,称于天下"(康熙版《休宁县志》)。如前文所述,文化中心的迁移是附着经济中心的迁移的,徽州地区也从古时荒野的越地发展为富庶之地,兴修了水利,发展了银、铅矿业,布、丝纺织业,"文房四宝"制造业和茶木等经济作物种植业,再加上主宰了落地于扬州的两淮盐业、落户于杭州的两浙盐业,商业经济迅速发展到了覆盖大江南北的"甲天下"的辉煌。

6.4.2 徽州文化区创新文化的特点

首先,坚守儒家思想之家族宗法制度,区域遍布宗祠与家庙,借以祭祀祖先、昭示后人、振兴宗族,"千年之冢,不动一抔;千丁之族,未尝散处;千载谱系,丝毫不紊。主仆之严,数十世不改,而宵小不敢肆焉"(清代赵吉士《寄园寄所寄》);"重宗义,讲世好,上下六亲之施,无不秩然有序"(嘉靖版《徽州府志》）。这种家族团结振兴的精神可以转化为驱动创新的动力。

其次,同样是一代名商,晋商的经商欲望源自山西扼商路咽喉的地理因素,而对"关公"和"学而优则贾"的"义"与"诚"的人文传统的推崇则是晋商发达并绵延几百年的重要因素。儒商则是徽商的特点,"贾而好儒",作为南宋大儒朱熹的故里,其崇儒重道的儒学传统直接影响到徽商的文化取向。重儒而不轻贾,形成了一帮遵循"儒道"的诚信儒商,崇尚信义,重信誉,讲道德,如清末红顶商人胡雪岩,亲笔书写"戒欺"匾额悬挂于店铺;不仅诚信经营,而且还秉行"仁义",热心公益事业,乐善好施,识礼节,扬文风,重视读书,也全力支持书院。事实上,徽州商人在长期经营中相信"财自信生,利缘仁取",逐渐形成的是"信"与"仁"结合的商帮文化。"以义为利,义中取利"的开放商业精神具有利于创新的一面。

第三,独立与包容性相结合,徽文化除了以儒家思想为根基历经数个阶段的发展外,也汲取了道教精髓,如程大昌的宇宙生成和万物化生观点以及"无为而治"观点,佛教思想如朱熹对佛教的研读,以及其他儒家学派的观点。徽州文化本身也是多种文化融合的结晶。这种包容和开放自由的精神是有利于创新的文化要素。

第四,区域崇文重教,学风称胜于世。作为理学第一大家朱熹的故里,"几百年人家,无非积善;第一等好事,只是读书"(世界文化遗产地黟县西递村内的古民居楹联),涌现过大量的学术人物、学术思想、学术著作,影响深远。区域传道授业的书院发展蓬勃,兴办族学,广纳学子,传播文化,且受到了儒商的鼎立赞助,儒学思想大师和地方官员也大力支援。宋代徽州考中科举者就有781人,明清更是高达3600人,徽州地区出现大量科举牌坊,体现出读书穷理的文化氛围。在建筑学、算学、天文学、地理学等诸多领域取得杰出成就,涌现了一批名人,如戴震、程大位、郑复光等。新安医学更是自成一派,自唐代兴起,明清达到全盛,如张昊所著《眼科宝籍》、江瓘所著《名医类案》(我国第一部总结历代医案的专著)、陈家谟所著《本草蒙荃》《慎斋遗书》、徐春圃所著《古今医统大全》等,见证了徽州医学的辉煌与全国影响力。好学之风促成了创新思想,这是徽州经济文化发展的渊源,在创新意识驱动下,徽州发展出了较高的科技水平。

在开放的市场经济条件下,徽州文化也表现出一定的局限性,例如宗族文化过度强调的内缘血亲关系导向,徽州商人相对来说缺乏为追求利润而不断扩大经营规模的强烈内在动力,徽州宗法文化约束下创新意识较难突破儒家思想体系的束缚。随着时代发展,徽州文化更多表现出儒雅、开放、包容、团结互助、锐意进取的时代特征,虽然源于儒家思想却又发展出变通的义利观,发展了浓厚的商业经济意识,孕育出区域创新意识。从积极面来说,为了培养区域更佳的创新氛围与创新意识,需要充分发挥区域宗亲的团结凝聚力量,继续发扬区域尊师重教的好传统以及诚信为上的儒商传统,剔除徽州文化中的糟粕,为整个安徽区域创新发展培育出更好的文化氛围和精神动力。

第7章
国家创新文化系统的组织层面解析

7.1 组织文化与企业文化

组织实际上是一种特定的人类关系系统,其中各要素以一定的设定规则关联起来并运行。创新组织指为实现国家创新发展目标,协同合作的集体或团体,主要包括企业、高校、科研院所、政府机关等。组织文化代表了组织共享的信仰、期望、价值观、态度和行为模式(赫尔雷格尔 等,2001)。这些要素和一般文化内涵并无差异,但在组织运行层面,特指组织内部占统治地位的行为模式和价值观,组织成员和平台相处的游戏规则、风气和交流方式等。组织文化的外部影响因素包括传承久远的民族文化、区域文化,当下政府管理方式也对组织文化有重要的影响。

在当代中国,国家创新战略明确将企业置于国家创新生态系统的主体地位上,并提出:企业是国家创新体系的主力军,企业创新能力是国家创新能力表现的核心。只有以企业为主体,才能坚持技术创新的市场导向,实质性地提高国家竞争力。因此本章在解析创新文化主体组织层面时以企业组织这一大类作为展开研究的对象。

我们先以一个悲剧案例故事的回顾来开始本章的讨论,引出文化规制与行动风气在企业层面的重要性这一议题。

　　1999年12月22日,大韩航空公司8509航班一架波音747货机在伦敦坠毁。事故调查结果显示,这是一起机械故障,源自航班机长的水平仪显示故障。然而,深入调查发现,这一故障在正常情况下并不会导致悲剧的发生,因为副机长和机械师的水平仪均显示正确,完全可以纠正这一错误。空难调查的模拟飞行也证明这场悲剧本可避免。令空难调查人员疑惑不解的是,通信记录中显示,副机长发现了这一错误,却似乎不同寻常地保持了缄默直至坠机悲剧发生,而机械师仅仅提示了一句,也并未采取任何措施。训练有素的飞行员为何会在可控的错误中丧生？事故调查组发现:该航班机长为德高望重的前韩军退役空军军官,经验丰富,权威不容挑战。因此,即使在副机长和机械师发现了错误,甚至试图提醒机长的情况下,机长也以权威的自信,坚持自己的判断,不容许任何异见和质疑,从而导致了最后的悲剧。副机长和机械师全程只有卑微地服从机长的指令。事实上,考察大韩航空的事故历史,会发现这样的事故并不是孤立发生的:1991年6月13日,一架大韩航空航班迫降时,因为未能执行降落步骤检查清单,起落架未能正确落下而导致机舱警报系统出错。副机长试图拒绝切断机舱内的警报器,但是被机长强制命令必须执行,最终飞机在没有放下起落架的情况下,机腹着陆,造成较大损失。

　　1999年底8509航班空难过后,大韩航空名声毁于一旦,变得臭名昭彰,作为世界上最大的越洋货物运载企业之一,却被指为"航空界安全记录最差的航空公司之一"。加拿大航空、法国航空和达美航空中止了与大韩航空合作的"代码共享计划";美国军方将其列入黑名单,从此不再使用大韩航空从事载运人员往返太平洋区。甚至当时的韩国总统金大中也公开申明,其私人飞机由大韩航空改为亚航航空。在事故调查报告中,大韩航空的文化被列为该次空难的关键词。

原因之一是，韩国航空公司具有的驾驶舱等级制度造成了层级鲜明的文化规制与氛围，导致了飞行团队高层可对任何异议实行打压，沟通互动缺乏基本支持。在高权利距离文化下，飞行员间存在阶级，副机长和机械师都必须听从于机长，年轻的飞行员不允许对资深的飞行员的决定提出任何异议，是一种独裁和完全屈从的机组关系，即使发现错误也不可以提出不同意见。根深蒂固的韩国文化中不平等等级结构的社会阶级主宰了大韩航空的机组文化，而这种文化在外部研究中普遍被认为是对飞行安全的一种威胁。

原因之二是，韩国文化中爱面子问题。大韩航空的多数机长并没有特别丰富的民航飞机飞行经验，他们之所以能够担任机长，是因为他们大多为空军退役的高级军官，为了他们的"面子"与所谓的社会级别的对等，才被安排到了机长的位置。这也反映了大韩航空基于人际关系与阶层关系而非严格考核制度的人事制度文化。

原因之三是，8509航班机长在数周前曾因为飞行出错而受到过严厉的责备，在此次飞行中，他被认为承受了更大的压力，更加害怕失误，反而造成了一意孤行、一错到底的路径选择。较低的社会容错态度，是此次空难的另一个可能的导火线。

原因之四是，高语境文化下的交流方式问题。在此前大韩航空发生过另外一起空难，更能体现这一文化特征给航空带来的安全隐患。1997年8月5日，大韩航空801航班从金浦机场飞往关岛机场降落时，撞毁在附近的尼米兹山脉，200多人身亡。事故调查认为是技术失误、恶劣的天气和驾驶舱人为因素共同导致飞机失事。但是对飞行录音记录的研究则揭示出高语境文化下的沟通方式，也是这次飞行事故的导火索之一。在飞机坠毁前的关键时候，飞机副机长指出："是不是下雨了？"在低语境文化下，这就是一个关于天气的日常交流，是对天气的咨询问句，甚至是毫无意义的寒暄语。但是考虑到韩国的高语境文化特征,在当时的语境下,这句话实际的意思是:"机长,您要求执行目测着陆,却没有按照飞行规定给出备选方案。外面在下雨,天气很差,漆黑一片,能见度差,跑道射灯又关闭了。穿越云层时,我们可能看不到跑道,如果失败了,我们不需要备选方案吗?"(格拉德威尔,2009)。这是高语境文化中下级对上级所能说的充分信息。突破云层后,负责气候监测的飞行工程师也决定提示机长,于是他说:"今天,气候雷达对我们提供了很大帮助。"在低语境文化下,这是一句对事物的正面评论。而在韩国的高语境文化氛围中,在当时的情境下,实际上,飞行工程师想要表达的意思是:"今天晚上不适合进行目测着陆,天气雷达监测显示前方有危险!"在正常交流场景中,这种高语境对话隐含的意义是可以为高语境文化附着人群认同并理解的。但是它需要敏感和用心的聆听者来解析背后共有的隐性信息。当天分外疲劳的机长就没能进行有效的聆听及沟通,直至空难悲剧的发生。

有趣的是,另一个故事似乎证明了文化沟通表达传统传袭的稳定性,往前追溯到明军精锐部队最终受到重创的1619年辽东战役,明军在辽东与努尔哈赤部队大战,其中刘綎所率部队中有1.3万人为朝鲜军队,明、朝联军在被驱散后,朝鲜军虽然占领了高地,却背弃自己的宗主国,将部队中的明军交给满军而投降。后来,朝鲜对这场战争结果的解释是:朝鲜被迫参战,对明朝官僚的专横早有不满,没有公然提出抗议只是因为文化传统。

大韩航空公司终于认识到只有调整公司文化,彻底革新,才能提高飞行文化和安全。全新驾驶舱文化建设在大韩航空公司开展,特别是针对沟通方式问题的改革,实现平等自由的机舱文化,最终使得大韩航空重新获得了安全航空公司的品牌口碑,成为现代世界评价最高的航空公司之一。

这个悲剧型案例告诉我们这样几点事实:

企业文化有可能会受到某种民族文化的强烈影响;

企业文化是影响企业表现的重要因素之一；

企业文化是可塑的。

（然而，2014年12月5日大韩航空公司再一次发生的小事故，似乎又引出了一场趋于悲观结论的讨论：企业文化虽然是可塑的，但传统文化的影响力似乎根深蒂固，较难从根本上撼动。当日，大韩航空赵亮镐会长之女、副社长赵显娥乘坐自家公司的航班从美国返回韩国，因为一名空服员送餐时未能按其要求拆开食品，便命令机长将客机从跑道折返登机门，并驱赶座舱长下机。舆论界一片哗然，批评大韩航空管理层的威权文化，将等级制度凌驾在机组人员的专业操作规则之上。当然，最后赵显娥因妨碍正常飞行秩序，被迫辞职，并被逮捕。）

企业文化在企业创新表现中起到了至关重要的作用，正如葛非（Goffee）在其著作中提出的：企业文化是企业竞争力优势的最有持久力的来源（Goffee et al.，2003）。大量的企业实证调研也得出这样的结论：企业的技术创新效率不高并不都在于技术要素的限制，如技术平台搭建、基础设施建设等，更多地还在于企业的文化、战略、组织机构与流程、制度等的制约。对文化重视是成功企业的显著特征，文化对企业战略、组织实施，员工凝聚力、向心力提升均有正向的驱动作用（朱凌，2008）。

基于企业这一组织层级在当代国家创新生态系统中的重要地位，本章将企业文化列为驱动创新的组织文化体系中的最主要层面进行解析。

7.2　企业文化研究路径与轨迹综述

7.2.1　企业文化研究缘起与演变

关于企业文化概念及学说的最早提出者,目前学界有不同说法,一说为英国管理学家佩提格鲁(Pettigrew)1979年在《管理科学季刊》上发表文章提出,另一说则认为由美籍日裔管理学者威廉·大内在其《Z理论:美国企业如何迎接日本的挑战》(以下简称《Z理论》)中提出日本企业成功源自其独特的企业文化的观点。《Z理论》一书认为,"管理人的不是制度,而是以人为本的健康的企业文化环境";而"现代企业竞争力的重点正从产品竞争上升到企业文化竞争,没有文化的企业是绝对没有竞争力的"(威廉·大内,1981)。

基于企业文化是现代管理成功之道的理念,美国管理学界出版了被誉为"企业文化新潮四重奏"的四部企业文化专著,即:《追求卓越》(汤姆·彼得斯和罗伯特·沃特曼)、《日本的管理艺术》(理查德·帕斯卡尔和安东尼·阿索斯)、《企业文化》(特伦斯·迪尔与艾伦·肯尼迪)、《Z理论》。因此,现代意义上企业文化的管理实践源自日本,理论研究则源于美国。

企业文化研究从兴起到21世纪初,研究内容逐步深化和拓展,可以分为四个主要研究阶段(李桂荣 等,2004),其时段划分、研究内容、代表性著作和研究特点如表7.1至表7.4所示。

表7.1 企业文化研究：20世纪20年代至70年代末

研究内容	代表性著作	研究特点
聚焦企业文化核心价值观，如宗旨、企业氛围和运作效率、员工激励和自我价值实现	《芝加哥的象征：工业、企业、教育、文化之城》（沃尔特·斯戈特，1960）、《组织文化与自我实现过程》（牛顿·马各里斯，1965）、《信任、文化及组织行为》（爱尔顿·E·塞娜、左治·F·法丽斯和D·安瑟尼·巴特菲尔德，1971）、《企业文化：分类研究》（约翰·D·迈克尼尔，1979）、《企业文化对企业战略的支持》（哈沃德·希瓦茨和斯坦利·M·戴维斯，1979）、《多边贸易环境下的企业文化》（阿尔弗雷德·M·吉格，1979）	对企业文化的零星点状、碎片化探索性研究，未形成完整的企业文化理论体系

表7.2 企业文化研究：20世纪80年代初期至中期

研究内容	代表性著作	研究特点
企业文化的概念和作用、企业文化和企业高层管理者的关系、企业文化的培育、企业文化与企业成长、企业文化管理和对具体企业文化的认识和描述等案例研究	《Z理论：美国企业如何迎接日本的挑战》（威廉·大内，1981）、《日本的管理艺术》（理查德·帕斯卡尔和安东尼·阿索斯，1981）、《企业文化》（特伦斯·迪尔和艾伦·肯尼迪，1982）、《追求卓越》（汤姆·彼得斯和罗伯特·沃特曼，1982）、《苏格兰金融企业的源泉：成功文化》（R·H·坎姆贝尔，1980）、《企业文化：动态研究》（爱德加·H·沙因，1983）、《邮局的企业文化：历史、现状和未来》（安·M·罗宾森，1983）、《企业文化：概念分析及其管理学意义》（威吉·塞斯，1984）、《企业自然的思维和行为：创造理想的企业文化的途径》（罗伯特·F·爱伦和夏洛特·克拉夫特，1982）、《企业文化：企业文化的实质和企业文化变革的方式》（爱德加·H·沙因，1983）、《创造卓越：新时代的企业文化、企业战略和企业文化变革的方式》（科瑞格·R·黑科曼和迈克尔·A·希尔沃，1984）、《管理企业文化》（斯坦利·M·戴维斯，1984）、《美国精神》（劳伦斯·M·米勒，1984）、《领导风格与企业文化的关系：实证研究》（昆汀·格莱姆，1984）、《企业文化与企业氛围：高官层的作用》（F·奈特利亚·泼拿瑟勒，1984）、《企业文化与企业中的叛逆文化：难以共生的共生》（琼尼·马丁和凯仑·希尔，1983）、《企业文化与沟通过程》（约翰·J·马休，1983）、《企业文化与社会化过程》（弗郎西斯·D·凯希迪，1983）	企业文化的兴起阶段，形成了相对完整的企业文化研究理论体系

表7.3　企业文化研究：20世纪80年代中期至末期

研究内容	代表性著作	研究特点
继续深化、拓展上一阶段研究内容，还进行了企业文化的形成过程和企业文化的变革和演变研究	《企业文化与领导艺术：动态研究》（爱德加·H·沙因，1985）、《变革企业文化：创造新型企业的途径》（爱仑·威廉、保尔·道布森和迈克·沃特斯，1989）、《企业文化变革中沟通的作用》（南希·马丁，1988）、《国有企业的企业文化：总体分析》（布兰·S·帕森斯，1988）、《员工眼中的企业伦理、企业文化和上下级沟通》（弗茹尼卡·L·布劳恩，1988）、《作为企业文化象征的企业价值观和员工满意度之间的关系》（帕崔西亚·H·卡拉瑟诺思，1988）、《企业购并、兼并过程中的企业沟通和企业文化》（约翰·B·露奇，1988）、《企业文化：概念与识别方法》（迈克尔·P·詹米森，1985）、《整体大于各部分之和：企业文化》（戴布拉·J·格莱哈姆，1985）、《组织文化：公共关系中价值观的体现方式》（戴维·M·维拉努，1986）、《企业价值观、对员工的尊重，对顾客的贴近和企业家精神对企业经营效率的影响》（R·戴姆·谢曼，1986）、《企业文化之间的不同：对管理的意义》（林恩·M·奥斯沃尔德，1985）、《企业文化变革中的企业文化分析》（帕崔西亚·K·嘉波，1987）、《变革企业文化：美国通用会计公司的战略、结构和职业精神》（沃雷斯·E·沃科尔，1986）	研究丰富和发展阶段，内容更加细化与具体化，开始着眼企业文化演变过程、形成机制研究

鉴于文化是较稳定态的研究对象，进入21世纪后的十余年，企业文化研究并未有大的理论突破，直接相关文献（文化与创新绩效表现）研究基本都是通过构建理论模型，证明二者的正向影响效应（王飞绒 等，2013；何含兵 等，2010；杨晶照 等，2012）。

表7.4 企业文化研究:20世纪末至21世纪初

研究内容	代表性著作	研究特点
企业文化与企业核心竞争力、网络文化、速度文化、多元文化、创新文化、集思广益决策、公正的过程等的融合研究。把握企业文化的作用机制,研究新经济运行规律对企业的挑战和对企业文化的本质要求	《企业文化与企业经营业绩》(约翰·科特和詹姆士·L·赫斯科特,1992)、《企业文化、团队文化:克服团队成功的障碍》(杰克林·谢理顿,1997)、《谁动了我的奶酪?》(斯宾塞·约翰逊,1998)、《企业文化的永恒法则:关于企业文化的认识和谬误》(爱德加·H·沙因,1999)、《网络文化:网络经济时代的企业文化》(伯歌·C·纽豪热、佩·本德和科哥·L·斯特姆斯堡,2000)、《企业文化:转变领导方式的驱动力》(玛丽·戴维斯,2003)、《沟通对企业文化的影响》(娜迪娅·K·布什和道诺德·K·怀特,2003)、《美国企业的成长:历史、政治、文化》(科尼斯·李帕提都和戴维·西西勒,2003)、《沟通对企业文化的影响》(娜迪亚·K·布什和唐纳德·K·怀特,2003)、《争取竞争优势的企业文化》(查尔斯·H·特纳,1990)、《管理企业文化:使印度获得世界竞争力的多元化》(卡尔·尤利奇、R·S·乔德瑞和凯山·S·瑞纳,2000)、《个性魅力:张扬企业的形象、品牌和文化,赢得世界的认同》(保尔·泰姆波罗尔,1998)、《企业价值观:道德争论》(保尔·希勒斯和保尔·莫莉斯,1992)、《企业与文化》(科林·格利,1998)、《氛围与文化:企业沟通的实证研究》(弗古尼亚·S·侯勒普,1995)、《培育学习型的文化:促使员工创造优质产品、积极创新、保证企业长足发展》(苏·玖斯,1996)、《兼并与收购过程中的企业文化:理认框架》(琼恩·C·马丁和安德鲁·哥达德,1997)、《企业文化:沟通研究》(查勒·温德利,1992)、《对企业文化变化的评价》(詹尼弗·L·万恩,1992)、《新技术对企业文化的影响:通讯业中的典型研究》(贝慈·布莱克斯利,1991)	研究与实践结合紧密,为企业指明道路,看重实践指导意义

企业文化的研究方法可归为定性研究和定量研究两种:定性研究对企业文化概念、内涵进行研究,代表者是沙因(Schein),主要使用访谈、现场观察等

诊断式研究方法。定量研究则源自以美国密歇根大学的奎因（Quinn）教授为代表的学者，他推出了竞争价值模型，并设计出企业文化标准问卷。以此问卷为基础，后来的研究者推出了一系列的定量分析测量方法和量表，其中比较有影响力的如皮尔（Pierre）等人提出的组织分析模型。

7.2.2 企业文化内涵研究

正如文化的定义多样性状况一样，企业文化也被从不同视角赋以不同的内涵界定。基于相关研究综述，国际的企业文化的定义有180多个。其中接受度较高的定义如下：

威廉·大内将企业文化定义为："企业的传统和氛围产生的企业风格，影响企业行为、言论和一切活动的具有延续性的固定模式。"被视为企业文化研究经典文献的特恩斯的研究认为企业文化的要素涵盖了"企业环境、价值观、英雄、仪式和文化网络"，他认为企业文化的核心要素是价值观（Deal et al., 1982）。奥特（Ott）、韦斯特布鲁克（Westbrook）等研究者认为：企业文化是"由语言、器物、符号、行为模式、基本假设和子文化构成的体系"（朱凌，2008）。

沙因认为：企业文化由社会成员共同遵循的意识、价值观念、道德规范、行为规范等构成。基于企业文化的影响力研究，沙因又提出企业文化是组织中"可感知的、思考的、可重复进行的公认、共享、默认的方式，是组织中最有权力和最恒定的操作力"（Schein, 1996）。

爱伦·威廉斯、迈克·沃德斯以及鲍·德布森则指出：文化是企业"共享稳定的信念、态度和价值观"（Williams et al., 1989）。

加雷斯·R·琼斯、查尔斯·W·L·希尔等认为：企业文化是"企业中人们共享的、特有的价值观以及行为规范的集合"，并特别聚焦企业文化对交流模式的影响,如认为这些价值观和行为准则规约了企业员工之间以及企业与外界其他各利益群体之间的交往模式(加雷斯·R·琼斯 等,2011)。

上述这些定义既有对企业文化内涵的探讨,也试图表述和刻画其外显形式和影响层面。

国内研究也是从企业文化定义探讨开始的,目前比较受认可的定义如下:

企业文化是指:"一个企业在其运行过程中形成的、为全体企业组成成员普遍接受的并能自觉执行的理想、价值观念和行为规范的总和。"(王朝晖,2009)这一定义聚焦的是企业文化的形成过程以及其内涵和作用范围。

企业文化是:"企业在长期的生产经营和管理活动中培育形成的,具有本企业特色的,并且体现出企业管理者主体意识的精神财富及其物质形态。它由企业环境、价值观、英雄人物、文化仪式和文化网络等要素组成。"(张木生,1996)这一定义同样关注企业文化的形成过程以及要素构成,但是将其内涵从精神层面扩充至物质层面,并列举了其具体表现形式。

"企业文化作为一种亚文化,是从属于组织文化的一个子概念,它是企业在实现企业目标的过程中形成和建立起来的,由企业内部全体成员共同认可和遵守的企业哲学、经营理念、价值观念、道德标准、行为规范、管理方式、规章制度等的总和,以人的全面发展为最终目标。其核心是企业精神和企业价值观。"(胡正荣,1995)这一定义从广义的文化视角指出企业文化在文化体系中的角色,聚焦企业文化的精神层面和制度层面,而对其物质层面表现则较少涉及。

"企业文化是指全体员工在长期的创业和发展过程中培育形成的,并共同遵守的最高目标、价值标准、基本信念及行为规范。它是企业理念形态文化、物质形态文化和制度形态文化的复合体。"(张德 等,2000)这一定义对文化内涵进行了较为全面的概括。

"企业文化是一种从事经济活动的组织之中形成的组织文化。它所包含的价值观念、行为准则等意识形态和物质形态均为该组织成员所共同认可。它与文教、科研、军事等组织的文化性质是不同的。"(刘光明,1999)这一定义揭示了企业文化作为组织文化的亚文化的本质,强调企业这一组织机构与其他组织的差异性。

以上企业文化的定义与内涵研究,均对企业文化进行了组成要素剖析。企业文化内核组成了企业的软环境、无形资源层面,包括价值观、道德规范、意识、态度、信念,外化至企业的物质、行为、制度层面,体现为凸显企业价值观的英雄和仪式、制度安排、组织结构、沟通模式等。

毫无疑问,企业文化是精神层面的,是企业无形的软资源,它置身于所属区域的社会环境、市场环境、政治环境。民族文化对企业文化的深度影响毋庸置疑。霍夫斯泰德通过研究发现了民族文化对企业文化的影响是难以消除的;实证研究也发现了"跨国公司内部德国人变得更加德国化,美国人更加美国化……企业文化不仅不能消除或减少民族文化的差异,反而保持甚至巩固了民族文化的影响"(Luthans et al.,2009)。

企业文化涵括了两个主要层面,见图7.1。首先表现在企业家精神、企业价值观、企业哲学等精神层面,即无形层面。这一层面作为企业文化的核心层面,像一只"无形的手",将其影响力映射在企业文化的有形层面,即制度层面和物质行为层面,具体表现为企业员工的惯常行为模式特别是交流模式,共同遵守的道德规范,企业文化影响下形成的组织结构和制度规约,甚至企业的产品也体现出企业哲学、企业服务效率与业绩、企业价值观的形象表现、技术创新动力和模式等。

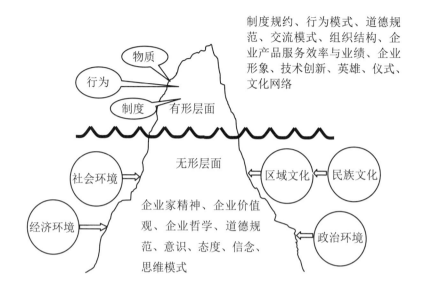

图7.1 企业文化内涵图

7.3 企业创新能力及其评测方法的发育

企业创新能力从不同研究视角具有多种阐释观点。企业创新能力是一个涵盖多层要素的综合能力体系,因此企业创新能力研究是一个基于不同知识视角的解构过程。基于组织行为学,伯格曼(Burgelman)等把企业的技术创新能力分解为科学分配及利用资源的能力,对企业竞争对手动态的把握、理解以及应对的能力,对行业发展、技术发展的路径、规律的掌控能力,企业的战略管理能力等(Burgelman et al., 2009)。其中重要的一点就是企业的文化条件和组织结构。从创新行为主体角度,巴顿(Barton)解析了企业的创新核心能力,认为其构成为：创新性的企业价值观、艰深专业知识的主体、创新型的技术系统，以及创新型的管理系统（Barton，1992）。艾米顿（Amidon）则使用了思想创造商数、质量商数、创新商数来分解企业技术创新能力，三者分别指代创造、使用和转化新思想形成利润的能力（Amidon，1996）。

从国内研究看，许庆瑞、魏江等从技术创新过程角度将企业技术创新能力解构为表现在决策、研发、生产、市场营销、组织等一系列层面上的创新能力（许庆瑞 等，1995；魏江 等，1996）。傅家骥等则认为技术创新能力是技术能力的内涵。其构成包括投入层面的创新资源的投入能力，产出层面的研发能力、制造能力，以及创新型管理能力、营销能力等（傅家骥，1998）。远德玉和董中保将创新能力解构为三个层面——技术、产品和生产工艺过程创新，组织管理创新以及经济过程创新，因此相关创新要素包括研发能力、新产品制造能力、规模制造能力、市场开拓能力、反馈和更新能力等（远德玉 等，1994）。柳卸林从企业组织形式的角度，把企业的创新能力概括为企业的产权形式、创新资金的来源、承受风险的能力以及技术开发能力四个要素（柳卸林，1993）。创新生态系统概念赋予了企业创新能力一些新的内涵，它不再是独立的，而是在整个创新生态系统中依靠科研机构、政府、市场等形成的基础组织、协调控制和协同进化能力（包宇航 等，2017）。"创新网络""知识整合""供给侧管理""大数据"等热门研究视角下的企业创新能力研究也日益凸显。

对企业创新能力测度也采用将技术创新能力分解为指标，以构建多维度指标体系进行测评的方法进行。研究人员或机构均建构不同视角的企业创新能力指标体系，测评维度涵盖了众多维度：

赵彦云等表达的指标体系包括：体现研发投入的研发总支出、研发支出增长率、研发支出占销售额比例、研发人员数量和教育水平；体现创新产出的维度如专利数、专利数增长速度、生产国际领先水平新产品数等，而没有体现出创新文化的评测(赵彦云 等,2007)。

郑春东等构建的是基于过程观点的企业技术创新能力评价指标体系。这一指标体系包括5个一级指标和18个二级指标。其测评的指标体系包括考察企业与市场对接情况的市场技术需求分析维度,考察公司创新管理规划的技术创新构思与规划维度,反映企业研发、生产能力的研究开发维度和生产能力维度等(郑春东 等,1999)。

杨宏进的创新指标体系针对创新投入能力、实施能力、实现能力、管理能力等维度进行测评(杨宏进,1998)。

曹崇延和王淮学建立的指标体系中有企业领导的创新欲望和责任心指标、组织文化和气氛指标(曹崇延 等,1998)。

李琪构建的指标体系中有创新倾向维度下的企业家创新意识指标、创新战略制定与规划指标等(李琪,2004)。

何必建立了包含投入、研发、生产、营销和管理五个一级指标的体系(何必,2008)。

杨广青等提出了五个一级指标的测评体系,具体包括创新人员投入、经费投入、创新活动能力、产出能力和外部环境(杨广青 等,2011)。

赵浩宇的一级指标包括自主创新投入能力、研发能力、创新成产能力、新产品营销能力和创新管理能力(赵浩宇,2014)。

高丹丹等提出的一级指标包括研发投入、人力资源、企业收益和环境影响(高丹丹 等,2016)。

多样化的测评指标应用所使用的方法主要包括数据包络分析法(DEA)、层次分析法(AHP)、模糊综合评价法、灰色关联分析法、回归分析、BP神经网络、因子分析法等。

综合以上研究,我们认为,目前对于企业创新能力的硬性指标研究较多,而对软性的隐形指标，即企业创新外在表现的内部驱动力，如企业驱动创新的文化要素及其作用机理的提炼则相对欠缺。

7.4　驱动创新的企业文化要素提炼

管理域对文化的研究常常将两者对立起来，作为主客体进行研究，然而究其根源，广义文化观下管理实际上属文化的内涵。人们在集聚为群体，演变为一个有组织的系统后，特定的自然、经济、社会、政治环境就开始作用于其管理过程，不同的自然、社会环境形成了不同风格的文化信念、价值观、信仰、宗教，并作用于管理模式。管理方式作为人类价值观、思维方式、行为模式的直接体现，是其所属文化的凸显和外化形式，正如德鲁克所言："管理本身就是文化，它植根于一种文化、一个社会、一种价值传统、习惯和信念……根植于政府制度和政治制度之中。"(德鲁克，1978)

企业是一个非线性的复杂动态系统(Fitzgerald et al., 2002)。企业作为一个组织单位，其创新同样是一个非线性过程(Black et al., 2000)。因此，在技术条件已具备的环境下，运用复杂性科学的思维方法来研究企业创新系统是一个更贴切的选择，考察层面包括：决定系统行为的变量以及变量间的联结模式(Brown et al., 2001)。基于这一解释系统行为的层面要求，本节需探索的具体问题包括：企业创新驱动文化要素有哪些？要素间互动关系及其作用机理如何？因应这一研究思路，驱动创新的企业文化要素体系研究内容主要包括：创新型企业文化特征提取、企业文化影响下的组织结构特征及企业亚文化协调模式。

7.4.1 驱动创新的企业文化特征

企业是创新的量大面广的基层组织单元,其创新知识应用和开发能力处于国家创新生态系统的核心层,其创新能力的提升是国家整体创新能力提升的核心。有学者通过对80家企业管理者调查研究发现,我国大多数的管理者并不缺乏战略境界与创新思想,我国企业创新能力的薄弱之根源并不在于企业管理者缺乏创新观念。关于企业创新文化建设的调查研究发现,我国大中型工业企业中创新型文化仅占12%(朱凌,2008),创新文化氛围的不足是我国企业创新能力发展的非技术因素层面的桎梏。虽然具有创新观念,但是根深蒂固的文化要素作用于企业的多层面主体,从创新思维到创新行动均限制了创新观念的传播及创新战略的实施执行,从而限制了我国企业创新绩效的提升。

对驱动创新的企业文化特征研究视角包括不同类型企业文化创新驱动作用分析、比较和企业文化创新要素提炼。

1. 不同类型企业文化创新驱动作用比较

通过对企业文化共同特征的实证研究,研究者依据不同维度标准提出了不同的企业文化类型。胡金伯格(Hooijberg)等将文化划分为氏族文化、企业家文化、官僚文化和市场文化(Hooijberg et al., 1993)。其中氏族文化型企业以忠诚、团队合作和贡献为主要特征。氏族文化型企业员工有共同的行为方式和愿景,成员间沟通协调顺畅,有和睦的家庭气氛。企业家文化型企业的特征是敢于冒险,创造力强。微软、英特尔和硅谷的许多基于技术创新研发的创始公司都是这种类型。官僚文化型企业有明确定义的任务、责任规范,强调权威,以正式、讲究规则和标准为特色。因此,这类企业常常拥有厚厚的工作手册指导员工行动。市场文化型企业以竞争和利润为驱动,企业员工重视独立和个性,个体对企业的义务以协议方式确定下来,员工间的交流不被重视,组织内没有广泛的同事交流网络。

通过对不同类型文化企业的创新表现分析发现,企业家文化型企业创新驱动力较强,其驱动要素主要是敢于冒险、鼓励创新的文化价值观体系。氏族文化型企业的管理权威和团队合作也是其能有力执行创新任务的有利条件,市场文化型企业则因为其市场需求敏感性更具有创新动力与敏感度。

强皮纳尔斯依据平等性和等级、任务导向和人导向两大维度划分出四类主要企业文化类型:家庭型企业文化、埃菲尔铁塔型企业文化、导弹型企业文化和孵化器型企业文化。同时他也指出,一个企业并非只有单一企业文化,而是以某种文化为主导,此类主导文化会影响到员工的关系、思考行为模式、学习模式、工作动机、处理冲突方式等(Trompenaars, 1994)。

家庭型企业文化的特征为:强调等级观念,以人为导向。企业氛围如同一个家庭,员工有着共同的传统、习惯,领导拥有绝对权威和权力,领导如同家长般做决定,员工则以年龄和职位决定权力,严格区分内群体和外群体。就创新而言,员工很少有主动性,决策由公司领导决定。根据强皮纳尔斯的研究,此类企业文化在土耳其、巴基斯坦、委内瑞拉、中国和新加坡的企业中较为常见。

埃菲尔铁塔型企业文化以等级制度和任务导向为特征。在此类企业中,职位职责以制度形式清晰地被描述,招聘员工的技能、资质和工作需求以及奖惩升迁均有相应的制度,而非由领导决定,领导职位与能力而非关系挂钩,随时可能更替,社会地位也只与职位挂钩,而非该职位上的人。领导与员工及员工之间并不会发展为特别和睦的关系。一般认为欧洲西北部国家如丹麦、德国、荷兰企业中常常以此类文化为主。就创新而言,此类企业文化虽然制度完善,却具有僵化教条、应变能力不够的缺点。一旦创新,则面临着工作手册的修改,工作流程、职位描述、评估和奖惩体系以及工作资质等一系列的更改,否则会让企业员工不知所措,创新过程繁冗。

导弹型企业文化的特征为强调平等,以任务为导向。具体来看,工作任务都是以团队和项目组为单位进行的,职位职责描述相对灵活而非一成不变,强调员工各尽其能,而非事先做任何限定规则,员工间关系平等,因而合作亲密,能和谐相处。此类企业文化在英美企业中常见。就创新而言,在导弹型企业文化内,变革是迅速灵活的,工作团队或项目组可以快速从一个工作任务转向另一个。员工崇尚努力奋斗的精神,为了完成工作目标充满热情,企业甚至是项目本身是员工实现自我价值的途径,企业的评价奖惩也是以个人表现为标准进行的。这些特点都有利于激发员工的创新意愿和创新努力,但这种文化下合作效率可能受到影响。

孵化器型企业文化的特征是平等和以人为导向。企业的角色被定义为实现个人奋斗目标的孵化器。因此,企业没有等级严明的结构,一般此类企业都是剥离于埃菲尔铁塔型企业不久,经费常常不足,因为受合理的心理授权影响,员工特别勤奋,甚至会为了实现其创新目标而自发加班;领导地位与职位无关,由个人能力决定。因此,此类企业文化具有强烈的创新特征,却具有不稳定的缺点,一旦创新目标实现,商业化和利润被提上日程,孵化器特征就开始消减,企业会慢慢转向其他类型的企业文化。

此外,基于不同企业文化驱动、不同技术创新类型的作用研究,可将企业文化区分为官僚型文化、支撑型文化和创新型文化,不同类型文化对技术创新的方式有着不同的影响(孙爱英 等,2004)。官僚型组织文化不利于企业进行渐进创新,而有利于企业进行突变创新,因为该种文化支持强制性行政干预式的创新行为;支撑型组织文化既有利于企业进行突变创新,又有利于企业进行渐进创新;创新型组织文化则有利于企业进行突变创新,而不利于企业进行渐进创新。

由对主要企业文化类型的创新驱动作用及其作用层面的分析可以看出,由于企业文化差异维度的多样化,其对创新过程的作用是多层面、多作用点的,甚至同一文化类型就会同时具有驱动和限制创新的因素,不同文化类型会对不同类型创新或不同阶段创新产生差异化的影响。

2. 企业创新文化解析

本部分从企业创新文化研究视角来检视驱动创新的企业文化要素。因应对企业创新能力的核心作用的认同,学界提出了企业创新文化概念,认为企业是否培育出创新文化对企业创新绩效会产生显著影响。对企业创新文化的内涵界定目前学界认同度较高的有:

波罗纳特(Boronat)等认为企业创新文化是最大化创新需求,如创新思想,而培育的一种行为模式。这一定义将创新文化直接等同于其外化形式,具有局限性。

弗罗曼(Frohman)等认为创新文化就是能够培育出创新行为的文化(Frohman et al.,1992)。由于这种文化能够激发创新的热情、能量和责任感,因而可实现创新的目标。这一定义凸显的是创新文化的作用,而非对其本身内涵的探讨。

桑尼贝瑞(Thornberry)认为企业创新文化是企业特有的一种精神财富,同时又外化表现为创新的物质形态,具体涵盖了核心价值观、行为准则、创新相关制度和标准以及文化环境等。桑尼贝瑞认为它的形成过程是在一定的历史条件下,在企业创新尝试和长期管理行为中发展、形成的,这种文化特点包括对冒险行为的鼓励和对创新尝试的奖赏,创新文化的作用突出表现为对创新型个体的机理作用,企业应对环境变化、突发危机的应变能力(Thornberry,

2003)。这一定义较为全面,解析了其内涵、特点、外显形式以及形成过程,且对其作用进行了剖析。

从国内研究来看,张钢和许庆瑞认为:创新型文化具有长期性、多样化、创造性等特点,其面向未来,以长期发展目标为导向(张钢 等,1996)。这一定义强调了创新文化的特点。宋培林则从创新文化的重要性论证角度出发,提出创新文化保障各层面创新,如制度创新、组织创新、技术创新、知识创新(宋培林,2000)。这一定义强调的是其重要性。水常青和许庆瑞提出创新文化的内涵包括精神及其外在表现,如价值观、行为规则、制度等,认为创新文化的作用是激发创新思想、鼓励创新行为、促进创新实施,这一定义探究的是企业创新文化的内涵和表现形式(水常青 等,2005)。

对创新文化的研究视角涵盖了基于实证研究的归纳法和个案分析法。如戴尔贝克(Delbercq)和米尔斯(Mills)基于几百家创新型企业实证分析,提炼出创新型文化要素包括高层支持、市场导向、鼓励员工参与创新和创新实施的保障(Delbercq et al.,1985)。

梅尔森(Myerson)和汉米顿(Hamiton)通过对英特尔等公司的分析,提出创新型企业文化要素包括:清晰而具挑战性的战略愿景、高层管理者的支持、领导榜样、组织配合、选择新员工及辞退抵制者(Myerson et al.,1986)。欧瑞利(O'Reilly)对明尼苏达矿务及制造业公司、英特尔和惠普等公司研究并提取了创新要素,认为创新型公司表现为一系列特征,如对冒险行为的鼓励、对变革尝试的奖赏、开放性的氛围、全体共享的创新目标、自主行为的权力等(O'Reilly,1989)。

兹恩(Zien)和巴克勒(Buckler)对创新型公司的创新特征研究时发现了以下创新要素:对公司的忠实和认同感、市场与研发人员的对接、产品为顾客需求驱动、员工的创新参与积极性以及组织内传播创新典型的经典创新故事

(Zien et al., 1997)。还有研究者直接提炼出创新型企业的判别要素,如汤姆·彼得斯的创新企业23条标准(汤姆·彼得斯,2000)。

国内研究者许庆瑞等尝试构建创新型文化要素,王朝晖则以中美日韩企业文化的典型特征作为创新型文化要素构建的基础(许庆瑞 等,2004;王朝晖,2009)。另有若干学者试图揭示企业文化作用于创新能力的中间变量,如将知识分享作为中间变量研究组织文化与组织绩效之间的相互影响关系,通过实证研究结果证明知识分享是组织文化影响创新的中间变量等。

企业创新文化不是与企业文化同等层面的文化内涵,而是企业文化中有利于创新的一类文化要素的集合。近年对企业创新文化内涵的探讨渐减,可见学界已经基本达成共识而热点消失,而更多聚焦其作用的层面和机制,例如,如何驱动研发投资(张玉明 等,2016)、对创业导向的影响(胡赛全 等,2014)、与创新绩效关系的研究(张莉,2014;解学梅 等,2014)等。

3. 驱动创新的企业文化特征梳理

综合驱动创新的企业文化与创新型企业文化分析结果,我们提炼出如表7.5所示的驱动创新的企业层面文化要素,并对其进行特征解析。

表7.5 驱动创新的企业文化特征

作用文化层面	文化特征
敢冒风险的价值观	奖励变革、鼓励创新,容忍错误导向,容忍员工打破公司规章制度,同时鼓励吸取经验教训;为创新提供精神、物质各个层面的支持,以市场为导向,构建市场与技术人员的沟通渠道,具有创新敏感度和应变能力
开放的创新氛围	构建开放自由的正式和非正式交流网络,鼓励信息共享意愿,并提供技术平台;决策民主,且决策过程充分考虑市场和消费者;创新进度指令宽松,避免过分细化,职能划分不过度清晰,采用弹性时间制,鼓励跨职能团队协作,界面管理以创新过程管理为主导

续表

作用文化层面	文化特征
统一创新愿景	员工普遍具有主人翁精神,对组织忠诚,对组织目标有认同感;享有共同的创新愿景和方向,具有团队精神,互相尊重与信任;企业具有鲜明的创新故事和创新英雄作为行为典范,凸显企业创新典型的传播,个体创新绩效评测科学有效,善于将企业的非个人目标转化成个人化的执着精神;创新战略明晰且具有挑战性
个人创新责任感	各层级管理者能规避官僚作风,充分授权员工创新;容忍和鼓励自我价值的体现和英雄主义行为;容忍自由组合的非正式创新小团队活动,在创新过程中起表率作用,评价制度依据个人能力表现而非职位或关系

7.4.2　文化作用下的企业组织结构

驱动企业创新的文化要素需要外化的实现机制,即文化在物质层面、制度层面上的外显表现。其中一个既受到文化影响又是文化外显表现的要素就是企业组织结构,它决定了企业的创新文化要素是否能够萌芽、存续和繁荣。

组织理论的发展经历了古典、行为科学至现代组织理论三大阶段。组织是一个社会体系,它为了完成工作任务的目标,采用特定的组织权责架构。组织结构是组织各部门权责关系和划分、协作沟通的模式。可以依据不同标准将组织结构划分为不同的结构类型,例如,按照纵向等级关系以及横向分工协作关系划分。前者涉及企业权力的层层分配、各级管理者的职责定义与区分,可划分为战略高层子文化、中层管理执行子文化、基层操作型子文化;后者则依据功能划分,进行部门或专业分类,可以分为工程技术型子文化、生产操作型子文化和市场营销型子文化。

基于管理方式是偏刚性还是偏柔性将组织结构区分为机械组织和有机组

织。机械组织的特点包括规则明确、工作领域及权力区分严格、权力层级分明、高度正式化、集权化,后者则以分权、权威层级不明显、规则灵活、非正式跨职能跨等级团队、信息流动自由等为特点,灵活度更高也具有更好的适应性。从不同的组织结构的特点可以看出其对个人、团体、组织的行为方式的影响,对创新推动作用后者也优于前者。有机组织的典型表现形式如无边界组织,以组织层级和部门壁垒少、组织结构趋于扁平化为特征;学习型组织以及近来推崇的创新型组织等,具有"高劳动分工、低规范化、部门化、松散型结构和分权化计划管理"特征(陈春花 等,2004)。

其他依据不同功能的划分结构模式还有如直线型组织结构、职能型组织结构、直线参谋型组织结构、事业部制组织结构、矩阵型组织结构、多维立体型组织结构等。

组织结构在一定程度上受到环境因素影响,如政治、法规、资源、战略、技术因素,而文化因素也是不可或缺的影响要素。对其文化影响要素进行提取,研究认为组织结构影响创新表现的文化维度为接受权力极差的程度和不确定性规避的程度。

这两个文化维度的主要作用层面是企业的决策模式和交流模式。在能够接受很高的权力极差,同时又迫切要求防止不确定性的国家里,组织结构一般倾向于"金字塔"式的传统层级结构(毕鹏程 等,2003)。就其对创新的影响来看,严格的等级结构不利于创新,因为等级森严的组织结构会形成权力鸿沟,高级管理人员会制定严格的工作界限,树立权力权威,具有官僚作风,决策权力集中,缺乏民主,职能划分清晰,指令多于指导,跨部门协作不畅,交流正式而古板,组织一般缺乏创新氛围,个人创新能力也受到压制。但这种结构在推行创新力度和效率上更有利。而扁平结构组织一般趋于有机组织特征,具有更为民主的决策系统和流畅的沟通体系,决策权分散于个体,建立在个人的技巧和能力之上,沟通网络非正式而自由,职能划分、部门间协作界限相对模糊,结构松散,权力权威随环境变化而改变,进行柔性管理,具有更大的自主空间用于进行相关创新活动,个体创新绩效的测评标准统一、有序而科学,因此个人具有更高的创新主动性和责任感,但是创新行为合作效率可能较低。

7.4.3 企业亚文化的协作模式

企业文化的多元程度也是企业创新能力的重要驱动要素,其原因有二:一是异质性有利于新思想的产生,而一致性则会使研究兴趣和研究方法僵化;二是文化差异可以避免群体思维的发生,而发生群思现象则是创新,特别是创新决策的主要桎梏。

在社会学范畴,群体指两个或更多个互动并相互影响的人(Shaw, 1981)。从社会心理学视角,群体内涵则可界定为一个群体中的成员对自己群体的认同感(Turner, 1987),即群体是个人归属感所在,所以会影响到个人的思维与行为。对群体思维的研究起源于社会心理学家对失败决策过程历史事件的反思研究。如1941年珍珠港事件、1961年美国入侵猪湾事件及越南战争,促使社会心理学家如杰尼斯(Janis)观察到在群体决策中为了维护群体和睦而压制异议的群体思维现象。友善、凝聚力强、排斥异议的群体,以及从自己的喜好出发做决策的支配型领导方式都易引发群体思维的发生(戴维·迈尔斯,2009)。一般群体思维症状包括对群体能力的高估错觉,对群体道义的无可置疑,迫于从众压力或一致同意错觉而将群体决策合理化,为保护群体成员和谐而产生的对异议的心理防御,甚至是打压任何异质观点等。

群体思维是把双刃剑,一方面会使群体承担风险能力增强,使创新变革进行更为顺畅。例如,日本、韩国等国家较佳的创新表现就部分源自集体行动的一致性。另一方面,群体决策也会因其"风险转移"特征而更驱使群体成员采取非理性的极端风险行为,特别是当其发生在一个鼓励冒险并对失败比较宽容的组织之中。为避免群体中群思发生,可采用的手段一般包括魔鬼代言人的设置、鼓励批评性评价、基于网络交流的头脑风暴,而多元异质性群体的存在也是一个有效应对方案,能够进行批判性的多元分析,以避免群思造成的极端事件发生。图7.2和图7.3对比了常规会议讨论模式和头脑风暴式讨论模式,一般认为后者更不易产生群思现象,更有助于创新思想的产生。

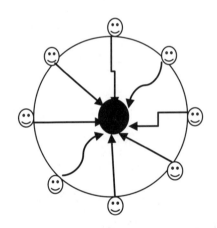

图7.2 常规会议讨论

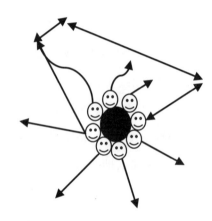

图7.3 头脑风暴式讨论

异质性具体表现为具有异质性背景的成员,差异指标包括年龄、性别、资历、学科等,不同国家和文化背景也是重要的异质性指标。因此,企业具有多元的亚文化,对企业创新表现具有积极的促进作用,但是这种异质性必须进行整合,才能产生创造性张力。就企业多元亚文化而言,这种整合就是建立有效的亚文化协调机制。

依据社会学的群体定义,企业的群体是指企业内部员工形成的两人或两人以上的互动团队,相互影响且对该团队有归属感。企业亚文化则是该企业内部不同社会群体所持的所有文化内涵,包括价值观、信念、行为规范及其外显形式。基于文献分析,企业亚文化研究起源于20世纪30年代霍桑效应研究中对企业内部群体意识的研究,该实验研究发现:企业中自然形成的非正式组织对内会控制其成员的行为,对外则保护其成员,使之不受来自其他群体的干预。这种非正式的组织一般都存在着自然形成的领袖人物。至于它的形成,并不完全取决于经济的发展,主要是与更大的社会组织相联系(智库百科,2012)。企业文化研究领域的杰出学者沙因教授也因为其观察到的组织层级复杂、部门职能重叠、效率低下问题,而开始关注如何消减组织冗余、加强组织沟通的有效性。沙因认为企业的等级子文化难以察觉,其效力却是破坏性的(朱凌,2008)。

实际上,企业亚文化并不都是阻力文化,可以有多种形式,其与组织文化关系可以是补充、辅助和支持的,也可能是对抗、阻碍的关系。其持有群体可以根据不同标准进行划分,例如沙因认为组织具有三种亚文化:操作型文化,该文化所持群体倾向于按照自己理解的真实性进行工作,遵从规章制度;工程技术型文化,即基于共同教育工作经历、职业需要组成的群体所持的文化,该群体中成员基于技术先进性和安全性从事工作,不考虑顾客需求,难以与操作型文化群体合作;管理型文化,群体成员关注财务文件、组织成长,把员工视作产生难题的源头而非解决难题的资源(Schein, 1996)。从职能角度划分,企业亚文化可以分为研发文化、生产文化、营销文化等。如霍夫斯泰德将之区分为用户接口文化、管理型文化和职业技能型文化(Hofstede, 1998)。从成员构成看,可以分为高级管理者文化、中级管理者文化和普通员工文化;从地理位置看,可以分为厂房文化、实验室文化。

企业亚文化协作模式需借鉴沟通理论的相关研究成果。沟通是人类生存的基本手段,使个人与其所处环境产生联系。沟通管理就是对人际间互动关系的管理(Boone,2001)。顺畅的沟通能增强企业凝聚力,增强企业员工的主人翁精神,从而正向促进企业的发展,包括创新能力的提升。为了证明沟通与企业创新能力的相关性,还有学者以指标体系的方式进行企业沟通水平的测度,并证明两者的正相关关系(Maguire et al.,1978)。其考察指标有沟通的愿望、频次、沟通基调、沟通质量、沟通工具等。学者如霍尔(Hall)、喀什曼(Cushman)、费恩(Fine)、帕卡诺斯基(Pacanowsky)等均认为文化是沟通的产物(Hall,1959;Cushman,1977;Fine,1979;Pacanowsky et al.,1982),另外,拉兹罗(Laszlo)、布朗(Brown)等学者则更强调沟通在传播文化过程中的工具作用(Laszlo,1972;Brown et al.,1994)。实际上,一方面文化决定了沟通的模式,另一方面,沟通模式本身是文化的内涵,并通过文化的濡化将其作为文化因子进行传递。

对企业创新能力有驱动作用的企业亚文化的协调模式特征应是民主平等、积极互动的。具体来说,以层级为分类维度的不同亚文化,如管理者亚文化与普通员工亚文化间,以职能为分类维度的不同亚文化如研发亚文化、生产制造亚文化间没有优劣划分。企业各层级管理者和员工均能够充分理解并积极对组织目标和战略做出贡献,沟通频次高、灵活、方式随意、氛围平和融洽,沟通内容深入,有包容度的同时,又具学术专业深度。企业高层的创新意识与激励行为及创新容忍度,中层的创新意识、创新行为与激励创新能力,基层的创新意识与行为共同形成驱动创新的亚文化协调机制。

此外,企业是否具有沟通的情境和物质支持条件,特别是现代信息网络技术的应用,并将沟通创新激励行为制度化也是创新亚文化协调机制的重要内容。在硬件保障上,考察要素包括:是否有专门负责机构与人员、沟通平台建设如何,如是否有跨亚文化的信息交流平台;在制度层面上,需考察是否有沟通评价体系,是否有战略规划和制度保障,是否具有公正有效的资源分配和奖励机制(Robbins,2001),能确保所有部门与市场的密切联络(Claver et al,1998);是否保证有沟通的有效通道以及支撑平台,如跨部门交流的制度保证(任正平,2004),是否有职工建议制度或基于网络的头脑风暴制度等。

7.4.4 基于高低语境理论的知识创新模式差异分析

文化学家和跨文化问题研究者霍尔在其著作《超越文化》中提出文化就是沟通交流的观点,并基于这一观点提出了区分文化沟通的高低语境理论,其区分高低语境沟通文化的维度包括:人际关系、责任心、承诺、应对冲突方式、交流方式和新情境应对方式(Hall,1976)。高语境文化沟通的特征包括:社会结构具有等级特征,个人情感内敛自制,交流的信息表述简单却寓意丰富;低语境文化沟通的特征则包括:个体主义,对信息表述要求详尽繁复。为分析文化沟通模式对企业知识管理过程,特别是知识创新过程的影响,我们使用PSCA环简要解构知识管理过程(王广宇,2004),见图7.4。

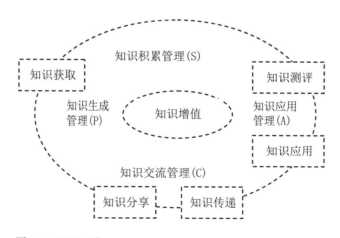

图7.4 PSCA环

文化沟通模式对企业创新过程的影响突出表现在知识分享与知识创新这两个环节,因为这两个环节更多地受文化要素而非技术要素影响(Tang et al., 2009)。

知识只有通过交流、分享才能传送到最能发挥创新功能的人、地、时间节点上,这就是知识管理过程中的知识分享和知识传递环节。其关键因素在于为实现知识价值最大化,规避重复性知识流失而表现出的共享意愿和采用的知识交流方式。而沟通文化就是通过影响知识共享意愿和交流模式对知识分享和传递环节产生影响。

社会群体间的人际关系紧密程度以及应对冲突方式这两个沟通文化维度会影响到知识交流和共享意愿。在高语境文化中,人们区分内外群体。内群体内如家庭成员、朋友间、同事等之间关系紧密,相互间信任而和谐,合作程度高,共享意愿高,这是高语境文化的优势。而负面影响在于区分内外群体,虽然内群体成员内部具有高忠诚度和共享意愿,但对外群体的排斥非常高,特别是当这个内群体局限于某个部门或企业某个固定人群时,就会阻碍公司内部的共享意愿。而在低语境文化中,不区分内外群体使得知识共享在诸群体间不会具有交流差异。

从交流模式看,如俗语"枪打出头鸟"所言,高语境文化的和谐关系基础是行动上的一致性,因此即使群体内部具有异质思想,在高语境文化中为了避免冲突和对抗,常常通过自我压制实现和谐。另外,面子文化在高语境文化中作为主要特征驱使人们尽量使用圆滑非直接的交流方式,特别是在对不确定性和表达异质观点时以规避直接正面冲突。而在低语境文化中人们关注得更多的是解决引起冲突的问题本身,而非解决的方式,倡导个体主义则使其个人勇于自我表达,敢于挑战权威。

沟通模式差异还表现在对显性和隐性信息的要求上。高语境文化对语言层面的显性信息表述要求相对较低,更多依赖语境和交流双方的意会,因此表现出简捷、快速和有效的特征。对隐性信息的依赖使得其交流加工非常复杂，成功的交流取决于双方共同的背景知识，例如如何整合隐性信息决定沟通中什么是应该被感觉到的，什么应该是假装未见未闻的，这样使得内群体间交流简捷、高效，但是也非常可能引起与外群体交流的不畅。而低语境文化中的交流对显性语言表述要求高，要求清晰、准确而详尽，因此交流过程对外群体或异质人群的内在要求相对较低。

知识管理的另一重要环节——知识创新是企业创新绩效的关键步骤，影响知识创新过程的沟通文化维度包括：个人承诺、责任心、应对冲突方式和应对新情境方式。

个人承诺维度影响到创新个人动机和组织创新氛围。在高语境文化中，密切和谐的人际关系要求群体一旦承担某项任务，就要具有更高的承诺(Hall，1976)，但是其负面影响在于使得个人更倾向于谨慎行事，不愿意主动承担不熟悉领域或不熟悉关系背景下的任务，从而制约员工勇于挑战创新难题的意愿和动机，而低语境文化中创新承诺则较少受到情境和人际关系的制约。

就责任心维度而言，高语境文化中权威者个人对所有下属的行为负全责，低层级管理者或员工则不愿意主动采取越过自己职权的创新行为，低语境文化中权责则分散到企业各个层面，无严格权力等级划分，无论何层级的人员都能主动参与创新过程。因此高语境文化中管理层具有更高的创新动机，低语境文化中个人创新动机则分散至所有员工。

应对冲突方式维度上的差异也影响到企业的知识创新。高语境文化中人们的情感自我压制程度较高以保持和谐，个体主义行为、冲突怨念都会被压制以避免直接公开的冲突。而在低语境文化中，人们不会通过压制自我表达和冲突对抗求和谐(Hall，1976)，而且对冒险冲突过程中可能遭遇失败而丢面子的恐慌也进一步压制了高语境文化的创新动机。

应对新情境维度上的差异模式也会影响知识创新。低语境文化对共有隐性情境依赖度较小,不同情境下各有其庞杂复杂详尽的表述体系,因此在遇到新情境时不受旧的处理模式的桎梏,具有较高的创造性(Hall,1976)。而高语境文化中无所不在的共享隐性知识体系使得人们在新情境的处理过程中不可避免地受到旧范式较大影响。因此低语境文化中更易产生范式的突变创新,而高语境文化中渐进性创新占主导。影响这一创新模式差异的另一文化要素是高低语境文化对反省的不同要求。在低语境文化中人们比较抵制自我反省,从而限制对现存知识进行优化的延续性创新过程,而高语境文化非常重视自省,而自省有利于从过去经验中吸取教训(Hall,1976),这使得高语境文化更易对现存知识进行优化创新。

7.5　企业文化驱动创新的作用机制

综上所述,驱动创新的企业文化相关机制包括企业文化创新度、企业亚文化创新度和亚文化协调度要素,以及诸要素与组织结构的互动关系,最终形成驱动创新的企业文化协调模式(图7.5)。企业文化的创新驱动功能主要涵盖引导功能、激励功能、教化功能、辐射功能、凝聚功能、约束功能、整合功能和协调功能,具体表现为文化诸要素作用于企业的整体创新价值观,引导创新价值观的形成,通过共有价值观体系的倡导确立行为规范和形成创新文化氛围。作为创新生态系统的核心层主体,企业文化所激发的创新知识应用和开发能力,直接作用于创新知识生产、扩散和利用能力,并影响到国家的创新绩效。

在企业的个体层面,诸要素激励和教化企业中个体层面的创新思维和行为,提升其创新素质和能力,个人层面又可进一步区分为管理者和普通员工。创新型领导会在创新价值观体系中形成创新战略理念并以此为取向采取创新行为,如开放的决策模式,并在其影响下激励企业员工的创新思维和创新行为,前者如敢于冒险和创新想象,后者如高信任度、开放互动交流模式,如是否区分内群体、外群体,是否以工作任务为导向,交流方式是以显性还是以隐性为主,是否倡导主动和变革,等等。同时文化还能协调领导与员工间、员工间、亚文化间的关系,并将之辐射外化,以有形、无形的方式规范员工的思想和行为,使之按照企业文化所要求的整体模式和标准调整和约束自己,从而大大提高企业行为的一致性和整体协调性。

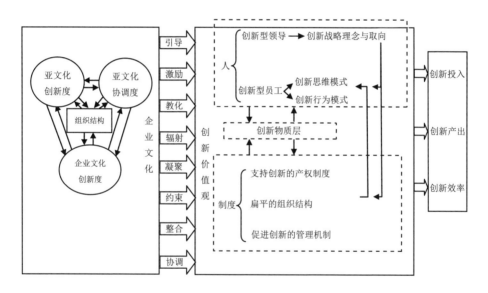

图7.5 企业文化驱动创新作用机制

作用于制度和物质层面,其促成的创新制度包括支持创新的企业战略、产权制度、管理机制,如制度是以"人治"还是以"法治"为核心管理理念,企业制度是以显性、客观、详尽为特色还是以隐性、强调关系为特色,制度延续性如何,监督执行机制是否完善,这些都在不同程度上受到文化的影响。创新型的企业人和制度又都会拓展映射至企业的创新物质层,表现为英雄人物、仪式等,这些创新物质表现则会反过来影响人和制度层面的创新。在企业文化的众多功能驱动下,诸要素间的整合与互动最终形成了驱动创新的企业层面文化体系,从而提升企业创新在投入产出层面的业绩和最终的创新效率。

7.6　知识管理视角的创新文化管理研究

知识经济时代是指以知识为基础的经济运行时代,在该时代,知识是生产力提升与经济成长的主要驱动力,即"知识就是力量"。而对知识的合理组织、开发、存储、应用、管理和创新是企业知识管理的重要内容。美国前总统克林顿1998年在关于21世纪发展战略报告中指出:这一新经济的燃料是知识与创造性技术及其应用,新经济的精神则是冒险与创新。这一时代的一个重要表达形式是首席知识官(Chief Knowledge Officer)或智力资产总监(Director of Intellectual Capital)职位的设立。21世纪开始后,后知识经济时代的提法也出现了,认为其特征是在知识经济时代基础上,基于数字化、网络化、虚拟化、即时化的协同创新和知识整合。以下拟从知识管理的视角,梳理如何将创新文化作为知识进行管理,从而促进企业的创新发展。

7.6.1　创新文化是否为知识

实现创新文化的有效管理,以推动创新文化的传播与发展,首先需要确定文化具有知识的属性,可以适用于知识管理的方法与手段。知识是没有一个权威的统一定义的。在教育学领域,知识被认为是符合文明方向的、人类对物质世界以及精神世界探索的结果总和。有一个经典的定义来自古希腊柏拉图,他认为如果一条陈述能称得上是知识,必须满足三个条件:它一定是被验证过的、正确的,而且是被人们相信的。

图7.6是文化与知识管理视角下知识内涵的关系图。

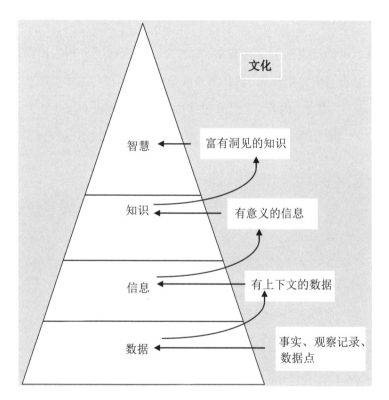

图7.6　文化知识关系图

改编自《知识管理:有效实施的蓝图》(汤姆·奈特 等,2005)。

由图可见知识的演进层次:从噪声中分拣出数据,使之转化为信息,升级为知识,升华为智慧。这样一个过程,是信息的管理和分类过程,让信息从庞大无序到分类有序,各取所需。这就是一个知识管理的过程,也是一个让信息价值升华的过程。所有这些不同阶段的知识,都属于文化的大范畴。文化涵盖了知识管理的各层级管理对象,文化是知识本身以及知识的升华。创新文化也无疑具有同样的内涵。

7.6.2 知识管理视域下的创新文化管理

影响企业创新表现的文化要素,在前文已经进行了分析。而面向提升企业创新表现的创新文化管理,会有部分重合的研究内容,基本都围绕着规划愿景、领导、员工、技术、内容、工作流程这些要素,以及基于这些要素衍生的因素,见图7.7。因此,本小节拟以知识管理的框架来进行以下的探讨。

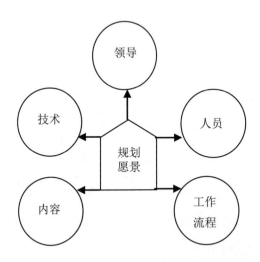

图7.7　影响创新的因素(汤姆·奈特 等,2005)

将创新文化作为知识进行管理,需要从以下三个层面进行:

(1) 创新文化地图的构建:寻找和整理创新文化来源。回顾一下本书对文化内涵的综述,就会发现与知识可以划分为显性知识和隐性知识一样,文化也有其显性表现和隐性表现,同时还有着过渡层的文化表现。追踪三个层级的文化来源,特别是隐性和过渡层的创新文化来源,是创新文化地图构建的关键,见图7.8。

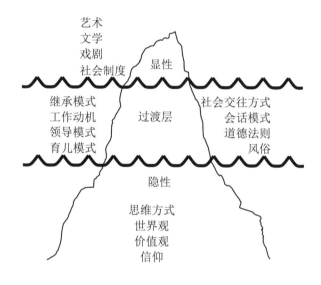

图7.8 文化内涵结构图

从知识管理的视角,创新文化地图的制作过程包括:对创新文化按不同标准进行归类,对创新文化按不同程度加以区别,建立创新文化地图的索引;明确创新文化要素应用的范围。清晰地绘制创新文化地图,并制定相应的指南和向导,方便追踪到潜伏于所有员工的脑中文化,避免碎片化和不完整,节省追踪的时间和精力。

(2) 用于储存创新文化的创新文化库的建立。外显的企业创新文化,如管理制度、企业结构等,易于记录和保存、流通,可以进行直接记录;处于过渡层的创新文化要素,如道德法则、风俗和会话模式,以及处于隐性的创新文化要素,如员工信仰、价值观、思维方式等一般通过个人经验、印象、熟练的技术、文化、习惯表现出来,因此需要被形式化才能记录。例如,将创新文化描述为企业故事,进行传播;或者将创新文化的载体,即个人联系方式进行记录,鼓励员工互动。创新文化库的创建的核心在于提供方便活用的机会,而不是单纯的积累或者结构化。

(3)创新文化社区的建设。创新文化社区和普通社会社区一样,是由社区的主体,即人构成的。这是因为,虽然有了成熟的创新文化地图和创新文化库,创新和发展依然由社区的人来决定,而非工具或管理系统。例如,作为群居动物,创新文化分享的意愿是创新能力发展的关键,这种生物性的本能就是社区乐意分享创新文化的凝聚力的来源。社区的交流是创新的源泉,即使是隐性知识,也能很好地在社区内转移传播。这种基于交情和信赖的社区关系,在中国文化背景下,更可以被很好地利用。

在本土化(Localization)和全球化(Globalization)成为经济和社会发展热门单词之后,当前社会又出现了一个新词:球土化(Glocalization)。这是个由Globalization和Localization组成的合成词,体现了现今社会发展的一个新趋势,即国际视野下的本土化和立足本土的国际化,应用在语言服务产业等。而这个词也可以贴切地被应用于创新文化建设领域:创新文化的培育与发展既要立足于本土的创新沃土,又要具有国际视野;能开放吸收其他文化中的创新驱动元素,也不能罔顾本土文化中的创新驱动元素。

知识管理作为企业管理的重要内容,也要凸显其中民族文化的推进作用。除了上文提及的中国文化推进基于交情和信赖的社区关系,还有例如台湾省台积电公司巧妙应用了中国文化中的积极推进因素,进行有利于创新的知识管理过程。"胡萝卜加大棒"的策略,体现了集体主义的民族文化特征。由领导强势引导建立"顾客导向"的学习型文化,所有的经验知识全部建档储存,以达到"人离开公司了,知识仍然留下来"的效果(尤克强,2003),即经验传承不会因为人员变更而中断,不会造成知识的流失。其次,践行渐进式的创新模式。如任何新厂建立都复制老厂的设备和制造过程。等达到老厂水平后,再尝试新东西。创新经过技术委员会通过,再向所有的厂普及。这种审慎的渐进创新进程也体现了中国传统文化的特征。

斯坦福大学教授萨顿(Sutton)提出了11个能够刺激组织创新文化、摆脱僵化思维的方法:

(1) 雇用一些你不喜欢、看着碍眼的人;

(2) 雇用一些你看似不需要的人;

(3) 雇用过程中的面谈是为了寻找新点子,而不是为了筛选员工;

(4) 鼓励同仁提出挑战指示的理由;

(5) 鼓励正确的争辩方式和良性冲突,不允许人身攻击;

(6) 惩罚怠惰和散漫,而不是惩罚失败;

(7) 做可能失败的事,期望成功,而不是做必能成功的事,避免失败;

(8) 尝试一些看似荒谬、不切实际的项目,而不是仅仅执行务实的项目;

(9) 避开只会论钱道利的人,不要凡事皆以财务收益来评估;

(10) 请教生手,而不是只依靠专家;

(11) 忘掉成功的经验,而不是重复经验。

当然,民族文化也会体现出不利于创新文化推进的一面,以台积电知识管理实践为例,他们强调"奖励创新,容忍失败""作风彪悍,不怕冲突""对事不对人"。这些都是利于创新的文化核心。有意思的是,台积电每年挑出5%不好的员工和10%优良的员工,并强调"每年把5%找出来,不是把他弄掉,而是要帮助他",但实际上这些员工由于社会文化传统而多半选择离职。这就提示我

们规避不利于创新文化管理的要素。例如,看到以下这些会议特点,中国人会觉得特别熟悉:

(1) 老板率先发言;

(2) 轮流发言;

(3) 专家至上;

(4) 易地开会;

(5) 不准有蠢点子;

(6) 勤做笔记。

而事实上,这些行为被顶尖设计咨询公司(IDEO)的凯利(Kelley)认为是扼杀创新的企业行为(尤克强,2003)。从这些实例我们可以看出,创新文化作为知识的一种,需要进行科学优化的管理,而这种特殊知识的管理方式,又受到其所在的各级文化——民族文化、区域文化、企业文化的影响,需要扬其利而避其弊。

7.7 企业创新文化建设案例研究

本章已经解析了企业文化作用于创新表现的要素和作用机制,对于企业文化的研究除了部分案例的印证性解析外,仍觉得有"纸上谈兵""隔靴搔痒"之感。因此,以下用我们直接参与的企业文化创新建设模式提炼的案例,来展示一个具体的我国本土企业文化建设的主要设计内容和实践流程,揭示中国的企业组织如何将企业文化作为一种知识进行发掘、进行知识库的建设,如何利用大文化背景如中国传统文化中的哲学思想进行管理实践,从而实现有利于创新能力提升的文化转向。

7.7.1 高速企业"微笑服务"创新文化建设背景

2014年,安徽省委省政府为了进一步深化国资国企改革,抢抓机遇做大做强交通基础设施资本投资运营平台,做出重大决策,认为原安徽省高速公路控股集团有限公司(以下简称安徽高速)和安徽省交通投资集团有限责任公司(以下简称安徽交投)作为安徽省两家大型的交通投资类企业集团,承担安徽省所有在建和已建成高速公路的投资建设和营运管理任务,主业相同,管理模式相近,应当合并重组。2015年,安徽省人民政府国有资产监督管理委员会发布《转发安徽省人民政府关于安徽省高速公路控股集团有限公司与安徽省交通投资集团有限责任公司重组方案批复的通知》,安徽高速(注册资本50.03亿元)与安徽交投(注册资本16.41亿元)正式进行合并重组,重组采用吸收合并方式进行。合并之后,公司名称为安徽省交通控股集团有限公司(以下简称安徽交控集团),注册资本为160亿元。重组后的安徽交控集团这个位居省属企业第一位的国有控股企业,营运高速公路里程达3477公里,在建高速公路及长江大桥项目17个、里程960公里,其理论上的未来一片光明。

但放眼省内外,市场竞争依然十分激烈。在安徽交控集团面前,本身还面临着另一重考验,即如何令合并后的蓝图真正变成现实,实现预期目标。由两大省属企业重组合并成的安徽交控集团,不可避免会面临大公司重组后的共同挑战。首先遇到的挑战是因人事调整而带来的利益格局变化。合二为一,最表层的变化是人员的整合,其整合效率殊为关键。企业重组后,还要进行一系列改革、调整,涉及面广、人员众多,关键要聚合人心,人心不顺,有时会严重到成为企业前进的反作用力。其二,合并后企业规模更为庞大,管理成本会加大。大量的理论和实践表明,组织越大,管理成本越高,效率越低,这是大企业综合征之一。其三,文化融合是一大挑战。不同的企业,所处的环境不同,管理体系不同,行为做事风格不同,各自原来倡导的价值观不同,人员素质参差不齐。兼并重组后,如何实现"车同辙,书同文",达到步调一致,这种融合比有形资产的叠加、优化要难得多。

安徽交控集团公司属于面向大众的社会服务行业,其窗口服务不仅关系到企业的社会形象,也体现着交通运输行业的整体作风。重组前后公司的服务文化经历了几个主要发展阶段:

第一阶段:征费工作阶段(1991~1994年)。高速收费无"服务"概念,服务如同"征费"。收费员和司乘人员时而发生冲突,暴力征费较为常见。

第二阶段:文明服务阶段(1995~1997年)。由于征费工作阶段司乘关系紧张,矛盾不断升级,安徽高速于是提出文明服务理念,提倡使用"您好""再见"等简单的文明用语。理念的推广仅限于口号阶段,没有具体的服务规则和标准化的操作运作,收缴矛盾依然存在,司乘关系并未得到改善。

第三阶段:委屈服务阶段(1998~2002年)。随着安徽高速公路各项业务全面发展,高速公路通车里程逐步增加,高速路网日臻完善,安徽高速开始注重深化服务体系的内涵。安徽高速实行三项制度改革,决定深化文明服务意识,提出"委屈服务"和"站立式服务"的理念,要求收费员对司乘人员做到"打不还手,骂不还口",以此换得司乘人员对收费员的尊重。

司乘人员的素质和文明驾乘习惯参差不齐,时常发生超载或超限问题、逃费、不配合收费管理等,司乘人员殴打和辱骂收费员的恶性事件频发。"委屈服务"这一理念的实行使收费人员工作情绪普遍低落,积极性不高,极不利于营造平等的人际关系氛围,委屈服务的弊端日益凸显,服务的理念并未发挥理想的社会影响力。

第四阶段:从委屈服务到微笑服务的过渡阶段(2003~2007年)。

2003年10月,十六届三中全会指出"以人为本"是科学发展观的核心。这一理念为安徽高速改革的进一步深化提供了指导思想,安徽高速基于"委屈服务"出现的一系列问题,决定践行中国文化历来弘扬的"以人为本"人文理念的深刻内涵。

经过"微笑文化"系列研究,对微笑与情感反应、微笑与社会互动、微笑与管理绩效以及微笑与民族文化关系进行诠释和解读,集团确认了这样的理念:"微笑文化"承载了服务型组织的社会使命传递,利用微笑作为世界通用体态语的感染机制提供具有人情味、文化味和外交味的服务,可以有效地联结社会需求和服务运作,达到消费者与服务型组织的共赢。

安徽高速于2003年正式提出了"微笑服务"的理念,并且通过《通达安徽》纪录片向社会形象化地传递了高速公路服务的转变。为了保证微笑服务深入推行,合肥高速管理处将收费员的服务内容逐项写成要求,共18条。"微笑服务十八条"第一次以具体文件形式对收费服务工作提出要求,成为指导微笑服务开展的有力保障。

2005年10月,十六届五中全会做出了建设资源节约型、环境友好型"两型社会"的重大决策。2006年十六届六中全会进一步提出了构建和谐社会的要求。为了推进创新型行业与和谐行业建设,同年,交通运输部在《关于印发〈全国交通行业"十一五"时期精神文明建设工作指导意见〉和〈交通文化建设实施纲要〉的通知》中,提出建设具有行业特色的交通文化体系规划。交通文化是交通事业发展的精神动力,是交通人应具有的行业规范和思想境界。此后,各省高速公路建设管理部门积极响应中央和交通运输部的号召,大力开展两型高速公路建设,体现高度的文化自觉和对历史责任的担当,实现了交通文化建设的华丽转身。

因应环境友好型和谐行业文化建设的指导思想,2007年12月28日,合肥高速管理处正式启动了一个特别的劳动竞赛——"使用文明用语,展示微笑服务"活动,将温馨、甜美的微笑融入到日常收费工作中。司乘人员和过往旅客对收费员的好评声不断,收费窗口争执少了、投诉少了、矛盾少了,社会满意度直线上升。

第五阶段:微笑服务的全面开展阶段(2008~2014年)。2008年10月,安徽高速在合肥管理处正式试点开展"微笑服务",收到了良好的社会效果。南来北往的驾乘人员对收费员的服务赞不绝口。融洽的司乘关系,促进了高速员工素质不断提高,工作积极性高涨。

安徽高速的"微笑服务"活动,带动安徽省高速公路乃至整个交通运输行业的文明服务水平上了一个新台阶。2009年,安徽省暨合肥市交通运输行业"微笑服务,温馨交通"活动正式启动。2009年初,《安徽高速微笑服务标准流程》学习手册编辑完成,总公司在合肥管理处的试点基础上,将"微笑服务"全面推广到所辖各收费所和服务区。2010年,集团公司微笑服务从收费一线延展至养护、路政等其他部门。2011年10月,"微笑服务,温馨交通"活动全面转入第二阶段,在前期试点基础上,集团公司在认真总结经验的基础上,紧密联系实际,采取典型引路、教育培训、交流讨论等形式,全面推进企业文化深植活动,努力把微笑服务真正转化为每一位员工的岗位责任,激发内生动力。

微笑服务体系建设从三个层面系统展开:一是打造服务体系,包含服务流程、服务标准、解决方案、服务产品、服务承诺和客户满意度管理系统等;二是打造服务队伍,整合各要素对客户实施支持的平台,队伍本身需要较强的专业能力;三是转型服务理念,这不仅仅局限于服务部门和销售部门,而是每个部门、每个员工都需要具备高度的客户意识和服务理念,将下一道工序视为客户,一切以客户利益为导向,一切以流程为导向。

从使用文明用语到提倡委屈服务,再逐步建立起"微笑服务"的组织领导、学习培训、鼓舞激励、督促考核等系列工作机制,安徽高速以"高速先行,引领安徽崛起;微笑服务,促进社会和谐"为使命,让"我微笑,我美丽,我快乐"的微笑服务理念深入人心,极大地提升了高速公路服务水平,大大增进了社会和谐。

7.7.2 "微笑服务"文化内涵的创新解析

在新的历史起点上,安徽交控集团面临着加快发展速度、提升发展质量,以及在更广阔的舞台上定坐标、找方向、树标杆的新任务,也需要进一步的文化沉淀与深耕,自我提升、自我完善。在服务制胜的时代,尤其对于服务型组织,企业必须走出完全理性管理的误区,智慧地糅合管理的理性与非理性,以人为本,高度重视观念和情感等因素对人的影响。这是从理性管理走向文化管理的进步,在这个理念的引导下,"微笑文化"成为安徽交控集团的品牌文化,以文化吸引消费者。

微笑是一门世界语,对于任何国籍和种族,微笑都是打开对方心门的钥匙。利用微笑的感染机制,可以将其作为寻求和解的工具。在难以用语言表达的情况下,微笑可以成为人际交往的润滑剂。"微笑文化"充分考虑了安徽高速作为国有大型企业和交通运输公共企业的特点,以及公司追求经济效益的企业属性和提供公共服务的社会属性,充分考虑了公司历史传承和未来发展的战略定位。通过坚持总结挖掘与引进吸收相结合、承继过去与创新创造相结合、咨询意见与自身决策相结合,多渠道征集和听取上上下下、方方面面的意见建议,有创建性地提出了一整套独具安徽高速特色的企业文化体系。中国高速企业成为"微笑服务"文化创新的实践者和先行者、创造文化融合与跃升的典范,文化建设为企业凝聚共识、携手前行拓宽和铺平了道路。

从2014年开始的企业文化创新项目则对"微笑"进行了深入的解析和系统研究,具体涵盖了对微笑基本含义及其表现形态研究、西方社会微笑文化理论渊源研究、中国古代社会微笑文化的伦理表达研究,这一研究拓展和深化了安徽交控集团企业文化管理和实操人员对"微笑"的理解。而项目聚焦的另一研究重点——多学科范式中微笑现象的考察与诠释研究,以及服务性组织实践微笑文化研究等,从社会学和管理学视角,对"微笑服务"与沟通实践的相关理论基础进行了梳理,阐释了微笑在服务型组织中的创新作用,认为安徽交控集团打造的微笑文化是服务型组织的情感管理创新。

7.7.3 "微笑服务"文化建设的创新模型

文化模型建构源自实践和理论的相互印证,其最终目标就是要形成一个引导"微笑服务"创新和文化建设实践不断走向完善的逻辑框架。安徽交控集团具体构建过程的规划路径如下。

1. 概括提炼"微笑服务"文化实践经验

企业文化创新建设研究小组深入企业10多个代表性基层单位实地考察,通过座谈、访谈调查100多位基层单位的领导、管理人员和一线员工;采用角色扮演的方式在"微笑服务"的培训、上岗、服务、换岗等真实的工作流程中收集"微笑服务"及其管理的第一手资料;进入"微笑服务"文化管理创新的工作流程和文化活动流程,分析企业"微笑服务"文化创新的特点与优势;面向"微笑服务"文化建设亲历者、亲见者和亲闻者展开口述历史研究,以便具象地重现

"微笑服务"一路走来的生动细节。

收集和整理集团和下属公司领导、员工关于企业文化创新的认知、态度和需求,收集和整理行业内外管理专家关于高速企业"微笑服务"文化创新的判断和建议,发现并深入研究组织文化的新线索;借助文献调查、文本分析的方法从整体上把握安徽高速企业"微笑服务"的历史过程以及各个阶段的心路历程和沉淀下来的管理思想。

收集和整理2008年以来企业开展"微笑服务"的历史文件,分析和提炼融于其中的集团微笑文化建设的理念、战略、机制,以及实际运作规范流程;收集和深入挖掘数据资料,在立体环境和动态流程中重现"微笑服务"文化建设的方方面面,进而厘清"微笑服务"文化发展的基本脉络、基本格局,以及迄今形成的基本观念。

基于文献研究,总结吸纳了国内外企业文化建设理论与实践的成果。基于中国知网(CNKI)检索文献研究发现,人们对于企业文化本质的理解经历了一个长期的演化过程。从企业文化主流理解的基本走向看,人们对于企业文化建设的认知逐步沿着从外生手段、外生目的、内生手段到内生目的的逻辑路径转变。国内外企业文化建设的实践同时是"微笑服务"文化模型建构的重要参照。

2. "微笑服务"文化构建创新思路与设计方法

"微笑服务"文化建设根植于中华文化智慧的沃土之中,这种传统智慧的核心内涵和突出特点就是整体思维、辩证思维、动态思维、多向思维。在中国传统文化中并没有专门的组织文化建设理论,但是,东方传统智慧对于格物、致知、诚心、正意、修身、齐家、治国、平天下的"八目"中的每一个方面都一体适用。"微笑服务"的组织文化建构借助中华传统智慧的滋养,既形成了多方资源聚焦于破解关键性障碍的合力,同时又展现出解决影响企业发展核心难题过程中润物于无形的精神能量。"微笑服务"文化建设的最终目标就是要在企业的常规运作过程中以特殊的情感沟通方式凝聚与传播组织核心价值,体现企业的使命担当和社会责任,进而获得组织内外广泛的社会认同,并转变成为企业发展强劲与持久的动力。"微笑服务"文化模型的建构旨在立足于中国传统文化智慧的土壤之上,为当代服务型企业"微笑服务"的实践者提供一个能够全面反映安徽交控集团成功实践核心理念、价值取向和基本思路的立体框架。

根据"微笑服务"文化建设模型建构的思路和设计方法,安徽交控集团提出了破解"微笑服务"文化建设的"四化"密码,类比养生实践,提出了"微笑服务"文化建设的基本思路,挖掘展示"微笑服务"文化建构的核心价值,解构"微笑服务"文化建设的结构性内涵。这种根植于中国传统文化的类比构建过程,是微笑文化建设项目案例中的一大创新亮点。

"四化"包括:

(1) 文化理念策略化。文化建设的理念从无到有、从模糊到明确、从思想到表达的跨越非常重要,它为实践者提供了一个打开眼界和思考未来的新思路。但是,从"微笑服务"文化建设的思想理念到行动策略的跨越同样重要。如果停留在思想或口号阶段,那么再好的"微笑服务"理念也只能是中看不中用的"镜中花""水中月",很难产生文化建设的实际效用。只有找到了可付诸行动的策略,并且找到了达成目标的路径,"微笑服务"文化建设才有望让思想走上社会生活的大舞台,从而产生凝聚人心、激发活力、不懈努力、笃志前行的效果。

(2) 文化实践系列化。文化建设从思想理念到行动策略的跃升是一个持续完善的过程,需要多维度、多角度、多层面和长时间的不懈实践。"微笑服务"文化在基于正确思想理念的实践策略导入之后,还需要反复不断的实践检验和充实完善,思想理念才能在实践过程中不断达到新的高度,文化建设才能产生促进企业发展的效果。在"微笑服务"文化建设中,希望找到一种"灵丹妙药",能够一蹴而就或一劳永逸地解决"微笑服务"文化建设的所有问题的想法是不现实的。

(3) 文化管理工具化。文化管理工具化主要是指文化建设的软任务必须要有工具化的硬手段来落实和推进。一方面,"微笑服务"文化建设要借助管理体系的相互配合实现软任务的硬化,把"微笑服务"文化建设与业务管理工作纳入到一个计划体系里,统一安排、统一调配、统一落实、统一检查、统一督导。另一方面,要选择和引入专门化的"微笑服务"管理工具,保证"微笑服务"理念要系统地融入可视化管理和"微笑服务"标准化评估等日常管理工具的使用,让文化理念策略化和文化实践系列化得到文化管理工具化的保障。

(4) 文化建设制度化。所有"微笑服务"文化建设的措施手段都必须要有制度的保障才能最终形成影响深远的长效机制。企业的文化建设制度通常是指围绕组织的核心价值进行教育、科学、文化和思想道德建设的规制。"微笑服务"文化建设制度化包括但是并不限于"微笑服务"文化建设本身的岗位责任制这种狭义的文化建设制度,甚至不限于组织教育、科学、文化、思想、道德建设的规制。在"微笑服务"建设的实践中,文化建设制度化还应当包括文化与技术创新、人力资源、经营管理等有关规则、原则、规范制度的衔接与配合。

中华传统养生是人们通过行气、引导、丹药、饮食等各种手段和方法维护身体健康和延长寿命的行为过程。企业文化建设则是通过凝聚共识、协调行为、营造舆论、创造氛围等多种手段维护组织健康发展和打造长寿企业的过程。中医养生学说与企业文化建设理论的天然契合为梳理"微笑服务"文化建设的解释体系提供了基础参照。这种类比包括:

(1) 道中庸、致中和,实现组织机体的适度平衡。中医养生主张通过"道中庸"的精准手段达到"致中和"的整体目的。养生学说认为,采用任何一种养生方法,都要做到适中,恰到好处,无太过、无不及。食物同药物一样,具有不同性味。日常生活中的基本修炼就是节制饮食、调和五味、寒温相济和阴阳平秘。如果身体出现了偏差,不仅要精准判断问题所在,还要依据经络循行和五行生克的规律,理清不同脏腑系统之间的相互影响,然后才能够辨证施治,进而明确调养的目标和原则。调理身心一定要综合各种方法,"多闻而贵要,博闻而择善",动静结合、劳逸结合、补泻结合,避免出现失度过偏的情况。按照自然规律适时、适度、综合、持续地调摄才能尽终天年。

同样道理,组织文化建设的重要目标之一就是保持组织的活力与和谐,文化建设过程中出现的问题,通常不是孤立的现象,而是会由更深层的问题导致,并且会影响到组织运作的其他单元或其他方面。这就要求践行的企业如安徽交控集团不仅要观照文化建设过程中已经表现出来的现象,更要深究产生问题的原因,以及这个问题可能造成的影响。问题调整的策略取向和手段措施也需要针对已经出现的问题更要集中解决深层问题,并且避免更大范围的损失。

(2)治未病、发机先,保持组织机体的持续稳定。"治未病"思想源远流长,早在我国早期中医原典《黄帝内经·素问》中就提出:"是故圣人不治已病治未病,不治已乱治未乱,此之谓也。夫病已成而后药之,乱已成而后治之,譬犹渴而穿井,斗而铸兵,不亦晚乎!"它至少有四个方面的含义:其一是"防未生",即顺应自然规律,防病于"未生",这是中医养生的最高境界;其二是"治未发",及早诊疗身体出现异常的先兆,治病于"感而未发"之时;其三是"治未盛",提前干预身疾已发而病邪未盛或潜伏于体内的定期发作疾病,防微杜渐;其四是"治未传",抓紧诊疗病虽已发,但依病患的脏腑经络传变规律将传而未传之时(许家松,2002)。养生就是治"未病",避免"未病"向"已病"转变。

先秦的著名医家扁鹊是早期"治未病"的理论家和实践家。《难经》载:"经言上工治未病,中工治已病者,何谓也？然所谓治未病者,见肝之病,则知肝当传之于脾,故先实其脾气,无令得受肝之邪,故曰治未病焉。中工者,见肝之病,不晓相传,但一心治肝,故曰治已病也。"扁鹊认为,治未病是医家的首要责任,发现先兆,病疼尚未出现就能防患未然最值得提倡。他对于从"未病"到"已病"的不同阶段采取的应对策略有非常清晰的思路。《史记·扁鹊仓公列传》记载:"扁鹊过齐,齐桓侯客之。入朝见,曰:'君之疾在腠理,不治将深。'桓侯曰:'寡人无疾。'扁鹊出,桓侯谓左右曰:'医之好利也,欲以不疾者为功。'后五日,扁鹊复见,曰:'君有疾在血脉,不治恐深。'桓侯曰:'寡人无疾。'扁鹊出,桓侯不悦。后五日,扁鹊复见,曰:'君有疾在肠胃间,不治将深。'桓侯不应。扁鹊出,桓侯不悦。后五日,扁鹊复见,望见桓侯而退走。桓侯使人问其故。扁鹊曰:'疾之居腠理也,汤熨之所及也;在血脉,针石之所及也;其在肠胃,酒醪之所及也;其在骨髓,虽司命无奈之何。今在骨髓,臣是以无请也。'后五日,桓侯体病,使人召扁鹊,扁鹊已逃去。桓侯遂死。"

在服务型企业日常运营过程中,员工"微笑服务"的各种"未生""未发""未盛"和"未传"等异常现象和问题往往容易为管理者忽视,若这些现象成为"已病""已发""已盛"或"已传"的事实,则管理者又通常习惯于使用刚性管理手段处置,导致管理资源不必要的浪费和损失。"微笑服务"文化建设的目的就是借助文化的柔性力量,把作用范围扩大到整个经营管理的全部周期,不消极地等到发现问题之后被动应对,从而产生润物细无声的效果。

(3)顺时令、调气血,实行组织发展的动态调适。中华传统养生文化主张,要按照环境变化和气血运行的规律,因时制宜,通过机体的动态调适,保持身体与环境的和谐,实现持续健康。《素问》载:"夫四时阴阳者,万物之根本也,所以圣人春夏养阳,秋冬养阴,以从其根,故与万物沉浮于生长之门。"这就是说,四季的变化是生命的根本,贤达智慧的人在春夏季节保养阳气以适应生长的需要,在秋冬季节保养阴气以适应收藏的需要,顺从了生命发展的根本规律,使人体的气血与自然界的阴阳之气升降规律保持同步,就能与万物一样在春生、夏长、秋收、冬藏的生命过程中运动发展。

同时,传统养生文化的"子午流注"学说认为,人体功能活动、病理变化受自然界季节气候变化等影响而呈现一定的规律。根据这种规律,选择适当时间治疗疾病,可以获得较佳疗效。长期以来,这种顺应四时阴阳变化的传统养生方法对人们养生防病、抗老延年有着重要的指导意义。

如同个体生命一样,一个组织的发展也会面临经营环境的周期性变化,面临组织运行本身"子午流注"规律的周期性变化,面临借助调控信息传播、调适组织氛围、激发组织活力和适时导入与强化创新等方式以调整组织行为和应对环境变化的任务。组织行为调适与个体生命调适的重要区别在于,企业调整组织行为顺应经营环境周期性变化的关键,是要有一个因应内外部环境变化建立一个动态协调机制和明确的责任体系。

(4) 不执方、无定格,尊重组织团队的个体差异。中华传统养生有"道"层面的统一原则要求,这就是要"法于阴阳,和于术数",但养生学说在"术"的层面又强调灵活变通,不拘泥于各种定格定式,主张"药不执方,合宜而用"。《黄帝内经·素问》指出:"上古之人,其知道者,法于阴阳,和于术数,食饮有节,起居有常,不妄作劳,故能形与神俱,而尽终其天年,度百岁乃去。""术数"一词,原指以阴阳五行的生克制化理论为基础,推测自然、社会、人事的"吉凶"的策略,古代圣贤借指饮食起居及七损八益的生活养生,锻炼身体及调摄精神的运动养生,四季生长收藏的时令养生,砭、针、灸、药、按跷、导引的医疗养生等各种养生的原则和方法。一个人要想健康长寿就要与自然、社会、他人相"和",让自己的身心相"和",使生活符合与顺从自然规律。

同时,中医传统养生理论认为:对于每一个具体的人来说,"病之起也有因,病之伏也有在",要凭借处方遣药的功夫"绝其因而破其在",关键在于熟悉养生手段,通达医理药性,才能做到"用之有纪,所治不失"。如果胶柱鼓瑟,势必有失偏颇,甚至产生严重后果。在养生过程中,"药不执方,医无定格"是术的层面上的基本要求。

在企业文化发展过程中,文化的内涵是价值、智慧、哲学,文化的形式是契约(公约和制度)、习惯和符号,需要有企业核心价值这个"道"的层面的建构和统一要求。但是,如果面向所有对象和所有场合无差别地填鸭式地宣贯,则势必造成企业文化建设与传播效果的延缓、迟滞、抵触,甚至出现矛盾和冲突。对哲学与智慧的应用、文化价值的实现形式等,应当充分发挥基层单位文化创新的积极性、主动性和创新性。特别是要为基层单位、部门和团队联系各自不同实际,针对具体工作对象的诉求,开展文化活动和实施文化建设预留足够的空间。

3. 挖掘展示"微笑服务"文化建构的核心价值

"微笑服务"文化建设是一种企业的文化软实力建设,需从整体性、结构性、自主性、长期性原则入手做"微笑服务"文化的系统性设计与建构。下面以安徽交控集团的实践来印证。

培育"微笑服务"文化建设的整体性建构:"微笑服务"文化建设的整体性是指"微笑服务"文化本质上是一个涉及整个服务型企业发展、企业发展所有部门和企业全体成员的复杂工程。同时,"微笑服务"文化建设也需要全体成员的参与,并且融入企业发展的所有工作。遵循"微笑服务"文化的整体性设计原则就要把"微笑服务"看作一个开放的系统,注重疏通服务型企业组织内外信息和能量的交换渠道,培育"微笑服务"建设过程中企业与社会的良性互动机制。"微笑服务"文化的整体性建构包括三个层面的含义:

其一是物理学的整体性,把"微笑服务"文化建设看作安徽交控集团运营过程中的一个重要"零件",使"微笑服务"在企业机器运转过程中发挥齿轮、传动轴,甚至发挥一部分动力的作用。在这种认知指导下,"微笑服务"建设更多地关注服务人员面部表情的规范性和督促检查手段的应用。在"微笑服务"文化建设初期,这种认知对于引入管理规范和使用强力手段保障"微笑服务"的落地产生过重要作用。然而,对于"微笑服务"物理学整体性的理解虽然看到了"微笑服务"在企业整体运营过程中的重要作用,但没有看到可以调动成员的自主性。

其二是生物学的整体性,把"微笑服务"文化建设看作一个"驯化"员工服务企业整体利益的过程,使员工在"微笑服务"工作中更有效地与服务对象沟通,以期展现企业整体风采和赢得服务对象对企业和员工的尊重。在这种认知指导下,安徽交控集团导入严格的"微笑服务"制度,以及相关的督查考核措施,实行严格的360度考核,进而比较多地使用正向激励和负向激励,给予"微笑服务"表现和效果好的员工以奖励,并对没有按照规定微笑的员工进行惩罚。在"微笑服务"文化建设经历了宣贯、导入、落地和进入稳定期之后,较多出现"微笑疲劳综合征"的时候,这种认知极易抬头。这种"微笑服务"管理理念对于培育和形成"微笑服务"文化的组织规范产生了非常重要的作用,但是也忽视了企业内外环境建设对于"微笑服务"文化建设的积极影响。

其三是生态学的整体性,把"微笑服务"文化建设看作安徽交控集团命运共同体发展过程中具有独立人格的员工携手创新的事业,使员工在"微笑服务"工作中更多借助组织内部团队的沟通协调和组织外部群体的交流合作,整合与利用社会资源共建美好未来。在这种认知指导下,"微笑服务"建设更多地关注服务人员独立人格的养成,培育团队合作氛围,增强对外交流,并在交流与合作过程中互相促进,不断丰富"微笑服务"文化建设的内涵。"微笑服务"文化建设过程中的生态学的整体性认知具有更加宽广的视野,这是值得提倡的"微笑服务"文化建设理念。

解构"微笑服务"文化建设的结构性内涵:"微笑服务"文化建设是一个管全面、管长远的系统工程,涉及安徽交控集团运营工作职能和策略措施的方方面面,厘清"微笑服务"文化的深刻内涵和内部构成对于成功建设"微笑服务"文化具有非常重要的意义。"微笑服务"文化建设在服务型企业的发展过程中不限于一个微笑表情的训练,不限于一次规范贴心的服务,不限于一场服务感悟的交流,不限于一轮全面细致的考核,甚至不限于一个包含"微笑服务"建设的计划、执行、督查和调整的整个安排。

尽管"微笑服务"文化建设工作千头万绪,但大体上可以划分为两个主要的维度:一是内部的建构(内功)与外部的建构(外功);二是凝聚和辐射的力量。把两个分析维度相交叉就可以得到内向的辐射力、内向的凝聚力、外向的辐射力和外向的凝聚力四个基本构面:其一是"微笑服务"文化的内向辐射力,包括调动内部资源共建"微笑服务"文化的整合力,以及探索"微笑服务"文化新机制和新措施,以及激发文化活力的创造力;其二是"微笑服务"文化的内向吸引力,包括"微笑服务"文化建设的凝聚力,以及"微笑服务"文化建设过程中不同部门配合的协同力;其三是"微笑服务"文化的外向辐射力,包括"微笑服务"文化的外向传播力,以及调动社会资源推进"微笑服务"文化建设的影响力;其四是"微笑服务"文化的外向吸引力,包括"微笑服务"文化模式的感召力,以及携手安徽交控集团外部机构开展"微笑服务"文化建设的合作力。

7.7.4 "微笑服务"文化模型的表达

按照"文化是组织养生"的理念,安徽交控集团借鉴中医养生理论的诊疗路数,重构一个新的逻辑范式,可以把"微笑服务"文化建构为"484"模型:"4"就是借鉴中医养生中望、闻、问、切四种诊病方式方法,动态地了解和掌握"微笑服务"文化发展的现状和问题;"8"就是借鉴中医养生中阴、阳、表、里、虚、实、寒、热的"八纲辨证"理论学说,分别梳理不同团队"微笑服务"文化建设的基础特点,以及不同时期、不同阶段的文化变化走势;"4"就是借鉴中医养生中君、臣、佐、使四种治疗手段和路径,针对团队组织文化建设的实际情况,给出微笑文化建设的整体解决方案。

1. 建立"望闻问切"结合的"微笑服务"文化侦测机制

中医养生的诊法是通过全面观察收集人体生命活动信息,借以判断人的健康与疾病状态的方法。《素问·脉要精微论》中提出了多种诊法合参以把握病情的思想:"切脉动静而视精明,察五色,观五脏有余不足,六腑强弱,形之盛衰,以此参伍,决死生之分。"后世在这一思想的基础上逐步发展出"望、闻、问、切"四诊的诊视框架。四种诊断方法是阴阳五行、藏象经络、病因病机等基础理论具体运用和构成部分。由望、闻、问、切"四诊"获得的身体变化信息丰富、庞杂、精妙,需要综合分析和长期积累方可准确推断病证及其病程演变和预后。

在"微笑服务"文化建设或专项实施的过程中,安徽交控集团密切关注影响企业机体健康状况、文化发展方向、问题及其主要影响因素,利用各种调查手段把企业文化的生命体征挖掘出来,及时发现损害企业机制的苗头和潜在威胁,做出及时处理和调整。

"微笑服务"文化建设的"望诊"就是观察组织文化的"气色""气象""氛围"方面的表现。比如,在安徽交控集团服务工作现场观察环境整洁、温馨程度,以及物品摆放的条理性,在基层班组交接班的过程中观察有关制度的落实情况,在服务工作开展的过程中观察员工服务的精神面貌、服务动作流程的规范性与科学性。在现场管理工作中观察管理者与员工的配合与协调,在企业仪式、庆典等特殊场合观察员工组织活动的主动性、积极性和工作能力等。

"微笑服务"文化建设的"闻诊"就是倾听员工对企业服务文化建设的"经历""感受""体会""诉求"方面的表达。比如，通过组织"微笑服务"故事征集活动了解安徽交控集团基层单位服务工作的典型案例，召开服务体会分享会，服务现场倾听员工的心声等方式都是闻诊的重要路径。

"微笑服务"文化建设的"问诊"就是询问员工和服务对象对企业服务文化建设的意见和建议。比如，通过访谈、座谈和调查问卷，以及搜索BBS或即时通信群等手段获取被调查者对于"微笑服务"文化建设的认知、情感和态度。

"微笑服务"文化建设的"切诊"就是作为一个普通员工或者服务对象进入实际的服务环境，以服务流程中一个分子的身份切身感受和体会"微笑服务"的真实过程，获得服务文化建设状况的第一手资料。比如，调查者通过角色扮演研究服务流程的合理性，开展"微笑服务"的第三方检查，或通过新员工上岗实习服务工作等方式，获得实际的服务感受体会、提出企业服务文化建设情况的判断和建议。

这里望、闻、问、切"四诊"功夫是安徽交控集团一整套收集组织文化和团队文化信息的常规手段，也是服务文化建设过程中一种持续的机制，不单是一次性的工作措施或临时活动。关键是要把望、闻、问、切几种收集"微笑服务"基础信息的方法结合起来，形成内容丰富、及时有效、相互配合与互为补充的数据来源，为服务文化建设方案的不断完善提供基础参照。在服务文化建设的实际工作中，安徽交控集团联系具体工作的实际情况创新思路和做法。从事"四诊"工作的主体可以是"微笑服务"的主管部门领导和管理专家，也可以是基层管理者或具有探索精神的普通员工。"四诊"工作的内容可以采集组织文化发展历史和现状的宏观信息，也可以了解团队或员工的微观信息。"四诊"工作的手段可以采用常规方式掌握服务工作的基础信息，也可以结合工作的需要引进服务文化建设的新途径、新方法。比如,设计"微笑服务""心情晴雨表",让一线管理者及时了解员工的情绪变化,促进"幸福生活、快乐工作"。比如,借助口述历史的手段研究单位或团队"微笑服务"的典型案例。比如,通过内容丰富形式多样的"微笑服务"主题活动,增进员工之间的工作交流,促进"微笑服务"工作探索进程得到集中的体现等。

2. 积累"八纲辨证"互参的"微笑服务"分析研判框架

中医养生要根据个人禀赋、体质条件和季节变化情况有的放矢地综合调理,而不是单纯地给出"头疼医头,脚疼医脚"的方案。这种综合分析的过程中医叫"辨证",即分析、辨别疾病的症候,理解和诊断疾病偏差性质和位置的过程和方法。尽管生命体征的表现千变万化、极其复杂,但基本都可以归纳入八纲之中。八纲辨证是病因辨证、气血精津辨证、脏腑辨证、卫气营血辨证、三焦辨证、六经辨证等各种辨证的总纲,在综合分析的过程中能起到执简驭繁、提纲挈领作用。

在"微笑服务"文化建构过程中,安徽交控集团把常规管理和专题调查收集起来的信息放到事先设计的分析框架和分析工具中综合研判"辨证",得出组织文化发展阶段、结构、士气、风格等方面的特点。

3. 丰富"君臣佐使"的"微笑服务"文化建设工具储备

中医调养身体的处方十分讲究用药的配合,典型的药方通常包括君、臣、佐、使四种类型。"君"是养命的药,承担主要治疗作用。"臣"是养性的药,协助君药发挥作用。"佐"是起制毒作用的药,调和药物性味,制约药物毒性发挥。"使"是疏导和引导药力到达病所的药。古代医圣张仲景治病调养的处方用药精准、严谨,讲究配合,药物使用量很少,每味药的作用非常明晰。

在安徽交控集团企业服务文化建设过程中,企业的发展理念是"君药",它决定了企业生命能否长寿。企业的行为和活动是"臣药",它决定企业文化有无活力。增进活力的手段包括打造企业微笑英雄，突出企业微笑象征，多讲身边的微笑故事，常读圣贤的礼乐经典，分享"微笑服务"的内心感悟等。企业的规制是"佐药"，决定企业组织和团队"微笑服务"的工作生态是否和谐与流程是否协调。要在服务哲学的指引下经常审视"微笑服务"有关制度与其他管理制度的配合与冲突，着重理顺已经出现和可能出现的各种矛盾，保证"微笑服务"健康发展。企业的环境是"使药"，决定企业是否存在高效的信息传播和双向沟通。创造"微笑服务"价值传播的条件，发挥企业共享价值传播和舆论引导的积极作用。

4. 培育"微笑服务"的"484"循环机制

文化建设机制的修炼与完善是安徽交控集团"微笑服务"文化建设能否走得远、走得稳的基础。如果文化建设的机制健全、动力充足、保障有力，那么"微笑服务"文化就能破除障碍，一路向前。失去了文化修为的根本，"微笑服务"文化发展就很难得到持续前行的动力，甚至最终回到服务文化建设的原点。这种文化修为的核心内容就是培育和形成一个安徽交控集团"微笑服务"文化建设工作的机制：侦测文化发展状况—分析文化建设的现状和问题—提出服务文化建设与改善的措施—核查文化建设效果。无论服务文化建设遇到任何问题都要长期坚持这个机制，安徽交控集团"微笑服务"文化的整体水平就能在机制创新过程中不断提升。

在以上理论研究和经验探索的基础引领下，企业文化体系的主要内容和活动规划是安徽交控集团企业文化建设实践层面上的抓手和切入点。基于此，确立了安徽交通控股集团"微笑服务"文化活动策划特色：以价值观为核心明确指导思想；以标准化为宗旨引导建立规章制度；以强力引领为风格成立推进机构。将创新文化建设内容落实到实践层面，从文化礼仪、竞赛活动及志愿服务三大路径实施建构，展开安徽交通控股集团"微笑服务"文化活动。

安徽交控集团将企业文化建设与中医养生概念相比拟,以创新的视角和创新的研究方法,构建企业文化的创新发展路径,探索提升创新能力在企业文化建设层面的抓手。更具体地说,"微笑"构建实际是企业符号文化的构建,这个观念是旧式企业"低投入,高产出,高回报"发展观的创新,借此增强安徽交控集团企业员工的归属感和认同感,积极参与企业决策,强化企业员工的文化自觉和文化自信,能主动尽责,从而加强企业创新能力和创新意识。在建设过程中,涌现出了如马芜公路管理处当涂收费所的收费员王莉不断探索而逐渐形成"一笑,二快,三规范"的工作流程,高速石化微笑服务八步法操作规范,融入地方文化的微笑服务示范,如汤口"迎客松"收费站组、屯溪"徽姑娘"服务队,经历了由先期试点到面上推广、由总结摸索到探索创新的一系列发展过程。收获了高速公路用户、服务行业的同行,以及地方和行业主管部门等社会各界的广泛赞誉。这些微笑服务文化建设的成果正在通过组织管理、人际网络、传播媒介和政府推动等多条路径迅速在集团内外广泛传播。

第8章
国家创新文化系统的个体层面解析

古希腊神话里有这样一则故事:人类被创造出来后,众神为了不让人类掌握真理,商量如何隐藏真理。然而,将真理藏于山底,人类总有一天会开山掘地;将真理藏在深海,人类终会勘探海底。最后众神决定将真理放在人类心灵深处。从此,如果人类不探索自己的心灵深处,就永远不能发现真理(王悦等,2003)。这个故事对创新的启示是:虽然创新的前提是一定外部知识的积累,创新能力的根源却深植于人类的内心深处。

无论是何种层面的文化,个体都是承载文化的有机体。文化影响个体的思维模式和行为方式,个体又是创新行为的主体,创新社会网络层面的基础单元,文化对创新的影响归根到底是个人创新行为和创新能力的表现和作用结果。本章提出个人创新文化素养概念,认为个人创新文化素养是影响个人创新表现的核心要素。

8.1 个人创新文化素养的内涵与表征

个人创新能力体现为个人"三创三新"能力,即创造(Creativity)、创新(Innovation)、创业(Entrepreneurship)及其对应产生的新想法(Ideas)、新产品

（Products）和新企业（Businesses）。个人创新能力取决于个人的诸多智力与非智力因素，我们将决定个人创新能力的文化影响要素以及个人创新能力的文化组成要素集合定义为个人创新文化素养。

创新能力的获得是一个学习的过程。学习心理机能系统分为认知性心理机能系统和非认知性心理机能系统。构成认知性心理机能系统的心理因素统称为智力因素，构成非认知性心理机能系统的心理因素统称为非智力因素。智力因素包括注意力、观察力、记忆力、想象力和思维力等，非智力因素包括动机、兴趣、情感、意志和性格等。智力因素是智力活动的执行者，是智力活动的操作系统；非智力因素是智力活动的调节者，是智力活动的动力系统。

基于创新能力获得的心理机能分析结果，我们认为个人创新文化素养的决定因素包括创新动机、创新情感、创新意志、创新兴趣等非智力因素，以及创新思维、创新方法、创新实践能力等创新智力因素。这些智力、非智力因素或直接和间接受到文化影响，或本身就属文化内涵构成。

创新动机是创新活动的核心动力因素，起到推动和激励人们开始和维持创新思维和行为的作用。情感是人们对客观现实是否符合个人需要的心理反应，是认知转化为信念、行为的必要条件，所以创新情感是引起、推进乃至完成创新的心理因素，只有具有积极的创新情感才能促进创新。创新意志是在创新过程中克服困难、冲破阻碍的自觉组织和自我调节心理因素，具有目的性、顽强性和自制性。兴趣是与积极情绪相关联的个性倾向，决定人是否力求认识某种事物和趋向某项活动。所以创新兴趣是促使人们积极追求创新的心理倾向。非智力层面创新要素是民族创新价值观在个体层面的映射，其培育受到外界文化氛围的影响。

创新文化素养的智力要素包括智力水平和思维能力（王极盛，1986）。其中创新型思维能力突出表现为创造性思维发展、思维分析能力、思维综合能力、思维比较能力、思维抽象能力、思维概括能力及其外化的创新方法应用和创新实践能力表现。创新思维的培养要点在于很强的求异性、敏锐的观察力、创造性的想象、独特的知识结构；创新方法和实践能力培养就是提高创新主体行为技巧的能力，包括创新信息加工能力、动手操作能力、运用创新技法的能力、创新成果的表现能力及物化能力等。

  创新文化素养作为创新能力的核心要素同样受到特定文化环境的影响，如对中西方的思维方式差异研究发现了一系列差异(顾嘉祖 等，2002)。中国人在思维方面的传统是重直觉体悟，轻实验测定；重实际应用，轻理论探索；重定性说明，轻定量分析；重宏观，轻分解。这种实用性经验科学可以在生产力不发达、人们的物质需求不强的时代创造出很多科学技术奇迹，但是在以科学实验严谨缜密的理论和逻辑判断、精确的定量计算和分析、微观世界的显微分解为前提的近代科学技术发展阶段则备受限制。当然这里并不是说西方的思维方式就是一定利于科学创新的。例如，演绎法有助于人们推断出新知识，因此希腊人曾经过度依赖，也过高评价了这种方法。欧几里得的伟大数学著作——希腊数学的里程碑《几何原本》的重大局限就是因为运用了过多的演绎法。不同的思维方式影响到创新领域的个体思维模式与行为方式，进而影响到特定文化下的个体创新文化素养，见表8.1。

表8.1 中西方思维方式典型差异

中国传统文化倾向	西方经典文化倾向
伦理型	认知型
整体型	分析型
直觉性	逻辑性
意向性	实证性
模糊性	精确性

续表

中国传统文化倾向	西方经典文化倾向
求同性	求异性
后馈性	超前性
内向型	外向型
归纳型	演绎型

综上所述,个人创新文化素养具有个体差异性。智力因素以及非智力因素的差异均会导出不同的创新文化素养水平,而两者都被深深地打上了文化的印记。

目前对个人创新能力没有专门设置的测量工具,一般都对其重要组成部分的创造力进行研究。企鹅心理学词典把创造力定义为:导致独特而新颖的解决方案、观念、概念化、艺术形式、理论或产品的心理过程(Reber,1985)。即产生新事物、新观念的心理过程。对创造力的测评研究一般采用个性数据库、传记数据库和创造性能力测试三种方式,涵盖于心理学科之中。个性数据库是一种间接测试方法,即通过测量正态分布的创造力个性特征确认创造力。如葛夫(Gough)认为与创造力高度正相关的个性特征包括聪明、自信、自我为中心、足智多谋等18个特征,负相关个性特征包括谨慎、诚实、常规、顺从等12个特征(Gough,1979)。沙勒(Scheile)对300年以来171位英美杰出发明家的研究揭示,这些人通常具有的个性特征包括坚持不懈、聪明、高洞察力、精力充沛、古怪、胆小和敏感。传记数据库测试则通过总结公认具有高创造力的人物生活事件、家庭教育背景、人际关系等,判断其与创造力的相关关系,但是这种判断的标准是否客观值得商榷。创造性能力测试是对个人创造力的直接测试,如创造性思维测试(Torrance Tests of Creative Thinking,TTCT),对创造力的流利、灵活、新颖、精巧四个维度进行测试。

综合心理学家的分析结果证实,个人创新能力较强的个体体现为智力和非智力因素的一系列特质,是否具有这些特质会影响到一个人的创新文化素养,是个人创新表现的心理资本,同时这些特质又是文化培育的结果,其个体表征主要涵盖:

主动探索精神和好奇心:敢于标新立异,具有旺盛的求知欲,兴趣爱好广泛,对任何事物抱有好奇心和探索精神,对日常现象也能有新观察视角。

敏感与敏锐的洞察力:具有敏感的个性特征。敏锐细致,能从别人未注意到的细枝末节中捕捉到有用的新信息,并巧妙地利用这种信息推动新发展。

自信:创造型人才通常具有较强的自信心。具有强烈的进取心,自我期望高,自我意识强烈,不甘平庸落后,不拘泥常规方式;有良好的直觉,而且屡屡的成功使他们相信这种直觉;能客观评价自己,能接受他人的意见和见解,同时有很强的判断力。

耐力:创新行为需要百折不挠、持久不懈的毅力和意志。在设定目标后锲而不舍,不得结果决不罢休;有远大的理想,工作勤奋,不知疲倦;具有高度的坚持力,能排除干扰,专心致志,持之以恒。

丰富的想象力:创造型人才思维十分活跃,思想中的新观点、新形象有的来自合理的联想,有的则会来自幻想或偶然的机遇。能运用联想思维法触类旁通,举一反三;思维具有发散性,即具有多向开放的思维方式,包括逆向思维方式和基于客观事实的超前发散思维;对未来有较高的期望和抱负。

勇气与胆略:不愿意受环境和习俗的约束,不满足于现状。有强烈的进取心,敢于冒险;有坚定的自主性、独创性,敢于质疑,挑战权威,敢于打破陈规,独立性强,具有独立见解和批判性思维,不依附,不盲从,不因循守旧。

芝加哥大学心理系教授斯科森提米海伊(Csiksentimihalyi)则将创新型人

格特质描述为:既精力充沛,又能专心沉静;既聪明又天真;既有责任感和守纪律,又爱游戏和自在;既了解现实又喜欢幻想;既外向灵活又内向自省;既虚心谦卑,又自信自傲;既阳刚又温柔;既传统保守,又叛逆不羁;既热情又客观;既容易喜悦,又容易焦虑。这些性格冲突的集合,就是创新者的突出特征(尤克强,2003)。

这些创新特征不能依赖生理成熟而自然而然地产生,而是受到许多因素的制约和影响,其中文化环境与文化生态就是非常重要的影响因素。

8.2 个人创新文化素养的形成机制

先以一个故事来说明个人创新文化素养形成的可能影响因素:

五只猩猩被关在一个笼子中,笼子的上方挂着一只香蕉,下面有架梯子。一只猩猩爬上梯子去取香蕉,实验人员立刻用冷水喷射所有的猩猩。笼子中的猩猩先后试图去取香蕉时,所有的猩猩均被冷水喷射。此时,实验人员关掉了冷水龙头。

如果有猩猩试图去爬梯子取香蕉,其余的猩猩就会极力阻止。尽管不再有冷水喷射。

现在,实验人员把其中一只猩猩带走,换上一只新来的猩猩。它试图爬上梯子去取香蕉时,却遭到了其他所有猩猩的攻击。重复几次,它就不再去取香蕉。此过程不再有冷水喷射。

这时候,实验人员从剩余的最早四只猩猩中再带走一只,换上一只新来的猩猩。它试图去取香蕉时同样被攻击,包括并没有被冷水喷射过的那只猩猩。

依次更换掉最早在笼中被冷水喷射过的猩猩后,剩下的猩猩都没有被冷水喷射过,却都重复了对取香蕉行为的攻击行为,也不再去尝试取香蕉,尽管它们不知道为何要惩罚取香蕉这一行为(汤姆·奈特 等,2005)。再进一步设想,如果猩猩在这个笼子中繁衍后代,其子孙也会继承这一禁忌,形成了该族群个体的创新文化素养的内涵之一:不再去试图摘取香蕉。但也有可能出现冒大不韪者,成功摘取香蕉,尝到甜头却并未发现有任何惩罚发生。

这个猩猩的故事能反映出对个体创新行为的诸多影响因素:教育、社会传统乃至进化因素等。下文将从理论上对这些相关因素进行解析。

8.2.1 进化心理基础

1. 创新文化素养的生物基础

关于人类的相似性和差异性,存在三种主要观点:进化观点强调人类的相似性;文化观点强调人类的多样性;而中立的观点则认为人类基因设计出一个具有适应性的人脑——一个可以接收文化"软件"的硬件系统。

进化心理学强调人类共同的属性,认为人类追求任何有利于祖先生存、繁衍并养育后代的事物,以此保证自己的生存和繁衍。如进化学派心理学家巴拉什(Barash)所说:"心脏的目的就是要泵血,而大脑的目的,就是以最有利于我们的成功进化的方式来引导我们的生物器官和行为。"(Barash,2003)人类不仅在生物学上有相似的偏好,而且在社会问题上我们也享有类似的答案,如所有人类都会按照权威和地位对他人划分等级。进化心理学家强调这些比较一致的特性是通过自然选择进化而来的,即由生物遗传基础决定的。如社会生物学家威尔森(Wilson)对动物的社会行为起源进行研究发现,蚂蚁这类社会性昆虫会有自我牺牲的利他行为,而这种行为促进了与之共享基因蚁群的生存。同样,人类的社会行为都有其生物学起源(伊安·巴伯,2009)。这一观点的局限在于忽略了环境的影响作用。实际上,自然选择不仅赋予人类生物学上较为完美的头脑,也赋予其适应性的社会能力。

2014年6月美国科学作家韦德(Wade)在其关于基因、人种和人类历史的书中,提出极端的观点:人种的形成取决于人类五万年前走出非洲,在不同地理环境遇到的生存压力的不同。不同人群在进化过程中除了产生生理上的区别,如肤色,也在智力和创造力等认知层面产生差异。大脑内细微的变异可能会导致不同人群在学习语言、思考抽象概念、揣度他人思想、体验情绪等方面的不同,进而引起不同人群在认知层面的分化,最后这种社会行为、认知层面的差异会导致社会制度的差异。因此,韦德认为遗传上的差别使得不同人群具有不同的习性,从而创造不同的社会制度。他从微观的基因遗传角度对人类历史、政治和文化进行新的解释,如他认为欧洲人个体比亚洲人更具创造力,这一个体间的细微差异导致了两个人种在社会科技、经济活力上的巨大差别。欧洲社会要比亚洲社会更加看重和鼓励创新,因此欧洲社会的思想创新和技术革命比亚洲更加频繁。西方的兴起不只是历史中的一个事件,也是人类演化中的一个事件。欧洲的兴起不是历史的偶然,而是文化和行为特质结合的产物,而文化行为特质至少部分由遗传导致。对他的看法,美国130多名种群遗传学家在《纽约时报》发表联合公开信,称自己的研究结果被曲解了。他们认为人种只是一个历史和文化概念,人类基因组中有差异的基因只占到0.1%,而人类近亲黑猩猩同一个种群的个体间基因差异都要大过不同大洲人类个体间的差异。韦德则认为这些科学家是政治驱动而非科学驱动的,并没有对他的研究做深入了解。这个争论尚无下文,但是体现了研究者对创新的生物学基础的兴趣与研究(南方周末,2014)。

从文化的观点来看,人类语言、习惯、行为表现的多样性表明,我们大多数行为都受社会影响。基因并不是固定不变的,其表现形式取决于环境(Lickliter et al., 2003)。基于这种观点,文化差异不是由基因决定的,而是社会性差异规范即由父辈群体向后辈群体的非生物性影响造成的,如香蕉人①的存在。因此,文化的观点更强调人类的适应性而非文化的生物遗传基础。

中立的交互观点认为虽然文化规范对我们的态度和行为有微妙而强大的影响,但是它并不能独立于生物因素而起作用。所有的社会和心理因素归根结底仍然是生物因素,即生物遗传引发的因素,由文化起到加强和完善作用。这个观点在遗传科学中得到了验证。如夸茨(Quarts)和森诺斯基(Sejnowski)的遗传科学实验显示出经验能运用基因改变大脑,环境刺激能够产生新的脑细胞以分化感受器(Quarts et al., 1997)。基因不只是限制我们,它还会根据我们的经验做出适应性的行为反应。这一交互观点的生动体现就是海洋文化、大陆文化和岛国文化的区分:不同的自然环境造成了开放、内敛和两者兼备型的文化、行为方式和思维方式的差异,而这些差异又更加有利于其文化附着体在特定环境中的适应和发展(方媛媛,2010)。

我们的研究倾向于认同进化心理与文化观的互动理论,认为不同群体间的文化差异既具有外在的社会影响因素,又具有内嵌的生物学基础,从而使得文化在个体层面上得以延续和内嵌。多兹尔(Dozier)经研究提出创造性与右前额叶皮层的功能有关(Dozier, 1998)。个人创新文化素养作为个人认知结构中文化图式的组成部分,具有生物学基础,但是同时也会因外部环境的改变做出一定程度的适应性调整,这种可以调整的生物遗传基础对个人创新能力的形成是至关重要的。如达尔文所述:"生存竞争中某些偶然性的变异带来了

---

① "香蕉人"指在美国出生成长的亚裔移民后代。他们外表依然是黄皮肤,其文化传统、生活习惯、思维方式则完全美国化,与地地道道的美国人没有任何区别,即内里完全"白人化"了。

微小的竞争优势,其变异具有可遗传性,从而做出有利于种群生存的自然选择。"(伊安·巴伯,2009)有机体内部驱动力引起进化性变化,有目的的行为和偶然的变异共同设置进化的方向,个体的变异能改变整个种群的命运。几条具有创新精神的冒失小鱼跳上了陆地成为两栖和哺乳动物的祖先,而具有同样创新冒险精神的哺乳动物回到水中成为水中哺乳动物如海豚、鲸鱼的祖先(Waddington,1975)。通过自然选择,环境信息被传递到有机体,反映在基因上涵括的信息就是该有机体如何更好地适应环境。此外,脱氧核糖核酸(DNA)具有记忆能力,允许其信息收集过程中进行试错,个体的主动行为能够带来基因改变,这就是鲍德温效应。这一效应给个人创新素养乃至民族创新能力的提升带来了希望。创新文化素养具有生物基础,使得其能进行代际遗传,而创新努力作为对社会问题和危机的积极回应,经过试错过程会以基因形式保留下来并以累积方式传递,从而从个体扩散到群体,提升民族整体创新能力。

最后以一个比较有意思的案例来结束关于创新的生物基础的探讨,其中同样揭示了生物进化基础与社会环境在个人创新能力素养形成中的交互作用。

个人创新能力是否有先天的生物差异呢?研究发现人类天生有左脑、右脑发达程度的偏差,并认为右脑发达者更具有创新精神。在生物特征上,左利手者(俗称"左撇子")的右脑更发达。那是否左利手者天生创新能力更强?

这种观点的支持方认为,左利手者擅长综合思维、整体思维,这样的思维往往是主线和旁支同时展开,盘根错节又秩序井然,将众多的信息和事件同时处理,并建立起复杂的联系,这种多维性,可以超越语言和逻辑而表达更多的东西,要比右利手者的直线思维复杂得多。

其次,抽象思维能力依赖于大脑左半球,右利手者的大脑左半球占优势,其抽象能力和逻辑性较优。而与此相对,左利手者则常常拥有出色的艺术思维才能以及良好的空间想象能力。逻辑思维能力依赖于大脑左半球,这不是左利手者的优势,但并不能因此说他们对数学毫无天分。如左利手者的空间想象能力是非常优秀的,他们对具象数学如珠心算,空间几何能力可谓得天独厚。

换言之,左半脑是理性脑,主要负责逻辑、理解、记忆、分析、推理等,也被称为"意识脑"。右半脑是感性脑,主要负责空间形象、抽象图形、直觉、情感、艺术、想象力、顿悟、跳跃性和创造力等,人们常说的第六感、灵感、天赋等这些都来自右半脑,因此右半脑被称为"潜意识脑"。创新的思维方式则源于感性认识到理性升华的思维飞跃,因此,左利手者看起来似乎更不循规蹈矩,更有创新精神和创造力。如爱因斯坦所言:"在我的思维机制中,作为书面语言的那种语调似乎不起任何作用……乃是一些符号和具有或多或少明晰程度的表象。"(冯林 等,2015)即形象思维元素,这是创意的基础,也是创新的起点,通过对创意的策划、细化和实施,就迈出了创新的一步。达·芬奇、伽利略的手稿揭示出他们同样也擅长使用绘画、图表等视觉和空间思维来进行研究和创造。

有统计称中国的左利手比例相比欧美发达国家较低,这是否可以解释我国相对较弱的创新表现呢?

首先,中国的左利手比例更低是否有其生物学基础?这有赖于生物学对人种的实证研究。但从社会文化角度来分析,中国左利手比例较低有其社会原因,即集体主义同质性造成的社会环境不支持。

事实上,各民族自古就对左利手有不同的宽容程度。东方民族社会一般将之视为缺陷,采取更严厉的手段纠正。例如,在汉语语言中,"左"表达了"斜""差""错误""旁门左道"的负面含义,如左脾气和左性表示性情固执,遇事不肯变通;左迁、左降表示降职。与之相对的是习惯以右为上,这一习俗的生动例子有:维吾尔族同胞递人物品、送人礼物时,一律用右手奉上;进门时,要先迈进右腿;吃抓饭时,一律用右手抓饭,并送入口中,因为右手被认为是"干净"的,而左手则是"不洁净"的。这一社会习俗体现在商业市场上,中国的左手用品市场几乎仍为零。汽车的挡位、鼠标的左右键、相机的按钮等都不方便左利手者使用。反过来,这又会使得中国的家庭教育对左利手的"纠错"。

另外有统计发现,尽管各民族左利手比例不同,但其男性中左利手者的比例都高于女性。有一些统计表明,男性左利手约是女性的两倍。这是否意味着女性创新能力低?这是个很难得到认同的观点。此外,左利手理论上对应的较差语言表达能力和逻辑能力,并不利于创新能力中的知识共享等方面的发展。

2. 创新心理基础:认知模式的社会文化基因

即使存在创新文化素养的生物遗传基础,创新能力的产生也有赖于一定水平的认知能力。认知能力的发展与创新能力的发展密切相关,是创新素养的心理基础和创新意愿、行为的调节机制。中西方对人类的认知均进行了研究,但是源自不同文化的研究视角与目的,研究结果对创新产生了不同的影响。

中国对认知的研究最早始于孔子。儒家经典《礼记·大学》中就记载有"生而知之"和"学而知之",前者指先于经验的首创认知过程,后者则是通过经验学习而获得的知识。"格物致知"说认为:"格,至也。物,犹事也。致,推极也。知,犹识也。""格物"解释为"穷理",朱熹认为"格犹穷也,物犹理也,若曰穷其理云尔。穷理然后足以致知,不穷则不能致也"(朱熹,1939),即穷究事物的原理法则而总结为理性知识。朱熹在《四书集注·大学》中提出:"所谓致知在格物者,言欲致吾之知,在即物而穷其理也。盖人心之灵莫不有知,而天下万物莫不有理,惟于理有未穷,故其知有不尽也。是以大学始教,必使学者即凡天下之物,莫不因其已知之理而益穷之,以求至乎其极。至于用力之久,而一旦豁然贯通焉,则众物之表里精粗无不到,而吾心之全体大用无不明矣。此谓物格,此谓知之至也。"由文献梳理可见,中国对认知的研究手段主要依赖过去经验与自省,而认知的终极目的并非为科学研究,而是要做明白人,为人行事不糊涂,这是典型的儒家文化教化目的。这一认知研究观也限制了中国利用认知研究提升知识创新素养的实践。

西方则在心理学领域内进行认知研究,其中学界接受度较高的如信息加工认知理论,主要是将人脑与计算机信息加工体系进行机能层面的类比,以说明人类的认知过程,强调的是认知过程中的信息加工过程,如接受、编码、储存、检索和提取信息的过程。皮亚杰(Piaget)的发生认识论则是认知研究的另一经典理论,其核心概念是图式。图式是指个体对世界的知觉、理解和思考的方式之集合,或者可以将之视作心理活动的框架或组织结构。图式随着个人认知的发展,经过三个基本过程而不断变化和完善。这三个基本过程是同化(Assimilation)、顺化(Accommodation)和平衡(Equilibration)。

同化指个体有机体对刺激输入的过滤或改变的过程,把外部要素整合进自己的结构中。这种整合变化不是生理性的,而是机能性的。同化过程有三类主要形式,分别是再生性同化、再认性同化和概括性同化。再生性同化顾名思义指对同一情境刺激做出的反应,是一种较低级的重复再现过程;再认性同化是高一层级的同化形式,由于刺激形式的差异,需要先辨别出差异再做出相应的反应调整;概括性同化是更高层次的同化形式,不仅需要辨明刺激间的相似与差异,还需要进行归类。

顺化是个体基于刺激进行内部结构调整的过程。当个体原有图式无法同化异质刺激时,就需要调整图式结构;当差异体系较小时,只需进行图式修改;当差异体系较大时,则需要进行图式重建。这一过程体现的是环境对个体的作用过程。

平衡是一种个体自我调节机制,是同化和顺化的结果。在对刺激反应过程中,不断同化或顺化,从而达到个体认知结构内的平衡态,这种平衡态是前一平衡态的提升和优化,因此通过平衡,不断使个人认知能力提高。

平衡是认知发展中的一个重要环节,其调节机制受到外界环境影响,而图式作为认知结构的起点和核心,也是在一定的社会文化环境中形成、发展的。两者共同包括的外在因素有物理环境和社会环境,如教育环境、语言、文化,对人类认知发展的社会影响要素的生物研究已经证明了这一观点。尽管生物进化到类人猿阶段已为人脑及其意识功能的发展做了充分的生物学准备,但如果没有社会因素的出现,要完成从猿脑到人脑、从猿到人的飞跃是不可能的。脑科学研究成果证明,脑是从一个不定型的结构逐渐产生的,发育中的脑有极大的可塑性。脑的发育在很大程度上决定于遗传信息,但同时又受到后天环境条件的影响。如果在脑发育的某一关键时刻,干扰其功能活动,将引起脑的形态、结构、功能的明显改变。实证研究发现,在脑的发育过程中早期人为地剥夺一侧眼的信息输入可导致已经形成的视网膜-视皮层神经联系的破坏,这说明在脑发育早期形成的神经联结是不牢固的,而个体外在的感觉刺激在功能性竞争中具有决定性作用。正常的感觉刺激对脑的形态、机能的发展十分重要。脑机能的发展有一个关键时期,创造良好的环境条件将对脑机能的发展带来良好的影响,因此创新文化素养的形成有赖于良好的创新激励文化氛围,创新认知发展是不断同化、顺化而利于创新认知能力发展的外部文化要素,从而达到新的、利于创新的认知平衡态,并不断演进的过程。

8.2.2　社会化与濡化

人类进化不仅包括生物因素的遗传,还涵盖文化内涵的群际传递,其传递是基于生物遗传基础的社会化和濡化过程。

自然环境内含的气候、水源、地形等自然因素是文化差异的生态学影响因素,通过某自然环境社会下的生产体系这一中间变量,对社会体系运行产生影响,形成以不同生产方式为主的社会类型,如农业社会、畜牧业社会等,每种社会类型中会有相应的文化适应变量和生物适应变量。生物适应变量是基于特定生态环境下浸润形成的人类生物遗传要素的代际传递,造成不同种族的生理差异,如一个种族的某种饮食禁忌可能源自过去的消极体验,再通过代际传递下来(万明纲,1996)。文化适应变量则指自然环境形成的如食物获取方式和积聚程度会影响一个社会的生产生活方式,如是以游牧迁徙为主还是以农耕定居生活为主,并影响与该生产生活方式相匹配的涵盖人类创造出的所有规范、习俗、制度等文化要素,并体现于相对应的社会组织体系、经济体系等。

人类既是生物有机体,又是社会文化产物。人类自出生就在学习、修正个人行为,成长为一个具有特定社会文化特征的社会成员。这种社会文化特征的获取由有意识或无意识的社会熏陶产生并被逐步强化。这种文化中深层、曲折、隐晦的要素的内化过程就是濡化过程(Enculturation)。赫斯科维茨(Herskovits)认为濡化是"人区别于其他动物的学习经历,人在生命开始和延续中借此获得适应自己文化的能力",是人类特有的学习与教育模式,保障了文化延续和族群自立,最终导致某社会群体中人们思维和行为的相似性和相对独立性(Herskovits, 1948)。濡化可以是有意识或无意识的行为,这种有意识性使得全民创新文化素养的提升成为可能。国家可以通过各个层面有意识的构建和推广,如通过教育体系的渗透,将创新价值观内化至民众心理,从而有效提高创新国策的效力。社会化(Socialization)则是社会成员与社会间的互动,既是濡化的手段,也是濡化的结果与表现,通过社会化过程社会不同群体间的文化差异被表现出来。

以社会同一和文化迁移过程为例说明创新文化社会化与濡化的心理过程:人类的社会同一性过程是造成创新文化个人内化的重要心理机制。澳大利亚社会心理学家特纳等注意到,自我概念,即社会中的个体在自我认知过程中形成的自我图式,不仅仅包含对自己的个人特性和态度感受的个人同一性,还包含社会同一性,即人类以自己所属的群体来描述自己,具体包括归类、认同和比较三个过程(Myers,2009):

归类是通过把客体归入不同的类别来组织世界的(Macrae et al.,2000)。人类将世间万物归入各种类别,以简化繁复的世界,这是人类生存和发展进化过程中形成的一个重要认知机制。然而,归类会形成刻板印象,产生过度概括的后果,从而产生认知偏差。认同过程指人类倾向于将自己与特定的群体联系起来,将自己置于内群体之中,从中获得自尊,增强自我概念。而比较过程是指人类将自己的群体与其他群体(外群体)进行比较,在评价自己的时候,会部分依据自己的群体成员身份,并且普遍偏爱自己的群体。社会同一性发展到一定程度,可能导致内群体偏见的产生。内群体偏见指人类以群体的方式描述"我是谁"的问题。内群体偏见意味着较强烈的对自己群体的偏袒,并努力以本群体特征约束自己的发展方向,对自己群体的忠诚甚至伴随着对其他群体的贬低。实验研究已经证明了这种观点,发现这种偏见在不同性别、各种年龄、各种国籍、各种文化的人身上都会发生。

根据社会同一性理论,只要存在人群间差异如不同的国家、种族、民族、文化,社会同一性就会存在并且起作用。社会同一性和内群体偏爱这两种心理机制并不能归为人类认知行为中的负面因素,它们是人类认知能力发展的必然结果,在人类进化过程中起到了至关重要的作用。如社会同一性中的类别化大大提升了人类的认知能力,提高了人类的反应和环境适应能力。正是由于归类能力,人们才能认识世间万物,如在看见红色信号灯时即做出停车反应,听见尖叫声时就会警醒,等等。而内群体偏爱则是人类积极寻求自我概念的结果,是对积极自我认知的追求。内群体偏爱是曝光效应的结果,而这一效应是人类进化过程中的生存手段之一。实验研究发现:熟悉可以诱发喜欢(Bornstein, 1989),对于各种新异刺激的曝光,都可以提高人们对它们的评价,这就是曝光效应。曝光效应在脑研究中得到了支持,它被认为是人类进化过程中的一种适应现象:它有助于我们的祖先把熟悉的或安全的事物,与不熟悉的或不安全的事物区分开来,从而在恶劣环境中能够生存。正是因为社会同一性和内群体偏见是人类自然选择过程中形成的心理机制,它们驱动了某社会群体的人认同自己的群体,以该群体的规范和标准行事,也涵盖了该群体的创新思维和行为模式,影响该群体中个人创新文化素养的模式与水平。

文化迁移是另一社会化和濡化心理机制。心理学研究发现迁移是学习中普遍存在的现象,广泛存在于各种形式和各种材料的学习和训练之中。一个人通过学习获得的知识、技能、态度、思维方式和行为习惯都可以向其他的情境迁移。迁移是人的一种基本能力,可以加快人类的学习和反应过程。但是,迁移能力有时也会带来负面作用。例如,在运动学习中,如果新学习的运动技能与已经掌握的运动技能使用的肌肉运动模式有一定程度相似,在某些运动之间会形成干扰。对特定刺激做出相同反应会让我们形成定式,阻碍我们解决新问题。

在认知心理学中由认知结构的相关理论可以解释迁移现象的出现。所谓认知结构,就是头脑里的知识结构(邵瑞珍,1997)。广义地说,它是某一学习者的观念的全部内容和组织;狭义地说,它是学习者在某一特殊知识领域内的观念的内容和组织。在有意义的学习中,原有认知结构中如果存在起固定作用的观念,就会同化新知识;同时人们在认识与理解环境中有简化的趋势,当新知识与认知结构中原有的知识相似而不相同时,对原有的知识往往倾向先入为主,新知识常常被理解为原有的知识,被原有的知识取代。由认知结构中原先学得的概念和命题与新学习的观念的可辨别性,可以解释负迁移的原因。当新旧知识彼此相似而不完全相同,并且学习的知识不牢固时,便会产生负迁移。

迁移理论在神经科学中得到了验证。根据神经网络的观点,信息以节点或单元间大量联结的形式储存,记忆与普遍存在于类神经元的节点间的兴奋模式及节点间的联结相对应,认知过程即由网络中储存的各种兴奋模式实现(Haberlandt,1999)。在此框架下迁移可以被理解为,神经兴奋的发放模式经过多次相同的反应会产生易化,与之相关的神经细胞和神经突触也会发生变化。简单地说,就是神经细胞A经常与细胞B联系,那么它们之间的联系就会变得更容易和紧密。一段时间以后,细胞A一接收到刺激就会传递给细胞B(方媛媛,2010)。

类似的社会文化因素会因为文化迁移作用促进或者阻碍濡化过程。创新文化的濡化过程同人类任何学习过程一样,也会无意识地激发文化迁移机制。原有创新文化图式的迁移使个人创新过程中,原有的创新行为和思维模式会助力或会阻碍创新的过程,决定创新文化素养的惯性培育、发展和表现模式。

8.3 个人创新文化素养外部激发关键要素

个人创新文化素养形成的外因很多,如制度环境、人才环境、教育体制、家庭模式、经济环境等(袁勇志,2003),这些因素共同形成个人创新文化素养的培育环境,即社会创新思维场。社会创新思维场决定了社会中的人作为集体主体的创新思维。但是,这种集体思维并不是所有个体思维、亚群体思维的简单叠加,而是由全社会各层主体的思维的相互作用组成的整合网络(曾杰 等,1996),对个体思维和群体思维产生类似于物理场的巨大影响作用。

社会创新思维场的作用主要表现在:

社会创新思维场起到推动个体创新思维能力提高的作用。通过社会创新知识技术信息的相互交换、相互作用,个体或群体在社会创新思维场中获取创新知识和技能,丰富和完善个体创新思维结构,提升个人创新素养。

社会创新思维场决定个体创新思维的模式和深度。社会创新思维场所包含的创新知识场、创新观念场和创新心理场,反映社会共享的思想、信念、愿望、要求、动机,对个体和群体的创新思维活动起着指导、定向的作用,通过上节所述的诸心理过程如社会同一作用、迁移影响个体的创新价值取向、思维模式、行为方式。

社会创新思维场的诸多组成要素作为创新行为社会控制要素的作用机制在民族文化层面已经解析,在此不再赘述。本节主要以中国、美国、日本等国家为例提炼诸社会控制要素的驱动创新文化特点。

左哈尔(Zohar)将人类的思考方式与量子物理进行了类比(Zohar,1990)。第一种是理性的、逻辑的、守规则约束的思考,即连续式的思考,与传统粒子物理的范式接近,是线性和决定论的思维方式。第二种是联结性的、出于习惯的思考,也就是关系型的思考,是经验与平行性的思维方式。第三种是创造性的,也就是整合式的思考,与量子物理的范式很接近,是整体与跳跃性的思维方式。教育体系一般培育的思考过程常常是连续式的,先确立目标与方向,然后制定逻辑的具有可行性的行动路径和标准程序,并尽量细化到每一步。而创新需要的是第三种思维方式,通过综合连续式思考和关系型思考,容许宽松的目标,打破规则,容许最大的创新空间,这是不破不立、打破旧范式的革命,被视为"离经叛道"。舍弃我们习以为常的思维定式并不容易,特别是中国教育整体上侧重于知识的传授,对主动思考方法的有意培育则不足,从而导致了"求多不求新,求同不求异,求问不求变"、追求"高大全"的思维定式,这无疑不利于创造性思维和对未知事物的好奇心,从而不利于创新发展。

在家庭教育模式上看,不施加权威压力、奖励优秀和进取心、鼓励求新、甘冒风险的家庭背景和氛围以及父母的创新榜样作用利于个人创新素养的形成。有研究发现,美国家庭教育更强调进取心、独立自主,家庭冲突更为常见,因此儿童在创造力统计数据中表现最佳。日式家庭教育由于强调和谐、信任和安全感,孩子经历挫折较少,家庭冲突少,无法激发孩子的创造力(柏林科学技术研究院,2006)。然而,在区分内外群体的民族文化影响下,规避风险意识又会让其对外群体抱有敌意和被威胁感,从而激发其进取心而抵消家庭教育的不足。

从教育体制层面看,教育理念是否强调一致性、顺从和群体价值,是否以模仿式学习为主,是否鼓励挑战权威,是追求卓越还是追求平等和谐,是否打压冒尖者,是否要求少数服从多数,教育目标是为了培养精英,还是把教育视为人人平等享受的机会,是通才教育还是专才教育,教育方式上是否容忍错误,这些都是是否有利于培养创新文化素养的关键影响因素。研究者很早就通过实证研究发现教育体系对创新能力的影响,如沃尔马克(Wallmark)和马克恩(McQueen)发现瑞典教育体系是遏制创造性的,而且学校对发明才能产生负面影响(Wallmark et al., 1991)。19世纪末期,德国和瑞士化学药品企业的发展也证明了科学教育如何促进产业的创新(柏林科学技术研究院,2006)。中国传统教育模式使得学生习惯于知识的被动接受与模仿,缺乏主动寻找相关知识信息的自觉性,不利于积极性和创造性思维能力的培养。

要想提高我国的创新能力,就得从教育内容和方式入手。要想改变教学方式,首先要了解何为学习。现在过分强调知识的累积并不是学习的全部内容。学习不仅包括知识的掌握和技能的形成,还包括智能的开发和非智力因素的发展。学习的类型也不只局限于基本知识的积累,诸如信号学习、刺激反应学习、连锁学习、言语联结学习、规则学习等,还包括解决问题的学习,这才是学习的最终目的。因此,我国现在依然不能规避的题海式、填鸭式教育对创新能力的桎梏不能忽视。一个经典的例子可以说明这个问题:诺贝尔化学奖获得者、物理学家卢瑟福发现自己实验室有位特别用功的学生,夜以继日地泡在实验室里做实验,即使别人休息的时间也不间断,这种勤奋是中国学生引以为豪的。对于这么勤奋的学生,卢瑟福不仅没有表扬,反而将他一顿痛骂:"那你不就成为了一个做实验的机器了吗?你用什么时间来思考呢?"(冯林 等,2015)实验并非不需要思考,但是实验的思考有别于提出问题、解决问题的思考,以及评判性和有创造性的思考。

西方著名教育心理学家和教学设计专家加涅(Gagne)将学习结果分为智慧技能、认知策略、言语信息、动作技能和态度。而中国教育心理学家冯忠良教授将学习分为知识的学习、技能的学习和行为规范的学习三类(教育部人事司,2000)。从中西方比较权威的学习类型划分,我们就可以看出各自对教育的偏重。学习方式中心的改变有赖于教育模式的改变。而改变教育模式,则必须从其根本决定要素来逐一梳理:

(1) 学习动机的转变。虽然中国的基础教育正在从应试教育向素质教育转变,但是基础教育基本上还是以高考为核心展开的。缺乏创新动机是创新文化难以在学校教育中渗透的重要原因。驱动创新的动力系统包括对新事物的好奇心和探究欲,以及由创新行为而可能获得相应的外来物质与精神激励,如地位和声望、赞许和接纳。这些都是近景的直接动机。而远景的间接创新动机,则来自对创新行为的社会意义的教育,将其作为学生的历史使命与社会责任相关联。具体体现在教育方法上,一是启发式教育和激励式教育的使用;二是利用争强好胜的心理,设置各个层级的创新活动和比赛。

(2) 鼓励学生创造性思维发展的环境。具体包括:尊重与众不同的疑问,尊重与众不同的观念,向学生证明他们的不同观念是有价值的,给学生不计其数的学习机会,使评价与前因后果联系起来(教育部人事司,2000)。特别是在基础教育中,从幼儿抓起,在思维定式尚未形成之前,培养他们的创造性个性,训练他们的创造性思维方法。

(3) 就大学教育来说,首先要改变目前近亲繁殖的现象。当前很多大学师资存在"三代同堂"的现象,一是妨碍了民主和平等的学术关系,不容易养成百家争鸣的学术氛围,从而阻碍创新;二是师资的知识结构和内容重合,难以产生异质思维的碰撞。其次,大学师资不能只关注其专业能力和数量以及学历层次,而忽略其人文素养和教育能力。大学和研究所最大的不同是,其教工是需要进行教书育人的,而仅仅关注专业能力、人文素养的不足,对批判性思维的构建是一个桎梏。最后,要培养终身学习的习惯。在中国很多学生进入大学的门槛后就会松懈下来,而实际上,在知识经济时代,知识的生命周期越来越短,没有终身学习能力的人是要被淘汰出局的。

(4) 思考模式的转变训练。以上所述中国教育培养的思维模式,有一个形象的术语叫"海绵式思考"(冯林 等,2015)。这种思维模式的特点就如海绵,通过吸收进行知识的原始的被动积累,为后面的思考提供必要的素材,这是积极的一面。但是如果不能从海绵式思考飞跃到新一个层面的思考,即淘金式思考,就会沦为被动接受的精神傀儡,不可能有创新的思维和行动。而淘金式思考也是一种形象的比喻,即不再是全盘吸收,而是有选择性地进行评判性思考。这时候就凸显了思考者的积极主动性。以阅读练习为例,表8.2所列方式中哪一种是中国教育体制下的典型阅读题型呢?

表8.2 阅读与思维训练

	海绵式思考		淘金式思考
阅读句子	画线部分句子的意思是什么?	提出问题	为什么提出这个观点?
标注重点	段落大意是什么?	质疑推理	推导过程合乎逻辑吗?
总结观点	找到并理解作者的意思	评估材料	论据可信度高吗?
效果	强调事实,接受作者的观点及推理,重点不在评价(或在接受作者观点基础上积极评价)	效果	主动发现有意义的论点并予以评价

在这个例子中,前者体现的是海绵式思考,而后者则是淘金式思考。前者虽然有利于基础知识的积累,但是为了提升学生的创新能力,注重批判和质疑的深度淘金式思考也是必须加强练习的。

从社会法律体系的创新驱动功能看,法律可以分为两类:引导和禁止。基于人人平等和自由的法律模式则会赋人以自信和追求独特的生活方式。判例法制度由于原则上认定所有事情都是被容许的,只有某个体行为的不合法,为创新文化素养的培养提供了有利的空间。强令禁止的法律的主要功能是作为政府的统治工具,但可能会使人因害怕触犯法规而丧失创新动机。法律制度对创新者的保护程度如是否有反托拉斯法会决定创新文化素养的形成氛围。有关产品责任的法律则决定了相应社会的创新成本。如在日本,虽然民法第415条和第709条会使劣质产品生产商被起诉,但实际操作中庭外和解十分常见。在没有产品责任法的国家,顾客会对产品进行密切监控,从而产生激烈的品质竞争,促进创新。

在不同制度环境下会产生创新文化素养不同的消费者,又反过来影响社会的创新氛围。如创新型的消费者能勇于接受创新产品的不完美可能,积极提出创新要求和建议,并勇于测试新产品的性能。如日本消费者为创新型消费者,他们关注产品的创新性超过对价格、质量的关注,喜欢尝试,新技术产品将更容易被接受;敢于承担风险而不是规避;具有较高的容错度,对产品瑕疵的态度较为包容。美国消费者也是相对宽容的,德国则相反。

8.4 个人创新文化素养核心要素的科学素质文化视角探究

在以上所列创新思维网的关键要素中,科学教育是个人创新素养形成的重要影响要素,而科学素质是个人创新素养的核心内涵。以下拟对学生科学素质进行文化视角的探究。

《国家中长期科学和技术发展规划纲要(2006~2020)》中提出"提高全民科

学文化素质,营造有利于科技创新的社会环境"。提升我国公众的科学知识、科学精神,提高公众科学文化素养,是个人创新素养提升的重要途径,可以为我国自主创新创造良好氛围。以本书第3章研究中国家创新能力综合指数与OECD面向15岁学生科学素质PISA调查数据(OECD,2012)进行相关关系分析,发现两者呈显著的正相关关系(见表8.3)。

表8.3 创新能力与学生科学素质相关关系

		创新能力综合指数	PISA
创新能力综合指数	皮尔逊相关系数	1	0.537
	p值(双尾)		0.002
	样本量N	32	32
PISA	皮尔逊相关系数	0.537	1
	p值(双尾)	0.002	
	样本量N	32	32

8.4.1 文化渊源视域下的科学发展分异

文化对科学的影响一直是颇有争议的议题。巴恩斯(Barnes)和艾杰(Edge)、凯里(Kelly)、雷柏(Latour)、龙杰诺(Longino)等学者通过一系列研究论证科学是在社会架构中构建的,是人类的社会行为,必然会打上价值观和社会习俗的印记,受到其文化背景影响,文化在科学领域的影响力才逐步得到认同(Barnes et al., 1982;Kelly et al., 1993;Latour, 1990; Longino, 1990)。

中西方在自然与社会的共同作用下形成了文化系统差异,从目前学界接受度较高的文化差异维度体系如克拉克洪的六大价值取向理论、蔡安迪斯的个体主义与集体主义维度、强皮纳尔斯的文化架构理论、霍尔的高低语境文化、托马斯的世界区域文化分类理论和霍夫斯泰德的文化维度理论等中提取对科学有潜在影响的文化维度特征,如表8.4所示。

表8.4 影响科学发展的文化维度及其特征

文化维度	特 征
个体主义与集体主义	社会组织结构是否扁平化、利于沟通;是否回避冲突与变革、区分内外群体、尊重个性、强调个人能力与实现
权力距离	是否倡导平等、变革;是否决策自由
不确定性规避	是否敢于承担风险和打破传统、容忍偏离传统观点和行为;有无权威压制
普遍主义与特殊主义	是否强调规章制约行为
个人成就与社会等级	社会等级是否森严,可否挑战权威,是否尊重个人能力
关系特定与关系散漫	工作指令模糊程度如何,是否赋予成员自主判断能力
人与自然关系	是否认同通过科学研究可了解自然、改造自然
人性观	信任与民主程度如何,是否依赖规章制度
活动导向	是否倡导勤奋、以成就作为成功评价标准
空间观念	信息公开程度如何,信息共享意愿强弱
高低语境	是否尊重个性与兴趣、规避冲突与变革

8.4.2 科学素质差异的文化观照:日本与欧盟比较案例

以个体主义与集体主义(IDV)、权力距离(PDI)及不确定性规避(UAI)三个维度为例进行验证,对霍夫斯泰德的赋值与最新OECD面向15岁学生科学素质PISA调查数据进行相关关系分析(OECD,2012),结果证实IDV及PDI维度与学生科学素质的相关关系(PISA采用的中国数据为上海数据,难以代表中国实际平均水平而被剔除),见表8.5。

表8.5　文化维度与学生科学素质相关关系分析

		IDV	PDI	UAI
	皮尔逊相关系数	0.455	0.468	0.287
PISA	p值(双尾)	0.010	0.008	0.118
	样本量N	31	31	31

日本文化传承东方儒家文化精髓,发展出中国经典文化基模的变体;欧盟成员则多源于西方经典文化。以两者为案例考察学生科学素质发展模式及其社会控制因素差异可见文化影响力。

国土面积狭小、资源匮乏、灾难频发使日本具有海岛文化的危机意识并积极向外拓展,他们将"综合即创造"发展为技术创新文化的精髓(徐智华 等,2013),引进和吸收借鉴其他民族优秀科技成果。从人类学视角,日本大和民族属于蒙古种,其文化策源地就是黄河中游两岸的黄土高原,影响力自夏商周至秦汉,形成东方文化整体,包括日本文化。至隋唐时期,日本汉化达到高潮,其事事物物皆来自中国,却因为特殊的地理原因难以照搬典章制度,如由于岛国无需太多国防军,府兵制演变为职业性武士;均田制演变为班田制;科举考试由于缺少更翻替补的职位而无必要。奈良时期(公元8世纪)日本汉化达到高峰,而平安时代(8世纪末至12世纪末)日本逐渐撇开了中国的影响,发展出与西欧诸国类似的西式封建社会,这个特点使得其国门在鸦片战争之后被英美等国强迫打开后,作为生于模仿、长于模仿的日本文化,"西化"过程如鱼得水(唐德刚,2016)。

在中国原典文化影响下,日本形成集体主义本位社会,视集体为"家",有强烈的依附意识。而这种家文化与中国传统文化不同之处在于,由于没有多民族共存经验,其对外关系乃至对外战争都体现出日本种族主义:更多缘于学缘、地缘等关系;吸收儒家忠孝观,将"忠"和"和"作为最重要价值观,倡导国家主义。随着西方国家的发展与繁荣,又力行"和魂洋才",借鉴了英国式的议会制度、企业和贸易,法国式的民法刑法,普鲁士的军队设计等等,吸收西方优秀文化要素,实现了东方伦理与西方近现代发展模式的有机结合。

日本教育模式以及科技政策、组织结构、社会习俗等学生科学素质发展的社会控制因素均呈现与其文化一致的特点:在教育规划及政策层面,秉行儒家尊师重教、教育先行路径;以普惠、终身教育为理念,其初、中等教育入学率均居世界前列,政府教育经费投入巨大,辅以学校自筹资金和家长委员会等多种形式的资金支持;重视科学教育,形成具有强烈忧患意识的"精、专"发展模式,最有效地利用资源、向精准目标快速前进;普遍实行科学助教制,文部科学省与研究生、退休工程师、研究员签订聘任合同,安排其从事基础科学教育的辅导工作;科普诸项目都有着明确的定位和目标人群,不片面追求综合性的大而全,在内容和表现形式上都细分目标。

在诸社会控制因素影响下,日本学生形成了相应的科学素质发展思维和行为模式,体现为东方文化典型的群体意识和社会责任心,重视学习,奋发努力,遵纪敬业,也促使日本学生具有较高的整体科学素质水平。以PISA数据为例,日本在65个国家和地区中列第五位,而另一面"国际数学和科学评测趋势"(TIMSS)测试结果也显示日本四年级和八年级学生科学表现分列第四、第三位,且显著高于平均水平(TIMSS, 2007)。PISA结果显示日本学生在重述知识、解释、推理和总结方面较优秀,但在提出科学命题和运用知识解决新问题方面表现相对较弱。此外,日本作为科学成就突出的区域,学生科学兴趣却相对较低。这些弱点凸显出与其文化特征一致的特质,如高语境文化的整体直觉型思维方式的影响,源自家庭对学业的高度期望形成的学业压力。日本教育界早已意识到这些弱势并采取了相应措施,如早在1989年颁布的《学习指导要领》就倡导赋予学生宽松的学习环境,激发其学习兴趣;教育体制践行"科技的科学教育"理念,重视应用能力培养。

对PISA结果的聚类分析显示欧盟学生整体科学素质较高。其中芬兰居榜首,其他成员也主要集聚在科学素质高和较高群。TIMSS测试结果也呈现类似结果,见表8.6。

表8.6 PISA科学素质聚类

群类	包括的国家	国家数量	科学素质均值
群1	芬兰、中国、日本、韩国、新西兰、加拿大、澳大利亚、荷兰、德国、瑞士	10	531.70
群2	英国、波兰、爱尔兰、比利时、匈牙利、美国、挪威、捷克、丹麦、法国、瑞典、奥地利、葡萄牙、斯洛伐克、意大利、西班牙	16	499.25
群3	卢森堡、土耳其、俄罗斯、希腊	4	471.50
群4	墨西哥、巴西	2	410.50

与日本相比,欧盟学生整体科学素质稍弱,但是其学生科学兴趣高于日本,知识的创新应用能力也较高,这同样可以在文化视域寻其脉络。欧盟诸国共享西方文化基模、突出欧洲共同文化遗产的同时又充分尊重和支持各成员国发展的多元化。欧盟诸国在教育领域秉承了同样的价值观,呈现多元化、宽松、民主的特征,强调教育公平与全纳教育,以培养有终身学习能力和科技兴趣的学生为目标。其科技传播创新模式如共识会议、公民陪审团、议会听证会、表决会议、观点工作坊等均凸显了这一特色。以丹麦为例,与日本集体主义价值观影响下的政府主导科技发展模式不同,其科技主管部门科技创新部

仅担任监督、评价职责。如其科技投入的分配是以公开竞争方式，依靠专家顾问资助体系进行的，政府并不亲自参与；另外，同为资源有限的国家，丹麦同样追求本国特色发展路径"Niche Strategy"，即立足自身条件追求最佳发展模式。丹麦的法律规定，凡是涉及重大争议的科学政策必须让社会公众了解其对社会、环境带来的影响。因此，丹麦技术委员会发展出共识会议，旨在促成社会公众就争议性的问题与专家辩论，并供国家科技决策参考，这一模式已经推行到其他欧盟成员国。多数欧盟国家如法国、挪威、荷兰，均将科普纳入公民权内涵，提升大众科学素质是其文化建设的重要内容（方媛媛，2009）。欧盟民主宽松、追求实效的文化氛围提升了学生的科学兴趣、参与热情以及科学应用能力。

8.4.3　文化对科学素质的作用机制及提升策略

从以上分析可知，不同的国家或民族受到自然环境和社会环境双重因素影响，形成不同的科学文化认知基础和科学发展社会控制因素，对个人科学素养发展的行为和思维模式产生影响。

文化通过激励、培育、渗透和导向作用，作用于社会价值观、世界观，形成与特定文化相符的社会制度环境、法律框架、习俗、组织结构、经济环境，即科技发展的社会控制。这些因素直接作用于家庭培育模式、教育体制和科技激励环境。学生作为社会的个体，在以上特定环境影响下形成个人文化图式，包括认知风格、兴趣、动机、自我概念等特质。科学素质作为知识，由个体通过学习获得，其学习过程受到这些特质的影响。即在人类心理认知结构中，学生科学素质实际为文化图式作用下的科学素质发展板块的产出，如图8.1所示。从科学素质的基本内涵来看，科学知识、科学意识、科学能力无不凸显了文化图式内含的科学技术价值观、科学思想、科学态度及其外在表现形式。

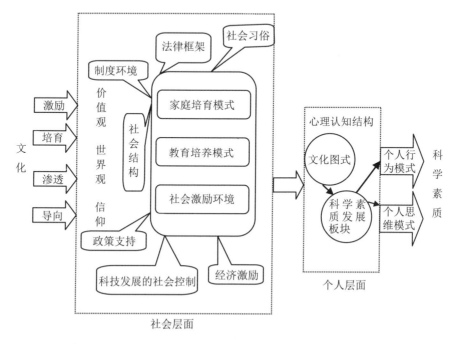

图8.1 民族文化对学生科学素质的作用机制

由于文化影响力浸润到科学素质形成与发展的各个层面,科学素质培养应探索其隐性的文化脉络,强化我国传统文化中有利于科学素质提升的科学文化因子,如勤奋、高语境、内群体高信息公开度和共享意愿,营造有利于科学素质提升的文化氛围;同时打破文化桎梏,摈弃文化中抑制科学发展的因素,如权威顺从、回避冲突,以集体和谐观推崇平均主义、压制个人实现,对不确定性的容忍程度等,并以政策、法律、道德规范等多形式落实到图8.1所示的相关要素。

影响学生科学素质发展的直接因素涵盖了国家科技发展水平、科学教育规划、科普基础设施建设等方面,文化只是一个潜在的间接因素。此外,遗传实验证明了文化对新环境、新要素具有自我调适性,在科学素质提升过程中可以起到传递和良性促进作用。在科技创新成为各国发展动力之源情境下,一些国家全盘否定传统文化的作用,试图以西方价值观替代本国文化以促进科学发展(Shumba, 1999),这一做法十分荒谬。近年来,中国一方面加大科普投入,积极探索提升学生科学素质的有效路径,一方面借鉴西方先进的理论及实践经验,取得了较大的成就。以 PISA 结果为例,在 65 个国家和地区中,中国上海学生科学素质列首位,中国香港、中国澳门与中国台北分列第三、第十二和十八位。其他东方文化国家如日本、韩国也居前列。TIMSS 调查结果也显示:新加坡、中国台北、中国香港、日本四年级学生,新加坡、中国台北、日本、韩国八年级学生的科学表现均居前列,显著高于平均水平。理论研究与实践均有力驳斥了西方盛行的"宗教、文化对科学发展的决定论"。

文化借力心理认知结构作用于个人科学素质的发展,因此在提升规划中应引入社会心理相关理论与实践,如利用曝光效应强化有利于科学素质提升的文化特质;指导学生正确归因以规避外群体偏见、克服刻板印象等。此外,本书还提示科学素质提升是一个涉及人类文化学、心理学、传播学等多学科的跨学科领域,其发展有赖于多领域研究人员的共同努力与协作(汤书昆 等,2012)。

余论
国家创新文化系统优化策略总结与思考

本书对国家创新文化系统进行解构,认为驱动创新的文化体系涵盖了四个层面:民族文化层面、区域文化层面、组织文化层面和个体层面。这四个层面文化要素间相互影响、共同作用于其附着群体的思维和行为模式,并外显于制度体系、教育模式、企业组织结构等有形形式。

在民族文化层面,鉴于民族文化的多样性和复杂性,本书对文化差异维度的提取主要基于文化维度划分理论,如克拉克洪的六大价值取向理论、霍夫斯泰德的文化维度理论、强皮纳尔斯的文化架构理论等等,对民族文化不同维度的创新驱动作用进行剖析,并提取驱动创新的文化要素,分析其作用机制。具体研究路径如下:首先,应用霍夫斯泰德的文化维度指数和创新能力指数进行了文化和创新的典型相关及多元逐步回归分析,验证民族文化的创新影响作用。其次,从文化渊源视角探索文化的主要形成要素,包括自然环境、社会环境以及对一个国家、民族科学发展和创新倾向的潜在影响,并基于中西文化对比,提炼出中国传统文化中的创新驱动要素。

在区域文化层面,聚焦的是中国区域文化及其对区域创新能力的影响。研究路径如下:首先,从区域文化差异渊源视角试图解析区域文化对特定区域创新思维、创新行为的潜在作用力。其次,对基于中国文化地理区划的区域创新表现差异及其动因进行了文化视角的解析,探讨了不同区域文化特质对创新能力的作用原理和作用层面,对区域创新文化传播模式进行了解析。最后,作为印证,对文化区划中创新表现优异的吴越文化区以及岭南文化区、徽州文化区进行了创新驱动文化要素案例的分析。

在组织文化层面,选取了企业文化为切入点。研究路径如下:首先,基于企业文化、企业创新文化的文献梳理和分析,提取出驱动创新的企业文化类型和特质。其次,提出了影响企业创新表现的另外两个企业文化要素,即文化影响下的企业组织结构及交流模式,以及企业亚文化的协调模式,认为这三个要素共同构成了企业层面的驱动创新文化体系。最后,对企业文化驱动创新要素的作用机制进行了解析。此外,还基于高低语境沟通文化理论进行了企业知识创新的案例分析,以及基于知识管理视角进行了创新文化管理域的分析,并以作者深度参与的企业文化创新构建和理论总结案例为例,希望据此说明某一类企业文化创新的具体内容和步骤。

在个体层面,首先,提出了个人创新文化素养这一概念,阐释了其内涵和表征,对其形成机制进行了层面分析,认为个人创新文化素养的形成包括生物与社会文化基础,通过社会化与濡化过程实现,解析其外部激发环境和基本要素。最后,以其核心内涵之科学素养为例进行了文化视角的案例解析,并提出了优化建设的建议。

驱动创新的文化体系是一个开放的自组织系统,通过选择利于创新的机制促生内部创新型亚文化的新生和筛选。随着全球化进程的加速,驱动创新的文化体系作为与外界进行物质、能量交换的开放耗散结构,与多层面多方面文化要素交叉融合、取长补短、互通有无,从无序进入有序,从非平衡态发展为平衡态,诸要素间是非线性作用并不断涌现新质,打破文化系统原先的惯性平衡,引导驱动创新的文化要素系统趋于有序的演进状态。

作为人类文明经典母文化的创造国,中国的创新强国道路需要充分考虑中国文化特色,汲取中国传统文化精华。这不是盲目复古的崇拜,而是从文明视域对传统文化的深刻理解和经历曲折之后的再认识。2016年5月17日,习近平主席在全国哲学社会科学工作座谈会上的讲话指出:"中华民族有着深厚文化传统,形成了富有特色的思想体系,体现了中国人几千年来积累的知识智慧和理性思辨。这是我国的独特优势。中华文明延续着我们国家和民族的精神血脉,既需要薪火相传、代代守护,也需要与时俱进、推陈出新。要加强对中华优秀传统文化的挖掘和阐发,使中华民族最基本的文化基因与当代文化相适应、与现代社会相协调,把跨越时空、超越国界、富有永恒魅力、具有当代价值的文化精神弘扬起来。要推动中华文明创造性转化、创新性发展,激活其生命力,让中华文明同各国人民创造的多彩文明一道,为人类提供正确精神指引。要围绕我国和世界发展面临的重大问题,着力提出能够体现中国立场、中国智慧、中国价值的理念、主张、方案。"

在习近平主席代表中国发布上述文化立场宣言后,2017年5月,中共中央办公厅、中华人民共和国国务院办公厅印发了《关于实施中华优秀传统文化传承发展工程的意见》,其中提出总体目标是到2025年,"中华优秀传统文化传承发展体系基本形成,研究阐发、教育普及、保护传承、创新发展、传播交流等方面协同推进并取得重要成果,具有中国特色、中国风格、中国气派的文化产品更加丰富,文化自觉和文化自信显著增强,国家文化软实力的根基更为坚实,中华文化的国际影响力明显提升"。

在文化兴国战略的指引下,中国越来越重视文化对社会诸过程作用的影响,包括创新能力提升的研究与实践。本书的目的是解析文化对创新的影响力,并提出文化具有传递性的同时具有选择性:不能延续的文化必将消亡(希尔斯,1991),因此所有文化都在不断进行本体自组织的扬弃过程(陆建猷,2004),并通过生物基因以及社会化和濡化过程进行传递,这无疑证明了文化研究和建设的意义所在。此外,本书基于渊源研究提取了文化表征的内在动因,在为文化差异研究提供理据的同时,也尝试为文化的创新发展提供新的思路。

一个民族或国家的创新文化基因要实现与当代文化相适应、与现代社会相协调的目标,需要良好的制度安排,需要加强民族国家顶层规划与宏观指导,推动核心价值体系的提炼与建设;需要整合各类资源,调动各方力量,让全体中华民族成员都担负起守护、传播和弘扬中华优秀传统文化的职责,形成人人传承发展中华优秀传统文化的生动局面。关于中国创新文化优化策略,前文已经在国家创新文化系统的四大构成层面中进行了细化而具有针对性的阐释,此处不再赘述,仅提炼和综述以为优化策略提供具体的思路:

民族文化和区域文化的传习相对具有稳定性,应该充分利用优势,规避劣势,走中国特色文化下的提升之路。这需要深入阐发文化精髓,巩固中华文明探源成果,正确反映中华民族文明史。

在民族文化层面,首先,中国文化的早熟和排外性,使得我们在创新之路上遇到一些阻碍,然而这些所谓的民族文化障碍,其实是可以加以调试利用的。例如,以集体主义、风险规避、高权力距离文化特征驱动形成的团队合作精神、管理者权威、终身雇佣等特点,支持了当代中国可以选择一条先模仿后独创的渐进、增量型创新之路。其次,文化所培育出的价值观和信仰体系是稳定的,但直接作用于创新行为和思维模式的各层级社会控制要素是可以做出正向调整的,可以对经济激励要素、政策制度支持体系、教育体系、法律框架等做出有利于创新环境构建、创新能力提升、创新意愿增强的完善。

研究以实证探源证明了文化的创新驱动作用,提炼出中国传统文化中的创新驱动要素。例如,动静兼具的天人合一观,入世与出世共存,高语境交流特点,"知者不惑,仁者不忧,勇者不惧"精神,包容外来文化的能力,农耕赋予的耐力、反抗力和勤劳,高要求的道德约束,刚健自强和厚德载物的双面要求,可能由汉语语言特点赋予的数学天分、人文主义和理性主义内涵等。这些中国传统文化中的创新驱动元素,增强了中华民族创新之路的文化自信和文化自觉,也是文化建设和传播中需要凸显的关键要素。

2017年出台的《关于实施中华优秀传统文化传承发展工程的意见》提出:"切实把中华优秀传统文化传承发展工作摆上重要日程,加强宏观指导,提高组织化程度,纳入经济社会发展总体规划,纳入考核评价体系,纳入各级党校、行政学院教学的重要内容。""加大中央和地方各级财政支持力度,同时统筹整合现有相关资金,支持中华优秀传统文化传承发展重点项目。""将修订文物保护法。制定文化产业促进法、公共图书馆法等相关法律,对中华优秀传统文化传承发展有关工作做出制度性安排。"这无疑在操作层面为我们国家的文化建设提供了制度和财力保障安排。

在区域文化层面,一方面随着区域交流的增加,可以更好地体现创新型区域的示范与辐射功能;另一方面,虽然区域文化同样具有历史传承性,但随着区域间互动交流的增加,空间地域文化差异实际上在逐渐缩小。随着全国范围的创新资源科学配置,特别是创新人才大幅度频繁的流动,区域创新诸层主体的创新功能无疑会提升。由区域文化层面研究案例剖析得出的区域创新能力的文化驱动要素,给出了面向提升区域创新绩效的区域文化建设的思路,而对于区域文化传播的专门研究则提示了区域创新文化扩散的着力点。

球土化(本地化与全球化并存)时代需要将创新文化的培育与发展立足本土创新沃土的同时,又要具有国际视野和海纳百川的心态:能开放吸收其他文化中的创新驱动元素,也不能罔顾本土文化中的创新驱动元素。媒介融合时代的文化传播媒体形态新特点、传播理念和方式的变化、主客体的变化则需要以公众的传播需求新变化为导向,结束新旧媒体间的分割独立的状况,消除传播多元主体的边缘与界限,构建多媒体、多主体互动的传播机制,推进传播的形态演进,以达到公众更好地理解创新、参与创新的目的。

在组织文化层面,以企业组织的文化为切入点进行分析,提炼出需要重点培育的企业文化特征,如奖励变革,具有容忍错误导向,容忍员工打破公司规章制度,鼓励经验教训的吸取。提炼出的优化选择有:

由全心全意为创新提供精神、制度、物质各个层面的支持,转向以市场为导向,构建市场与技术人员的沟通渠道,使他们具有创新敏感度和应变能力;

倡导构建开放自由的正式和非正式交流网络,鼓励信息共享意愿,并提供技术平台;

倡导决策民主,且决策过程充分考虑市场和消费者;

倡导创新进度指令宽松、避免过分细化、职能划分不过度清晰,实行弹性时间制,鼓励跨职能团队协作,界面管理以创新过程管理为主导;

倡导培养主人翁精神,对组织忠诚,凝聚组织目标的认同感;

培植共同的创新愿景和方向,培育团队精神、互相尊重与信任的氛围;

将创新故事和创新英雄作为行为典范,凸显企业创新典型的传播,个体创新绩效评测科学有效,善于将企业的非个人目标转化成个人化的执着精神;

创新战略需明晰且具有挑战性;

管理者充分授权创新行为,容忍和鼓励自我价值的体现和英雄主义行为,容忍自由组合的非正式创新小团队活动,评价制度应当依据个人能力表现而非职位或关系。

在组织结构方面,需要构建具有民主决策系统、流畅沟通体系的有机扁平组织和民主平等、积极互动的企业亚文化协作模式,由企业高层的创新意识、激励行为及创新容忍度,中层的创新意识、创新行为及激励创新能力,基层的创新意识与行为共同形成驱动创新的亚文化协调机制。与民族文化、区域文化相比,企业文化具有相对的不稳定性,创新型企业文化受到外界环境的影响,其构建具有可操作性。企业创新文化提升要针对本书提取的创新要素特征,有的放矢,着力于管理者创新战略理念的提升以及员工创新思维和行为的激励和培养,构建支持创新的制度体系如产权制度,通过创新型企业的集聚和示范辐射作用提升国家创新主体即企业的创新能力。

个人创新文化素养的生物基础具有社会适应性。由于脑机能的发展有一个关键时期,创造良好的环境条件将对脑机能的发展带来良好的影响,因此创新文化素养的形成有赖于良好的创新激励文化氛围。创新认知发展是不断同化、顺化而利于创新认知能力发展的外部文化要素,从而达到新的利于创新的认知平衡态,并不断演进的过程。因此个体层面创新文化的培育有赖于外部环境特别是教育体系的教化作用。

创新文化素养的培养需强化我国传统文化中驱动创新的元素,同时打破文化桎梏,摈弃文化中抑制创新发展的因素,如权威顺从,回避冲突,以集体和谐观推崇平均主义、压制个人实现等。因而,现在教育体系的优化可以面向创新需求做出正向调整,而其实现涉及的心理过程如社会化、濡化过程更依赖外部培育环境,如家庭培育模式、教育体系等,有针对性地设置培养计划,同时社会文化环境的潜移默化影响作用也不可忽视。

本书对驱动创新的文化体系的研究基于一个相对宽泛的创新观和文化观,希望以一个广博而悠长的文化视角去全面、综合检视其对创新可能产生的影响。我们清醒地认识到中国传统文化中限制创新发展的一面,但也欣喜地发掘了一批深植人心的传统创新驱动文化元素,这些发现让我们的"文化自觉"和"文化自信"不再盲目,也将在国家创新生态系统发展过程中,对创新文化和创新环境建设起到积极的作用。

由于能力有限、时间仓促,本书的研究难免有不够精分细致的缺憾。

可能的缺憾之一:为免囿于可操作性而限制文化的内涵,本书采用了较多的定性研究,而没有为迁就量化指标将文化内涵过度缩减。如何设计科学有效的文化要素系统测度指标体系,对研究结果进行实证层面的验证和分析,将是一个需要多学科团队合作的巨大工程。

可能的缺憾之二:文化的影响力是无形而潜移默化的。虽然从文化视角探索全民族创新能力的提升路径是一个重要的议题,然而如何精确捕捉不同层面文化对不同产业、不同创新阶段、不同类型创新、不同规模企业的创新影响力和影响方式差异,本书虽然有所涉及,但还有待进一步细分研究。

可能的缺憾之三:本书证明了文化的创新演进性,提出驱动创新文化体系的构建可以借力创新关联的社会控制要素的培育作用,但仅做了理论层面的探讨,尚缺少对主要社会控制要素进行深度研究,没有提出更具实践价值的提升方案。

参考文献

REFERENCE

包宇航,于丽英,2017. 创新生态系统视角下企业创新能力的提升研究[J]. 科技管理研究,37(6):1-6.

毕鹏程,席酉民,王益谊,2003. 群体思维的跨文化效应:中国、美国和日本的比较[J]. 预测(6):1-6.

伯特兰·罗素,1996. 中国问题[M]. 秦悦,译. 上海:学林出版社.

伯特兰·罗素,2010. 西方哲学简史[M]. 文利,编译. 西安:陕西师范大学出版社.

柏林科学技术研究院,2006. 文化 vs 技术创新:德美日创新经济的文化比较与策略建议[M]. 吴金希,张小方,朱晓萌,等译. 北京:水利水电出版社:71-72.

曹崇延,王淮学,1998. 企业技术创新能力评价指标体系研究[J]. 预测(2):66-68.

陈春花,赵曙明,2004. 高成长企业的组织与文化创新[M]. 北京:中信出版社.

陈佛松,2002. 世界文化史概要[M]. 武汉:华中科技大学出版社:7.

陈依元,2007. 创新文化:自主创新的文化驱动力[J]. 福建论坛(人文社会科学版)(3):131-134.

赫尔雷格尔 D,斯洛克姆 J W,伍德曼 R W,2001. 组织行为学[M]. 俞文钊,丁彪,等译. 上海:华东师范大学出版社.

戴维·迈尔斯,2009. 社会心理学[M]. 张智勇,译. 北京:人民邮电出版社:228.

道格拉斯·C·诺斯,1994. 经济史中的结构与变迁[M]. 陈郁,罗华平,等译. 上海:上海人民出版社:51.

德鲁克 P F,1987. 管理:任务、责任、实践[M]. 北京:中国社会科学出版社:5.

丁韪良,1982. 笛卡尔的"以太"、"漩涡"说与张载的"太虚即气说"[J]. 陕西师范大学学报(哲学社会科学版)(4):93-96.

杜松年,1994. 潮汕大文化[M]. 北京:中国科技出版社:1.

恩斯特·卡西尔,1988. 语言与神话[M]. 北京:三联书店:105.

方媛媛,2009. 工业发达国家科普资源共建共享的经验与启示[J]. 全球科技经济瞭望,24(11):65-72.

方媛媛,尹锡英,洪程,2010. 基于心理学视角的语言迁移研究[J]. 合肥工业大学学报(社会科学版),24(1):62-65.

方媛媛,2010. 留学生跨文化压力的心理成因研究[J]. 江淮论坛,244(6):151-155.

冯江平,李媛媛,陈虹,等,2013. 新生代员工工作积极性的测量研究[J]. 云南师范大学学报(哲学社会科学版),45(2):58-66.

冯林,张葳,2015. 批判与创意思考[M]. 北京:高等教育出版社.

冯天瑜,周积明,1986. 中国古文化的奥秘[M]. 武汉:湖北人民出版社:55.

冯天瑜,杨华,2000. 中国文化发展轨迹[M]. 上海:上海人民出版社:11.

冯友兰,2008. 中国哲学简史[M]. 天津:天津社会科学院出版社:11.

伏尔泰,1980. 伏尔泰小说选[M]. 北京:人民文学出版社:31.

傅家骥,1998. 技术创新学[M]. 北京:清华大学出版社:37-42.

弗朗西斯·福山,2001. 信任:社会美德与创造经济繁荣[M]. 彭志华,译. 海口:海南出版社.

高丹丹,马宗国,2016. 我国中小企业自主创新能力评价及提升对策研究:基于中小板上市公司的实证分析[J]. 科技管理研究,36(6):67-74.

高锡荣,何洁,胡小娟,2015. 中国创新文化的传统缺陷:基于《增广贤文》的内容分析[J]. 中国科技论坛(11):118-124.

高锡荣,柯俊,2016. 中国创新文化之现状调查与问题剖析[J]. 中国科技论坛(7):10-15;22.

格拉德威尔,2009. 异类:不一样的成功启示录[M]. 季丽娜,译. 北京:中信出版社.

顾嘉祖,陆昇,2002. 语言与文化[M]. 上海:上海外语教育出版社:44-66.

辜胜阻,郑凌云,张昭华,2006. 区域经济文化对创新模式影响的比较分析:以硅谷和温州为例[J]. 中国软科学(4):8-14.

桂诗春,2001. 新编心理语言学[M]. 上海:上海外语教育出版社:5.

郭继荣,2008. 西方文化渊源[M]. 西安:西安交通大学出版社.

国家创新生态系统研究课题组,2015. 国家创新生态系统研究报告[M]. 北京:中国科学技术出版社.

国史馆,2009. 大清历朝实录[M]. 北京:中华书局.

郭毅,朱熹,2003. 国外社会资本与管理学研究新进展:分析框架与应用述评[J]. 外国经济与管理,25(7):2-7.

何必,2008. 我国中小企业自主创新能力及评价指标体系构建研究[D]. 重庆:重庆工商大学.

何含兵,罗长坤,孙兆林,等,2010. 医院科技创新文化、组织学习与科技创新绩效的关系研究[J]. 研究与发展管理,22(3):112-118.

黑格尔,1956.历史哲学[M].王造时,译.北京:三联书店:123.

胡赛全,詹正茂,钱悦,等,2014.企业创新文化、战略能力对创业导向的影响研究[J].科研管理,35(10):107-113.

胡适,1998.胡适文存二集:卷2[M].欧阳哲生.胡适文集:第2册.北京:北京大学出版社:182-197.

胡正荣,1995.企业文化:现代企业之魂[M].北京:中国水利水电出版社.

怀特L A,1988.文化的科学:人类与文明的研究[M].济南:山东人民出版社.

黄高才,2011.中国文化概论[M].北京:北京大学出版社.

黄仁宇,2017.万历十五年[M].北京:中华书局.

黄永明,2014.人种决定社会制度?麻烦的遗产与韦德的麻烦[N].南方周末(26),2014-08-28.

加雷斯·R·琼斯,查尔斯·W·L·希尔,2011.战略管理:理论与案例:英文版[M].9版.北京:清华大学出版社.

姜飞,2010.美国跨文化传播研究形成发展的理论脉络[J].新闻与传播研究(3):17-27.

降芬芬,阎俊爱,2009.中小企业自主创新能力评价指标体系研究[J].现代商贸工业,21(24):22-23.

教育部人事司,2000.高等教育心理学[M].北京:高等教育出版社:85-87.

金吾伦,2001.科技文化与制度创新[J].自然辩证法研究,17(s1):61-65.

克里斯托夫·弗里曼,2008.技术政策与经济绩效:日本国家创新系统的经验[M].张宇轩,译.南京:东南大学出版社.

孔颖达,1957.周易正义:含王弼《周易注》[M].北京:中华书局.

雷巧玲,赵更申,段兴民,2006.企业文化的测量及其对企业绩效的影响研究综述[J].科技进步与对策,23(6):175-177.

李大钊,1918. 东西文明根本之异点[J]. 言治(3).

李桂荣,曹晓玮,2004. 西方企业文化研究的四个阶段[J]. 企业文明(3):37-40.

李琪,2004. 企业技术创新能力评价指标体系及评价模型研究[J]. 科学学与科学技术管理,25(8):96-100.

李约瑟,1975. 中国科学技术史:第一卷[M]. 中国科学技术史翻译组,译. 北京:科学出版社:117;128.

梁启超,1935. 地理与文明之关系[M]//饮冰室全集:第二册:卷十一. 上海:上海中央书店:230-237.

梁启超,2015. 李鸿章传[M]. 南京:江苏人民出版社.

梁漱溟,2003. 中国文化要义[M]. 上海:上海人民出版社:9-13;78.

林伦伦,2008. "潮汕文化"的自新与粤东社会的发展:"潮汕文化"三题[J]. 汕头大学学报(人文社会科学版),24(4):79-83.

林娜,1986. 中日美三国企业管理差异的社会文化渊源[J]. 管理世界(6):97-105.

林语堂,1994. 中国人[M]. 上海:学林出版社.

刘光明,1999. 企业文化[M]. 北京:经济管理出版社.

柳卸林,1993. 技术创新经济学[M]. 北京:中国经济出版社.

陆建猷,2004. 文化传统的多重价值[J]. 西安交通大学学报(社会科学版),24(1):59-63.

露丝·本尼迪克特,1988. 文化模式[M]. 北京:三联书店.

路甬祥,1999. 科教兴国和可持续发展必须建设国家创新体系[N]. 中国市场经济报,1999-01-02.

马丁·弗朗斯曼,2008. 创新的愿景:日美公司的创新文化[M]. 马晓星,译. 北京:知识产权出版社.

马丁·路德,2003. 马丁·路德文选[M]. 北京:中国社会科学出版社.

马克思,恩格斯,1959. 马克思恩格斯全集:第7卷:德国农民战争[M]. 人民出版社:400.

马克思,1986. 资本论:第一卷[M]. 北京:人民出版社:560.

马克斯·韦伯,2009. 新教伦理与资本主义精神[M]. 李修建,张云江,译. 北京:中国社会科学出版社.

马力,曾昊,王南,2005. 企业文化测量研究述评[J]. 北京科技大学学报(社会科学版),21(3):56-60.

马文·哈里斯,1992. 文化·人·自然:普通人类学导引[M]. 顾建光,高云霞,译. 杭州:浙江人民出版社:136.

孟德斯鸠,1982. 论法的精神:上册[M]. 张雁深,译. 北京:商务印书馆:228;273;281.

孟建伟,2005. 创新文化与科学精神[J]. 创新科技(5):16-17.

南炳文,汤纲,2017. 社会资本:明史[M]. 上海:上海人民出版社.

帕萨·达斯古普特,2005. 社会资本:一个多角度的观点[M]. 北京:中国人民大学出版社:23-58.

佩雷菲特,1993. 停滞的帝国:两个世界的撞击[M]. 王国卿,毛凤支,谷炘,等译. 北京:三联书店:479.

《瞿秋白选集》编辑组,1985. 瞿秋白选集[M]. 北京:人民出版社.

任福君,翟杰全,2011. 我国科普的新发展和需要深化研究的重要课题[J]. 科普研究,6(5):8-17.

任正平,2004. 愿景、沟通及企业文化的一致性[J]. 企业文化(7):15-17.

塞缪尔·亨廷顿,劳伦斯·哈里森,2002. 文化的重要作用:价值观如何影响人类进步[M]. 北京:新华出版社.

邵瑞珍,1997. 教育心理学[M]. 上海:上海教育出版社:252-260.

邵台新,1997. 中国文化史[M]. 北京:大中国图书公司.

尘洁,2004. 圣约·新约的故事:路加福音羊皮书[M]. 陕西:陕西师范大学出版社.

史晓燕,1999. 企业技术创新能力指标体系设置及综合评价[J]. 陕西经贸学院学报(2):37-41.

水常青,许庆瑞,2005. 企业创新文化理论述评[J]. 科学学与科学技术管理,26(3):138-142.

宋培林,2000. 论企业创新文化:兼析我国企业创新文化的营造[J]. 当代经济科学,22(5):60-64.

孙爱英,李垣,任峰,2004. 组织文化与技术创新方式的关系研究[J]. 科学学研究,22(4):432-437.

唐德刚,2016. 从甲午到抗战[M]. 北京:台海出版社.

汤姆·彼得斯,2000. 汤姆·彼得斯论创新[M]. 林立,沙丽金,译. 海口:海南出版社.

汤姆·凯利,乔纳森·利特曼,2007. 创新的10个面孔:打造企业创新力的十种人[M]. 刘金海,刘爽,译. 北京:知识产权出版社.

汤姆·奈特,特雷弗·豪斯,2005. 知识管理:有效实施的蓝图[M]. 蔺雷,李素真,译. 北京:清华大学出版社.

汤书昆,方媛媛,2012. 基于民族文化视角的学生科学素质发展与提升研究:以中西经典文化基模为例的探索[J]. 科普研究,7(2):5-10.

汤因比,1966. 历史研究:上册[M]. 上海:上海人民出版社:96.

万明钢,1996. 论人类行为的社会文化基础:跨文化研究的新视野[J]. 西北师范大学学报(社会科学版)(1):33-38.

王飞绒,方艳军,2013.基于组织学习的组织文化与技术创新绩效关系的实证研究[J].研究与发展管理,25(1):36-43.

王逢鑫,2001.英汉比较语义学[M].北京:外文出版社:142-156.

王广宇,2004.知识管理:冲击与改进战略研究[M].北京:清华大学出版社:32.

王会昌,1992.中国文化地理[M].武汉:华中师范大学出版社:4;35;84;204;228.

王极盛,1986.科学创造心理学[M].北京:科学出版社:383-387.

王遂今,2005.吴越文化史话[M].杭州:浙江大学出版社:156.

王松亭,1999.隐喻的机制和社会文化模式[M].哈尔滨:黑龙江人民出版社:210-212.

王文斌,熊学亮,2008.认知突显与隐喻相似性[J].外国语(上海外国语大学学报),31(3):46-54.

王寅生,2015.中国的西方形象[M].北京:团结出版社:151.

王悦,张勤,张劲,2003.科学思想与创新素质[M].上海:上海科学技术出版社:213.

王朝晖,2009.跨文化管理[M].北京:北京大学出版社:35;41.

魏江,许庆瑞,1995.企业创新能力的概念、结构、度量与评价[J].科学管理研究,13(5):50-55.

威廉·大内,1981.Z理论:美国企业如何迎接日本的挑战[M].孙耀君,王祖融,译.北京:中国社会科学出版社.

韦森,2003.文化与制序[M].上海:上海人民出版社:9.

沃纳·J·赛佛林,小詹姆斯·W·坦卡德,2006.传播理论:起源、方法与应用[M].郭镇之,译,北京:中国传媒大学出版社.

吴必虎,1996.中国文化区的形成与划分[J].学术月刊(3):10-15.

吴殿廷,刘超,顾淑丹,等,2005. 高级科学人才和高级科技人才成长因素的对比分析:以中国科学院院士与中国工程院院士为例[J]. 中国软科学(8):70-75.

吴雪明,2007. 全球化背景下经济强国国际竞争力的评估理念与指标分析[J]. 世界经济研究(12):27-32.

希尔斯 E,1991. 论传统[M]. 上海:上海人民出版社:215-273.

肖红叶,郑华章,2006. IMD-WEF 国际竞争力评价比较研究:以中国为例[J]. 统计与信息论坛,23 (1):5-10.

解学梅,吴永慧,2013. 企业协同创新文化与创新绩效:基于团队凝聚力的调节效应模型[J]. 科研管理,34 (12):66-74.

许家松,2002. 论《黄帝内经》的养生观与养生法则[J]. 中国中医基础医学杂志,8 (7):1-2.

许庆瑞,贾福辉,谢章澍,等,2004. 创新型文化的构建要素研究[J]. 科学学研究,22 (4):426-431.

许庆瑞,魏江,1995. 中小企业提高技术能力的对策研究[J]. 科研管理,16 (1):15-19;21.

徐智华,刘群慧,2013. 日本技术创新文化研究[J]. 科技管理研究,33 (6):236-241.

杨广青,叶继创,倪李澜,2011. 福建省中小企业自主创新能力实证研究[J]. 福州大学学报(哲学社会科学版),25 (3):39-44.

杨宏进,1998. 企业技术创新能力评价指标的实证分析[J]. 统计研究,15(1):53-58.

杨晶照,杨东涛,孙倩景,2012. 组织文化类型对员工创新行为的作用机理研究[J]. 科研管理,33 (9):123-129;153.

严三九,2011. 新媒体概论[M]. 北京:化学工业出版社:46.

叶衡,1964. 礼记[M]. 台北:商务印书馆:12.

伊安·巴伯,2009. 当科学遇到宗教[M]. 苏贤贵,译. 北京:三联书店:8;20;97.

尤克强,2003. 知识管理与企业创新[M]. 北京:清华大学出版社:126-166.

余敦康,2005. 中国宗教与中国文化[M]. 北京:中国社会科学出版社:184.

远德玉,董中保,1994. 企业技术创新能力的综合评价和动态分析方法[J]. 科学管理研究,12(2):50-52.

袁勇志,2003. 创新行为与创新障碍[M]. 上海:三联书店.

约翰·科特,詹姆斯·赫斯克特,1997. 文化与经营业绩[M]. 曾中,李晓涛,译. 北京:华夏出版社.

曾杰,张树相,1996. 社会思维学[M]. 北京:人民出版社:165-168.

张岱年,1994. 中国文化概论[M]. 北京:北京师范大学出版社.

张岱年,程宜山,2009. 中国文化论争[M]. 北京:中国人民大学出版社.

张德,吴剑平,2000. 企业文化与CI策划[M]. 北京:清华大学出版社.

张钢,许庆瑞,1996. 文化类型、组织结构与企业技术创新[J]. 科研管理,17(5):26-31.

张军,许庆瑞,张素平,2014. 企业创新能力内涵、结构与测量:基于管理认知与行为导向视角[J]. 管理工程学报,28(3):1-10.

张莉,2014. 供应链核心企业知识获取、创新文化与创新绩效关系研究[J]. 统计与决策(13):48-50.

张木生,1996. 企业文化与CI战略实务[M]. 北京:中国民航出版社.

张全明,2006. 中国历史地理学导论[M]. 武汉:华中师范大学出版社:347.

张维迎,2007. 博弈论与信息经济学[M]. 上海:格致出版社:9.

张玉明,李荣,闵亦杰,2016. 企业创新文化真实地驱动了研发投资吗?[J]. 科学学研究,34(9):1417-1425.

赵春霞,2009.电影中的隐喻与象征艺术:以安哲罗普洛斯的电影为例[J].电影评介(14):24-25.

赵浩宇,2014.中小企业自主创新能力指标评价模型[J].企业研究(4):14-15.

赵彦云,甄峰,2007.我国区域自主创新和网络创新能力评价与分析[J].中国人民大学学报,21(4):59-65.

郑春东,和金生,陈通,1999.企业技术创新能力评价研究[J].中国软科学(10):108-110.

智库百科,2006.霍桑效应[DB/OL].(2015-10-13)[2016-08-09].http://wiki.mbalib.com/wiki/%E9%9C%8D%E6%A1%91%E6%95%88%E5%BA%94.

中国科技发展战略研究小组,2006.中国区域创新能力报告:2006[M].北京:科学出版社.

中国科技发展战略研究小组,2009.中国区域创新能力报告:2009[M].北京:科学出版社.

中国科协发展研究中心国家创新能力评价研究课题组,2009.国家创新能力评价报告[R].科学出版社:8;234-245.

中国科学社,1934.科学通论[M].上海:上海书店出版社.

中国社会科学院语言研究所词典编辑室,1990.现代汉语词典[M].2版.北京:商务印书馆:167.

周尚意,孔翔,朱竑,2004.文化地理学[M].北京:高等教育出版社.

周晓光,2006.徽州传统学术文化地理研究[M].合肥:安徽人民出版社.

竺可桢,1998.看风云舒卷[M].天津:百花文艺出版社.

朱凌,2008.创新型企业文化的结构与重建[M].杭州:浙江大学出版社:3;6;

10；24.

朱熹,1939.河南程氏遗书：第十八卷[M].北京：商务印书馆.

邹逸麟,2007.中国历史地理概述[M].上海：上海教育出版社：372.

Amidon D M,1996. The Challenge of Fifth Generation R&D[J]. Research Technology Management,39 (4)：33-41.

Amidon D M,1998. Blueprint for 21st Century Innovation Management[J]. Journal of Knowledge Management,2 (1)：23-31.

Bandura A,Pastorelli C,Barbaranelli C,et al,1999. Self-efficacy Pathways to Childhood Depression[J]. Journal of Personality and Social and Social Psychology,76 (2)：258-269.

Barash D P,2003. The Survival Game：How Game Theory Explains the Biology of Cooperation and Competition[M]. New York：Henry Holt & Company,Inc.

Barnes B,Edge D,1982. Science in Context：Readings in the Sociology of Science[M]. London：Open University Press.

Barney J B,1986. Organizational Culture：Can It Be a Source of Sustained Competitive Advantage[J]. Academy of Management Review (11)：656-665.

Barton D L,1992. Core Capabilities and Core Rigidities：A Paradox in Managing New Product Development[J]. Strategic Management Journal,13 (1)：111-125.

Besanko D,Dranove D,Shanley M,1996. The Economics of Strategy[M]. New York：John Wiley & Son Inc.

Black J A,Edwards S,2000. Emergence of Virtual Network Organizations：

Fad or Feature[J]. Journal of Organizational Change Management, 13(6):567-576.

Boone M E, 2001. Managing Interactively: Executing Business Strategy, Improving Communication, and Creating a Knowledge-sharing Culture [M]. New York:McGraw-Hill.

Bornstein R F, 1989. Exposure and Affect: Overview and Meta-analysis of Research,1968-1987[J]. Psychological Bulletin,106(2):265-289.

Brown A D, Statkey K, 1994. The Effect of Organizational Culture on Communication and Information[J]. Journal of Management Studies,31(6): 807-828.

Brown L L, Svyantek D J, 2001. Complexity Systems, Time and Graphical Analysis of Organizational Behavior[J]. The International Journal of Organizational Analysis,9(4):354-368.

Burgelman R A, Christensen C M, Wheelwright S C, 2009. Strategic Management of Technology and Innovation[M]. New York:McGraw-Hill.

Cameron K, Freeman S, 1991. Culture Congruence, Strength, and Type: Relationships to Effectiveness[M]// Woodman R W, Pasmore W. Research in Organizational Change and Development. Greenwich:JAI:23-58.

Claver E, Liopis J, Garcia D, et al. , 1998. Organizational Culture for Innovation and New Technological Behavior[J]. The Journal of High Technology Management Research,9(1):55-68.

Cooke P, Uranga M G, Etxebarria G, 1997. Regional Innovation System:Institutional and Organization Dimensions[J]. Research Policy,26(4/5): 475-491.

Cushman D P, 1977. The Rules Perspective as a Theoretical Basis for the Study of Human Communication[J]. Communication Quarterly, 25 (1): 30-45.

Deal T E, Kennedy A A, 1982. Corporate Cultures, the Rites and Rituals of Corporate Life[M]. Reading: Addison-Wesley Publishing Company.

Delbercq A L, Mills P K, 1985. Managerial Practices that Enhance Innovation [J]. Organization Dynamics(Summer):24-34.

Denison D R, 1984. Bringing Corporate Culture to the Bottom Line[J]. Organizational Dynamics, 13 (2):5-22.

Denison D R, 1990. Corporate Culture and Organizational Effectiveness[M]. New York: John Wiley & Sons, Inc.

De Vries M F R K, Miller D, 1986. Personality, Culture, and Organization[J]. Academy of Management Review, 11 (2):266-279.

Dozier R W, 1998. Fear Itself [M]. New York: Thomas Dunne Books: 139-153.

Drucker P F, 1998. On the Profession of Management[M]. Boston: Harvard Business School Press.

Fellmann J D, Getis A, Getis J, 1999. Human Geography: Landscapes of Human Activities [M]. Boston: McGraw-Hill.

Fine G A, 1979. Small Groups and Culture Creation: The Idiocultures of Little League Baseball Teams [J]. American Sociological Review, 44 (5): 733-745.

Fisher C, Alford R, 2000. Consulting on Culture[J]. Consulting Psychology: Research and Practice, 52 (3):206-217.

Fitzgerald L A,Eijnatten F M V,2002. Chaos Speak:A Glossary of Chaordic Terms and Phrases[J]. Journal of Organizational Change Management, 15 (4):412-423.

Fons-Boronat J M,Gestión de la Innovación,1992. Discourse of Admission to the Real Academia de Ciencias Económicasy Financieras[M]. Barcelona:[s.n.].

Frohman A L, Johnson L W, 1992. The Middle Management Challenge: Moving from Crisis to Empowerment[M]. New York:McGraw-Hill.

Goffee R, Gareth J, 2003. Organizational Culture, 21st Organization [M]. Upper Saddle River:Prentice Hall.

Gonzales P, et al, 2016. Highlights from TIMSS [DB/OL]. (2007-09-12) [2016-12-11]. http://nces. ed. gov/pubs2009/2009001. pdf.

Gough H G,1979. A Creative Personality Scale for the Adjective Check List [J]. Journal of Personality and Social Psychology,37 (8):1398-1405.

Haberlandt K,1999. Human Memory:Exploration and Application[M]. Boston,MA:Allyn & Bacon:167.

Hall E T,1959. The Silent Language[M]. Garden City,NY:Anchor Books.

Hall E T,1976. Beyond Culture[M]. New York:Anchor Books:39;127;148;154;159.

Hardy A C,1965. The Living Stream:A Restatement of Revolution and Its Relationship to the Spirit of Man[M]. London:Collins.

Harper D,2016. Online Etymology Dictionary [DB/OL]. (2001-04-05)[2016-08-09]. http://www. etymonline. com/index. php? allowed_in_frame=0&search=Colere&searchmode=none.

Hart H,1931. The Technique of Social Progress[M]. New York:H. Holt and Co.

Hatch E,1983. Culture and Morality:The Relativity of Values in Anthropology[M]. New York:Columbia University Press.

Hatch M J,1993. The Dynamics of Organizational Culture[J]. Academy of Management Review,18(4):657-693.

Herbig P,Dunphy S,1998. Culture and Innovation[J]. Cross Cultural Management:An International Journal,5(4):13-21.

Herskovits M J,1948. Man and His Works:The Science of Cultural Anthropology [M]. New York:A. A. Knopf:15.

Herskovits M J,1955. Cultural Anthropology[M]. New York:A. A. Knopf.

Hoffman R C,Hegarty W H,1993. Top Management Influence on Innovations:Effects of Executives Characteristics And Social Culture [J]. Journal of Management,19(3):549-574.

Hofstede G,1980. Culture's Consequences:International Differences in Work-related Values[M]. Beverly Hills,CA:Sage:25.

Hofstede G,1991. Cultures and Organizations[M]. New York:McGraw-Hill.

Hofstede G,1998. Identifying Organizational Subcultures:An Empirical Approach[J]. Journal of Management Studies,35(1):1-12.

Hofstede G,2001. Culture's Consequences:Comparing Values,Behaviors,Institutions, and Organizations Across Nations[M]. 2nd ed. Thousand Oaks,CA:SAGE Publications:500-502.

Hooijberg R,Petroock F,1993. On Cultural Change:Using the Competing Values Framework to Help Leaders Execute a Transformational Strategy

[J]. Human Resource Management,32 (1):29-50.

Jones G R,1983. Transaction Costs,Property Rights,and Organizational Culture:An Exchange Perspective[J]. Administrative Science Quarterly,28 (3):454-467.

Kaiser C,1991. Creation and the History of Science[M]. Grand Rapids:Eerdmans.

Kelly G J,Carlsen W S,Cunningham C M,1993. Science Education in Sociocultural Context:Perspectives from the Sociology of Science[J]. Science Education,77 (2):207-220.

Kilman R,Saxton M,Serpa R,1985. Gaining Control of the Corporate Culture [M]. San Francisco:Jossey Bass.

Kluckhohn C,1951. The Study of Culture [M]//Lerner D,Lasswell H D. The Policy Sciences[M]. California:Stanford University Press.

Kluckhohn F R,Strodtbeck F L,1961. Variations in Value Orientations[M]. New York:Harper & Row.

Koch C,Laurent G,1999. Complexity and the Nervous System[J]. Science, 284 (5411):96-98.

Kotter C,2002. The Heart of Change[M]. Harvard:Harvard Business School Press.

Kroeber A L,Kluckhohn C,1952. Culture:A Critical Review of Concepts and Definitions[M]. New York:Vintage Books:278; 291.

Laffont J J,Martimort D,2002. The Theory of Incentives:The Principal-agent Model[M]. Princeton:Princeton University Press.

Lakoff G,Johnson M,1990. Metaphors We Live By[M]. Chicago:University of Chicago Press:20-25.

Lasswell H D, 1927. Propaganda Technique in the World War[M]. New York:Peter Smith.

Lasswell H D,1937. Propaganda[M]// Seligman E R A,Johnson A. Encyclopedia of the Social Sciences, Vol. 12. New York:Macmillan.

Laszlo E,1972. The System View of the World[M]. New York:George Braziller.

Latour B,1990. Drawing Things Together[M]// Lynch M,Woolgar S. Representation in Scientific Practice. Cambridge:MIT Press:19-68.

Lickliter R,Honeycutt H,2003. Developmental Dynamics:Toward a Biologically Plausible Evolutionary Psychology[J]. Psychological Bulletin, 129 (6):819-835.

Longino H E, 1990. Science as Social Knowledge:Values and Objectivity in Scientific Inquiry[M]. Princeton:Princeton University Press.

Luthans F,Hodgetts R M,Doh J P,2009. Cross-Cultural Communication and Management[M]. Beijing:Post & Telecom Press:65.

Lynn M, Gelb B D, 1996. Identifying Innovative National Markets for Technical Consumer Goods[J]. International Marketing Review,13 (6):43-57.

Macrae C N,Bodenhausen G V,2000. Social Cognition:Thinking Categorically About Others[J]. Annual Review of Psychology,51 (1):93-120.

Maguire M A,Pascale R T,1978. Communication and Decision Making Across Cultures:Japanese and American Comparisons[J]. Sociology & Social Research,63 (1):1-23.

Myers D G, 2009. Social Psychology[M]. Beijing: Posts & Telecom Press.

Myerson P, Hamiton R D, 1986. Matching Corporate Culture and Technology [J]. SAM Advanced Management Journal (1): 17-29.

Nakata C, Sivakumar K, 1996. National Culture and New Product Development: An Integrative Review[J]. Journal of Marketing, 60 (1): 61-72.

Newman K L, Stanley D N, 1998. Managing Radical Organizational Change [M]. Thousand Oaks, CA: Sage Publications.

Noelle-Neumann E, 1993. The Spiral of Silence: Public Opinion: Our Social Skin[M]. 2nd ed. Chicago: University of Chicago Press: 202.

OECD, 2014. PISA 2009 Results [DB/OL]. (2012-03-02) [2014-09-10]. http://www.oecd-ilibrary.org/education/pisa_19963777.

Ogbonna E, Harris L, 2002. Managing Organizational Culture: Insights from the Hospitality Industry[J]. Human Resource Management Journal, 12 (1): 22-53.

O'Hara-Deveraux M, Johansen R, 1994. Global Work, Bridging Distance, Culture & Time[M]. San Francisco: Jossey Bass.

O'Reilly C, 1989. Corporations, Culture, and Commitment: Motivation and Social Control in Organizations[J]. California Management Review, 50 (2): 85-101.

Pacanowsky M E, O'Donnel-Trujillo N, 1982. Communication and Organizational Cultures[J]. Western Journalf of Speech Communication, 55 (46): 115-130.

Paivio A, 1986. Mental Representation: A Dual Coding Approach[M]. New York: Oxford University Press: 53.

Perroux F,1950. The Domination Effect and Modern Economic Theory[J]. Social Research,17 (2):188-206.

Pettigrew A M, 1979. On Studying Organizational Cultures [J]. Administrative Science Quarterly,24 (24):570-581.

Porter M E,Stern S,2001. Innovation:Location Matters[J]. MIT Sloan Management Review,42 (4):28-37.

Quartz S R,Sejnowski T J,1997. The Neural Basis of Cognitive Development: A Constructivist Manifesto[J]. Behavior Brain Science,20 (4):537-556.

Quinn R E,1988. Beyond Rational Management:Mastering the Paradoxes and Competing Demands of High Performance[M]. San Francisco:Jossey-Bass.

Quinn R E,Spreitzer G M,1991. The Psychometrics of the Competing Values Culture Instrument and an Analysis of the Impact of Organizational Culture on Quality of Life[J]. Prenatal Diagnosis,12 (7):587-593.

Reber A S,1985. Penguin Dictionary of Psychology[M]. Harmondsworth: Penguin.

Robbins S,2001. Culture as Communication[M]. Harvard:Harvard Business School Publishing.

Robinson T,Cousins J,2004. Internal Participatory Evaluation as an Organizational Learning System:A Longitudinal Case Study[J]. Studies in Educational Evaluation,30 (1):1-22.

Rogers E, 1995. Diffusion of Innovation [M]. 4th ed. New York: Free Press:11.

Romanelli E, Tushman M, 1994. Organizational Transformation as

Punctuated Equilibrium: An Empirical Test[J]. Academy of Management Journal, 37 (5):1141-1166.

Rosen L D, Weil M M, 1995. Adult and Teenage Use of Consumer, Business, and Entertainment Technology: Potholes on the Information Superhighway? [J]. Journal of Consumer Affairs, 29 (1):55-84.

Rosenberg N, 1995. Why Technology Forecasts Often Fail[J]. The Futurist, 29 (4):16-21.

Schein E H, 1984. Coming to a New Awareness of Organization Culture[J]. Sloan Management Review (25):3-16.

Schein E H, 1996. Culture: The Missing Concept in Organizations Studies[J]. Administrative Science Quarterly, 38 (1):9-20.

Schein E H, 1999. The Corporate Culture Survival Guide: Sense and Nonsense about Culture Change[M]. San Francisco: Jossey Bass Publishers: 59-87.

Schmitt N, McCarthy M, 2002. Vocabulary: Description, Acquisition and Pedagogy[M]. Shanghai: Shanghai Foreign Language Education Press: 164.

Schnotz W, Bannert M, 2003. Construction and Interference in Learning from Multimedia Representation [J]. Learning and Instruction, 13 (2): 141-156.

Shane S, 1993. Cultural Influences on National Rates of Innovation[J]. Journal of Business Venturing, 8 (1):59-73.

Shaw M E, 1981. Group Dynamics: The Psychology of Small Group Behavior [M]. New York: McGraw-Hill: 286.

Shumba O, 1999. Critically Interrogating the Rationality of Western Science Visavis Scientific Literacy in Non-western Developing Countries [J].

Zambezia (24):55-75.

Steensma H K, Marino L, Weaver K M, et al., 2001. The Influence of National Culture on the Formation of Technology Alliances by Entrepreneurial Firms[J]. Academy of Management Journal,43 (5):951-973.

Sun H Y,2009. A Meta-analysis on the Influence of National Culture on Innovation Capability[J]. Entrepreneurship and Innovation Management, 10 (3/4):353-360.

Tang S K, Fang Y Y, 2009. Knowledge Management Pattern Differences in Oriental and Occidental Firms:A Cultural Enquiry[C]// Proceedings of the 3rd Conference on Risk Management & Global e-Business: 1082-1087.

Thomas A,Schonken J S,1998. Culture-specific Management and the African Management Movement:A Critical Review of the literature[J]. South African Journal of Business Management,29 (2):53-66.

Thornberry D M,2003. Fostering a Culture of Innovation[C]// Proceedings of the United States Naval Institute,129 (4):44-48.

Triandis H C,1995. Individualism and Collectivism[M]. Boulder,CO:Westview Press.

Trompenaars F,1994. Riding the Waves of Culture:Understanding Diversity in Global Business[M]. Burr Ridge,IL:Irwin:154.

Trompenaars F,Hampden-Turner C,1998. Riding the Waves of Culture[M]. 2nd ed. New York:McGraw-Hill.

Turner J C, 1987. Rediscovering the Social Group:A Self-categorization Theory[M]. New York:Basil Blackwell:286;350.

Tushman M, Romanelli E, 1985. Organizational Evolution: A Metamorphosis Model of Convergence and Reorientation[M]//Cummings L L, Staw B M, Research in Organizational Behavior, Vol. 7. Greenwich, CT: JAI Press: 171-222.

Van Den Bosch F A J, Prooijen A A V, 1992. The Competitive Advantage of European Nations: The Impact of National Culture: A Missing Element in Porter's Analysis[J]. European Management Journal, 10 (2): 173-177.

Van Everdingen Y M, Waarts E, 2003. The Effect of National Culture on the Adoption of Innovations[J]. Marketing Letters, 14 (3): 217-232.

Waddington C H, 1975. The Strategy of the Genes[M]. New York: Macmillan.

Wallmark T, McQueen D H, 1991. One Hundred Major Swedish Technical Innovations, from 1945 to 1980[J]. Research Policy, 20 (4): 325-344.

Weaver G, 1986. Understanding and Coping with Cross-cultural Adjustment Stress[M]// Paige R M, Cross-Cultural Orientation, New Conceptualizations and Applications. Lanham, MD: University Press of America.

Williams A, Dobson P, Walters M, 1989. ?? Changing Culture: New Organizational Approaches[M]. London: Institute of Personnel Management.

Zien K A, Buckler S A, 1997. Dreams to Market: Crafting a Culture of Innovation[J]. The Journal of Product Innovation Management, 14 (4): 274-287.

Zohar D, 1990. The Quantum Self: Human Nature and Consciousness Defined by the New Physics[M]. New York: William Morrow and Company, Inc.

后 记

EPILOGUE

    本书作为国家出版基金支持的《中国国家创新生态系统研究》丛书的一册，最早源于我们共同参与的"国家创新能力评价报告2008"课题研究及著作的撰写。在研究过程中，我们积累了对国家创新系统知识体系的基础理解。2012年5月，方媛媛完成了博士论文《驱动创新的文化要素系统层面解析》，形成了文化维度研究创新的初步框架，将视野从最初聚焦于文化，逐渐扩展至对经济、历史以及地理等学科的相关知识积累，从而可以更加客观、公正地看待创新系统中的文化定位和作用。2013~2015年，汤书昆作为项目主持人之一，完成了《国家创新生态系统研究报告》(中国科学技术出版社，2015)的工作，将创新研究的视域从国家创新能力拓展到国家创新生态系统，使我们的创新研究走向最新的国际创新探索语境。

    2016~2017年，我们完成了《中国国家创新文化系统构成研究》书稿的撰写。在创新生态系统语境下，我们重点展开了文化特别是价值观主宰下的认知与行为模式对创新影响的研究，其中在东西方主流价值体系与认知模式框架下，从中国传统文化原典思想和行动方案对当代中国创新潜能的挖掘，为中国当前开始弘扬的文化自觉和文化自信的文化复兴工程提供了某种角度的学术资源参考。

    一个新的文化决定命运的时代仿佛正在开启。2017年8月22日，在"耶鲁全球在线"发表的《价值观激励跨越国境的外交政策革命》(约恩·厄尔斯特伦·默勒)一文提出:"世界正在迈入价值观驱动社会的时代,取代了经济、工业化时代和物质主义。这是文化、态度和行为领域的一次重要转变。自18世纪后半叶法国革命和工业化出现以来,尚未发生过如此影响深远的转变。社交网络突破了时间、地理和国界的限制。关注财富分配的政治意识形态正让位于人文观点。""或许事实会证明,中国对这场革命的进展速度有着决定性的影响。"虽然默勒作为国际智库的成员,其观点只代表了一种当代立场和预见,但我们衷心期待着中国文化在如史诗般谱写的文明创新之路上成为核心力量。

本书的完成离不开创新研究的前期工作积累,在此对引用到的各位同仁真诚致谢。这里,对李宪奇教授、李士研究员研究心得的参考特别表示感谢!

汤书昆　方媛媛

2017年8月